Der verfassungsrechtliche Kulturauftrag des öffentlich-rechtlichen Rundfunks

Schriften zum deutschen und europäischen öffentlichen Recht

Herausgegeben von Steffen Detterbeck

Band 15

PETER LANG

Frankfurt am Main · Berlin · Bern · Bruxelles · New York · Oxford · Wien

Christian Lewke

Der verfassungsrechtliche Kulturauftrag des öffentlich-rechtlichen Rundfunks

Eine funktionsbezogene Betrachtung des Mediums in seiner Bedeutung für Individuum, Gesellschaft, Kunst, Wissenschaft und Religion

PETER LANG
Internationaler Verlag der Wissenschaften

Bibliografische Information der Deutschen Nationalbibliothek
Die Deutsche Nationalbibliothek verzeichnet diese Publikation in der Deutschen Nationalbibliografie; detaillierte bibliografische Daten sind im Internet über <http://www.d-nb.de> abrufbar.

Zugl.: Hamburg, Univ., Diss., 2007

D 18
ISSN 1438-4388
ISBN 978-3-631-57361-7

www.peterlang.de

Vorwort

Inwieweit bedarf der Mensch zu seinem individuellen wie gemeinschaftlichen Wohlergehen bestimmter geistiger Inhalte? Und inwieweit bedarf es bestimmter hoheitlicher Institutionen, um die Präsenz dieser Inhalte in einer Gesellschaft sicherzustellen, zu fördern und zu pflegen? Welcher geistigen Vorbedingungen bedarf auch die Gesellschaft selbst, um ein funktionierendes Miteinander der Menschen zu gewährleisten? Dies sind die grundlegenden und zentralen Fragen, mit denen sich die vorliegende Arbeit im Wesentlichen beschäftigt und die sie sodann in Hinblick auf das Kulturgut „Rundfunk" zu beantworten versucht.
Dabei kreist alles um den zentralen Begriff „Kultur", der nach der hier vertretenen Auffassung letztlich nichts anderes meint als „menschliche Leistung". Leistung, die der Mensch mit dem Versuch, sich selbst und die von ihm erfahrene Wirklichkeit zu verstehen und zu bewältigen, vollbringt. Wissenschaft, Religion und Kunst sind die Disziplinen, deren er sich hierbei bedient; ein interaktions- und kommunikationsfähiger, über die Generationen hinwegreichender sozialer Corpus ist das Fundament und der Nährboden, auf dem geistige Leistung überhaupt erst entstehen kann. Hierfür wiederum notwendig ist ein *coetus multitudinis iuris consensu et utilitatis communione sociatus* (*Cicero*[1]), also keine bloß zufällige Ansammlung von Menschen, sondern eine Versammlung, die sich in der Anerkennung des Rechts und der Gemeinschaft des Nutzens vereinigt hat und die in gegenseitiger Verbundenheit und Rücksichtnahme agiert.

Anlass zu einem frühesten Nachdenken über zu gewährleistende Grundvoraussetzungen für Kultur war dabei nicht zuletzt die vergleichende Auseinandersetzung mit dem US-amerikanischen Rechtskreis an der Boston University, USA. Nicht nur ist das amerikanische „public television" auf ein elementarstes Nischendasein begrenzt und die Fernsehlandschaft fast ausschließlich an wirtschaftlichen Leitvorstellungen ausgerichtet. Zumindest die Anfang der Siebziger Jahre von *Richard Posner* begründete und auch heute noch in den Vereinigten Staaten sehr populäre Lehre der *Economic Analysis of the Law* will darüber hinaus überhaupt jedes legislative und judikative Handeln an den Maßstäben der Ökonomie ausrichten. So zweifelhaft dieser Ansatz, den schon 1974 der amerikanische Rechtsgelehrte *Neff* als „barbaric" und dazu angetan, eine Kultur vollständig zu vergiften, bezeichnet hat, auch ist: Die amerikanische Sichtweise hat doch dazu beigetragen, den Blick auch für volksökonomische Fragen zu schärfen, und als bestätigende Antithese zum eigenen Standpunkt gedient.
Weitere Gelegenheit zu näheren Überlegungen dazu, was über eine funktionierende Ökonomie hinaus für das dauerhafte Bestehen einer Gesellschaft und menschlicher Kultur nötig ist, gaben die Zeit als Referendar bei der Hamburger Kulturbehörde sowie die Beiträge der Referentinnen und Referenten der im

[1] De re publica, I, 39.

Sommersemester 2001 im Aby-Warburg-Haus von der Universität Hamburg abgehaltenen Vorlesungsreihe über die Funktionen von Kunst.

Weitere wichtige Anregungen verdanke ich dem Seminar von Herrn Prof. Dr. Peter Schiwy zum Medienrecht an der Deutschen Hochschule für Verwaltungswissenschaften Speyer, in dem ich mich erstmals fundiert mit dem öffentlich-rechtlichen Rundfunk und dessen Funktionen auseinandersetzen konnte. Auch ansonsten ermöglichte mir der Leiter des Seminars viele weitere Einblicke in die Materie des Medienrechts, wofür ich ihm danken möchte.

Im Übrigen gilt mein persönlicher Dank zuallererst Herrn Prof. Dr. Hans-Heinrich Trute für die Betreuung meiner Dissertation. Ohne seine Bereitschaft, sich des für eine juristische Bearbeitung in weiten Teilen ungewöhnlichen Themas anzunehmen, wäre die Arbeit wohl niemals entstanden. Desweiteren danke ich dem Zweitgutachter Herrn Bundesverfassungsrichter Prof. Dr. Wolfgang Hoffmann-Riem für seine rasche Begutachtung.

Ferner möchte ich meiner Mutter, Frau Ursula Lewke, danken, ohne deren Unterstützung, Verständnis und Geduld diese Dissertation nicht hätte entstehen können. Desgleichen geht mein Dank an meine Großeltern Oskar und Martha Gunske, die mit ihrer Lebensleistung auch die Voraussetzungen für dieses Werk geschaffen haben, sowie an meine Großmutter Frau Senta Lewke, deren Sinn für das Ästhetische und Künstlerische mich mit zu dieser Arbeit hingeführt hat.

Zu guter Letzt und vor allem danke ich meiner allerliebsten Frau Sonja, die mich auch durch die Mühen dieser Arbeit begleitet, mir Mut gemacht, mir Kraft und Inspiration geschenkt hat und die mein Leben bereichert. Ihr ist diese Arbeit gewidmet.

Berlin, Mai 2007 *Christian Lewke*

Inhaltsverzeichnis

I. Kapitel: Einleitung 11
1.) Allgemeines. 11
2.) Ausgangspunkt und Zweck der Untersuchung. 13
3.) Methodik der Untersuchung. 15

II. Kapitel: Der Kulturauftrag in der Rechtsprechung des Bundesverfassungsgerichts. 17
1.) Vorgriff: Der Begriff der Kultur. – Empirisch. 17
a.) Gemeinschaftsbezogener Gebrauch. 17
b.) Gebrauch im qualitativ-geistigen Sinne. 19
c.) Begriffliche Berührungen. 20
2.) Der Kulturauftrag in der Rechtsprechung. 21
a.) Rundfunk als „kulturelles Medium. 21
b.) Begriffliche Antinomien. 22
c.) Repräsentation und Traditionspflege. 24
d.) Integrative Vorgaben. 26
e.) Sonstige einzelne Sendegegenstände. 26
aa. In der 1. Rundfunkentscheidung. 26
bb. In der 2. und 6. Rundfunkentscheidung. 27
cc. Erweiterter Kulturauftrag. 29
aaa. Sport. 30
bbb. Die Politbüroentscheidung. 30
f.) Resümee und Ergebnis. 31

III. Kapitel: Der Kulturauftrag in der Literatur. 35
1.) „Hoch“kultur. 35
2.) Pop- und Alltagskultur. 37
3.) Forumsfunktion- und Integrationsauftrag. 38
4.) Schutzauftrag. 40
5.) Nation, Staat, Ethnie, Heimat. 40
6.) Fragmentierung der Gesellschaft. 42
7.) Kohärenzfördernd-funktionale Betrachtungsweise. 42
8.) Weitere wirklichkeitsreflektierende und -modifizierende Funktionen. 43
9.) Rechtliche Grundlagen. 44
10.) Resümee. 44

IV. Kapitel: Der verfassungsrechtliche Kulturauftrag des öffentlichrechtlichen Rundfunks. 45
1. Das Phänomen der Kultur. 45
a.) Kultur als menschliche Leistung. 49

b.) Kultur als Wechselspiel zwischen Gemeinschaft
und Individuum. ... 50
c.) Kultur als Sachbereiche. ... 53
2. Kultur und Staat. ... 55
a.) Die Kulturstaatsidee. ... 55
b.) Rückschlüsse für den Rundfunkbereich. ... 59
3. Der Kulturauftrag des öffentlichrechtlichen Rundfunks
nach einzelnen Sachbereichen. ... 61
a.) Vorüberlegung: Leistungsstaatliche Verantwortlichkeit. ... 61
b.) Rundfunk als Bereicherungs- und
Ausdrucksmittel des Individuums. ... 64
aa. Schutzwürdigkeit. ... 64
bb. Öffentlichrechtlicher Rundfunk. ... 65
aaa. Rechtfertigungsbedarf. ... 65
bbb. Marktversagen. ... 67
c.) Kultur als Gemeinschaft. ... 72
aa. Innergesellschaftliche Kommunikationsstrukturen. ... 72
aaa. Förderungswürdigkeit. ... 72
bbb. Öffentlichrechtlicher Rundfunk. ... 75
bb. Staatliche Symbolik, Verfassung
und Repräsentation nach innen. ... 77
aaa. Förderungswürdigkeit. ... 78
bbb. Öffentlichrechtlicher Rundfunk. ... 80
cc. Nationale Symbolik, Brauchtums- und Heimatpflege. ... 80
aaa. Förderungswürdigkeit. ... 81
(1) Historische Anknüpfung. ... 81
(2) Gegenwartsanknüpfung. ... 83
(3) Gegenargument: Das Homogenitätserfordernis. ... 83
bbb. Öffentlichrechtlicher Rundfunk. ... 86
dd. Europa. ... 87
ee. Förderung des Friedens und der Völkerverständigung. ... 88
ff. Repräsentation nach Außen. ... 89
aaa. Förderungswürdigkeit. ... 89
bbb. Öffentlichrechtlicher Rundfunk. ... 91
gg. Sozial-integrative Werte. ... 92
hh. Schutz der natürlichen Lebensgrundlagen. ... 92
d.) Klassischer Kulturbereich. ... 93
aa. Wissenschaft und Bildung. ... 93
aaa. Wissenschaft als Teil der Bildung. ... 93
(1) Förderungswürdigkeit. ... 94
(2) Öffentlichrechtlicher Rundfunk. ... 97
bbb. Bildung. ... 97
ccc. Insbesondere: Die Sprache. ... 100
bb. Religion, kirchliches Fernsehen. ... 101

aaa. Einführendes zur Religionsfreiheit. 102
bbb. Förderungswürdigkeit. 102
(1) Glaube. 103
(2) Funktionen des Glaubens. 105
(3) Natur und Funktion von Religion. 106
(4) Zwischenergebnis. 108
(5) Öffentlichrechtlicher Rundfunk. 109
(6) Implementierung. 109
(a) Glaubensthemen. 109
(b) Religionsthemen. 109
(c) Inkurs: Der Islam. 110
(d) Ergebnis. 111
cc. Kunst. 112
aaa. Einführendes zur Kunst. 112
bbb. Förderungswürdigkeit. 115
(1) Wesen und „Zweck“ der Kunst. 115
(a) Vorab: Keine Zweckfreiheit der Kunst. 115
(b) Sachbereichstypische Strukturen. 116
(aa) Historische Erkenntnis: Kunst als kommunikatives Phänomen. 116
(bb) Rechtswissenschaftliche und ästhetische Deutungsversuche. 117
(aaa) Rechtsprechung. 118
(bbb) Die juristische Literatur. 120
(ccc) Gefühlsästhetischer Ansatz. 120
(c) Funktionen der Kunst. 124
(aa) Individuelle Funktionen. 124
(aaa) Gefühlserkenntnisfunktion. 124
(bbb) Befreiende Funktion. 127
(ccc) Erkenntnisfunktion. 127
(bb) Gesellschaftlich-soziale Funktionen. 128
(aaa) Volksidentitäre Funktion. 129
(bbb) Politisch-zeitkritische Funktion. 130
(aaaa) Exkurs: (Neo-)Marxistisches Kunstverständnis. 131
(bbbb) Nach bürgerlichem Verständnis. 132
(ccc) Soziale Funktion: Kunst als Symbol für Toleranz. 133
(ddd) Kunstinterne Funktion. 134
ccc. Öffentlichrechtlicher Rundfunk. 134
ddd. Implementierung. 137
dd. Ergebnis „klassischer Kulturbereich“. 140
e.) Entwicklungsoffenheit. 140

V. Kapitel: Kulturstaatliche Verantwortung
als Distributionsaufgabe. 143
1.) Kulturfunktionale Handlungspflichten des Staates. 143
2.) Gewährleistungsaufgaben im Medienbereich. 144

a.) Stärkere Beteiligung der Rundfunkräte? ... 145
b) Konsultative Beteiligung gesellschaftlicher Kräfte. ... 146
aaa) Religion. ... 148
bbb.) Kunst. ... 150
ccc) Wissenschaft und Bildung. ... 151
ddd) Soziokultur. ... 152

VI. Kapitel: Zusammenfassung, Ergebnis und Resümee. ... 153
1.) Zusammenfassung. ... 153
2.) Ergebnis. ... 157
3.) Resümee. ... 157

VII. Literaturverzeichnis. ... 159

I. Einleitung.

1.) Allgemeines.

Über Kultur zu schreiben, ist ein schwieriges Unterfangen. Dies liegt daran, dass sich der Begriff fast unweigerlich auflädt mit bestimmten, den Menschen und die Wesentlichkeiten seines Seins betreffenden Wertungen.[2] Denn obgleich der Begriff der Kultur vordergründig auf die sichtbaren Manifestationen der innerhalb einer bestimmten Gemeinschaft erreichten Errungenschaften zielt, geht seine wahre Bedeutung doch tiefer. Natürlich ist die die Generationen überspannende menschliche Gemeinschaft stets an allem, was der Mensch tut, beteiligt. Doch ist Kultur kein rein deskriptiver Begriff. Wenn von der Kultur der Antike, Japans etc. die Rede ist, dann geht es nicht allein darum, dass an einem bestimmten Ort zu einer bestimmten Zeit alle Menschen ihr Verhalten an denselben Normen ausrichten. Wir haben vielmehr die Leistung eines bestimmten Gemeinwesens im Blick, zu bestimmten Formen der Lebensbewältigung gefunden haben. „Kultur" meint also letztlich menschliche *Leistung*.

Damit aber gewinnt der Begriff seine Substanz aus dem, was wir uns vom Streben des Menschen erhoffen. Er erhält damit einen stets auch individuellen Einschlag. Hieraus erklärt sich dann eben auch sein flüchtiger Charakter: *Baecker* etwa spricht vom „Unschärfejoker" Kultur[3], der also immer dann ins Spiel gebracht wird, wenn alle übrigen „Karten gespielt", alle sonstigen Argumente ausgegangen sind.

Andererseits scheint der Begriff doch keineswegs obsolet; dies zeigt nicht zuletzt seine vielgestaltige und stetige Verwendung.[4] Kultur wird als Gegenbegriff zu Kategorien wie Wirtschaft, Politik oder Unterhaltung in die Diskussion - etwa zu den Aufgaben des öffentlichrechtlichen Rundfunks - eingeführt. So diffus der Kulturbegriff somit einerseits ist, so scheint er doch andererseits unverzichtbares Korrektiv, Verweis auf „etwas anderes", Höheres, über das Offensichtliche und Naheliegende Hinausgehende zu sein. Notwendigkeiten menschlichen Zusammenlebens etwa? Oder soziale und anthropologische Faktizitäten, an denen man auf Dauer nicht vorbeikommt?

Es ließe sich freilich argumentieren, ein Begriff, der sich derart mit Wertungen auflade, sei kein der juristischen Diskussion zugänglicher. In Wertungen, so ließe sich weiter argumentieren, liege stets auch ein Stück Anmaßung.

Andererseits ist ja aber eine verfassungsnormative Wertung der Grundordnung der Bundesrepublik keineswegs fremd, etwa, wenn neben die allgemeine Handlungsfreiheit des Art. 2 Abs. 1 GG die expliziten und schwerer beschränkbaren Freiheiten der Art. 4 und 5 GG gestellt werden.

---

[2] *D. Baecker*, Kultur, in: *K. Barck* (Hg.), ÄGB, Band 3, 2001, S. 511.

[3] *D. Baecker*, Kultur, in: *K. Barck* (Hg.), ÄGB, Band 3, 2001, S. 555 unter Bezug auf *R. Hüser*.

[4] Auch in das Grundgesetz soll eine Kulturstaatsklausel aufgenommen werden. „Der Staat schützt und fördert die Kultur" soll ein zukünftiger Art. 20b GG lauten, vgl. hierzu *R. Weber/A. Rossnagel/S. Osterwalder/A. Scheuer/S. Wüst*, Kulturquoten im Rundfunk, 2006, S. 157.

Und was könnte falsch daran sein, in den Diskurs über menschliches Streben einzutreten? Die von Argumenten getragene Diskussion darüber, was eine anerkennenswerte Leistung des Menschen ist, war und ist seit jeher legitimer Teil einer jeden Kultur. Entscheidend im Rahmen einer Diskussion über Kultur ist somit vielmehr, dass man sich bewusst ist, in welchem Maße der Terminus dazu neigt, sich mit individuellen Wertungen aufzuladen. – Freilich lässt die Diskussion gerade dies häufig vermissen: Der Begriff der Kultur wird verwendet, als bestünde über ihn ein fester Konsens; dabei wird er allzu häufig auf Vordergründigkeiten reduziert.

Auch der Vorwurf der Anmaßung wird dort relativiert, wo eine Wertung von sachlichen Argumenten getragen wird, etwa hinsichtlich der Bedeutung einzelner, besonders herausgehobener Sachbereiche menschlicher Leistung, wie der Kunst, der Wissenschaft oder der Religion. Und lässt sich umgekehrt nicht auch Anmaßung darin sehen, vor allem eine funktionsfähige Ökonomie und die Gesetze des Marktes zu den ausschlaggebenden Determinanten bei der Ausgestaltung eines Gemeinwesens erklären zu wollen? „Bevormundung" sei es, so ist zu hören, wenn die öffentliche Hand Sinfonieorchester unterhalte, da diese mit Hilfe von Steuergeldern subventioniert werden und also „künstlich" am Leben erhalten werden müssten. Der „Markt" - das Spiel von Angebot und Nachfrage - müsse vielmehr ausschlaggebend dafür sein, welche Stücke aufgeführt, welche Musik gespielt würden. Doch ist ja andererseits auch die marktwirtschaftliche Ordnung nicht von Natur aus vorgegeben, sondern ein Werk des Menschen. Die „Natur" kennt allenfalls das Recht des Stärkeren. Bereits die Möglichkeit, einklagbare Verträge abzuschließen oder das Institut des Eigentums und die mit ihm verbundenen Garantien und Einschränkungen sind das Resultat menschlicher Anstrengung und also auch bestimmter Wertungen. Somit müssen aber auch die vermeintlich von Natur aus vorgegebenen Sachzwänge der Ökonomie ebenso den Anfechtungen und Relativierungen zugänglich sein, wie alle anderen vom Menschen erzielten Konsense.

Letztlich geht es also um die besseren Argumente. Es wäre hier zu einfach, schlicht auf die Wertungen des Verfassungsgebers, etwa in Art. 5 Abs. 3 GG, zu verweisen. Ebenfalls zu leicht macht es sich, wer einem vordergründigen Kulturbegriff im Sinne der kollektiven Errungenschaften eines Volkes anhängt und mithin etwa die Kunst schlechthin unter ihrem Aspekt als nationales Kulturgut gefördert sehen will. Vielmehr muss es darum gehen, die Bedeutung des Sachbereiches fundiert darzulegen und damit seine Förderungsbedürftigkeit mit Argumenten hinreichend zu begründen. Dasselbe gilt für Bereiche wie die Wissenschaft oder die Religion.

Dabei muss auch die juristische Untersuchung dort ansetzen, wo jede kulturelle Leistung beginnt: Beim menschlichen Individuum. Wie erklärt sich die Begeisterung und Emphase, die Kunst auszulösen vermag? Wie die innere Befreiung, die sie bewirken kann und wie das Gefühl der Leere in ihrer Abwesenheit? Weshalb versucht der Mensch seit jeher, die Dinge um sich herum zu erklären, was umfasst die Wissenschaft und wo stößt sie an ihre Grenzen? Und wieso

kann die "Gnade des Glaubens" den einen Menschen mit innerem Frieden erfüllen, während sie den anderen zum Handeln wider die Humanität verführt? Erst wenn diese sehr grundsätzlichen Fragen beantwortet sind, ist weiter zu fragen, wie die entsprechenden Phänomene in die Gesellschaft hineinwirken und wie sich das Verhältnis des Individuums zur Gesellschaft und letztlich dann auch zum Staat bemisst.
Diese Untersuchung verfolgt damit die folgenden Ziele: Zum einen, bis zu einem gewissen Grad aufzeigen, weshalb die Diskussion über Kultur sich so schwierig gestaltet. - Nämlich, weil die den Begriff im Munde Führenden sich häufig nicht darüber bewusst sind, in welchem Maße dieser sich mit ihren persönlichen Wertungen auflädt. Zum anderen, zu untersuchen, in welchen Facetten der Kulturbegriff insbesondere im Zusammenhang mit dem öffentlichrechtlichen Rundfunk gebraucht wurde und wird. Darüber hinaus wird zu ermitteln sein, welchen verfassungsnormativen und anthropologischen Wertungen der Begriff der Kultur zugänglich ist und welche Konsequenzen sich hieraus für die Förderung der Kultur im öffentlichrechtlichen Rundfunk ergeben.

2.) Ausgangspunkt und Zweck der Untersuchung.
Konkreter Gegenstand der Untersuchung ist der besondere verfassungsrechtliche "kulturelle" Auftrag, der dem öffentlichrechtlichen Rundfunk[5] im dualen Rundfunksystem zukommt und der zugleich dessen Existenz mit legitimiert.
Ausgangspunkt ist dabei die Rechtsprechung des Bundesverfassungsgerichts zum „Grundversorgungsauftrag" des öffentlichrechtlichen Rundfunks. Hiernach besteht dieser zunächst in dem - aufgrund seiner Suggestivkraft besonders gewichtigen - Beitrag des Rundfunks zur freien Meinungsbildung in der Bevölkerung: Nur das aufgeklärte, umfassend informierte Staatsvolk sei in der Lage, der hohen Verantwortung, die mit der demokratischen Legitimierung aller Staatsgewalt einhergehe, auch gerecht zu werden. Entsprechend diesen demokratiestaatlichen Verpflichtungen müsse der Staat mittels eines unabhängigen, gebührenfinanzierten Rundfunks eine umfassende Berichterstattung sicherstellen.[6]
Dabei erschöpfe sich Berichterstattung nicht in der reinen Informationsvermittlung, sondern Meinungsbildung finde in nicht minderem Maße etwa in Form der Unterhaltung statt; insbesondere lasse sich nicht zwischen "politischer" und unpolitischer Information trennen. Der öffentlichrechtliche Rundfunk habe daher ein umfassendes Mandat zur Versorgung der Bevölkerung mit meinungsbildenden Inhalten.

---

[5] Also Hörfunk und Fernsehen, vgl. *Degenhart* in: BK, Art. 5, Rz. 623 m. w. N.
[6] St. Rspr.; vgl. etwa BVerfGE 12, 205, 260; 57, 295, 319; 87, 18.
Dabei kann es von der Wertung her keinen Unterschied machen, dass die Rundfunkanstalten "staatsfrei" ausgestaltet sind. Vgl. z.B. nur BVerfGE 87, 181: "Überträgt der Gesetzgeber die Rundfunkveranstaltung ganz oder teilweise öffentlich-rechtlichen Anstalten..." - Es handelt sich bei den Rundfunkanstalten letztlich um eine öffentliche Einrichtung mit öffentlichen Aufgaben, vgl. *T. Oppermann*, Kulturverwaltungsrecht, 1969, S. 511; vgl. aber auch *P. Niepalla*, Die Grundversorgung durch die öffentlich-rechtlichen Rundfunkanstalten, 1991, S. 72.

Neben seiner Rolle für die Meinungs- und Willensbildung in Form von Unterhaltung und Information umfasse sein Auftrag ferner auch seine kulturelle Verantwortung; auch diese falle unter den "klassischen Auftrag" des Rundfunks.[7] - In der Gewährleistung dieses klassischen Auftrages (*dem Beitrag zur Meinungsbildung sowie zum kulturellen Leben in der Bundesrepublik*) finde die Gebührenfinanzierung ihre Rechtfertigung.[8] – Dabei wird die Auffassung, dass das Institut eines öffentlichrechtlichen Rundfunks zur Wahrung kultureller Anliegen förderungswürdig sei, insbesondere auch von jenen Stimmen aus der Literatur geteilt, die seine demokratiestaatliche Legitimation - etwa in Hinblick auf die auch ohne eine vergleichbare Ausgestaltung funktionsfähige Presselandschaft - anzweifeln.[9]

Ziel der Untersuchung ist es, zu ermitteln, inwieweit dem öffentlichrechtlichen Rundfunk ein "kultureller" Auftrag zukommt, worin ein solcher Auftrag besteht und wie sich dessen Verhältnis zu den demokratiestaatlichen Aspekten des öffentlichrechtlichen Sendeauftrags bemisst. Neben der Erhellung der dogmatischen Hintergründe verfolgt die Untersuchung dabei insbesondere den Zweck, neue Wertigkeits- und Prioritätsaussagen innerhalb der (ja bereits unter dem demokratiestaatlichen Aspekt weiten, unstreitig auch kulturelle Inhalte mit einbeziehenden) Programm*melange* zu ermöglichen. - Die in Art. 5 Abs. 1 Satz 2 GG verbürgte Rundfunkfreiheit ist von ihrer Stellung und Bedeutung im Grundgesetz her eingebettet in ein System verschiedener verfassungsrechtlicher Zielwerte und Verbürgungen.[10] Dementsprechend muss es auch verfassungsrechtlich legitimiert sein, bestimmte Inhalte gegenüber anderen zu privilegieren.[11] Von besonderer Bedeutung wird es in diesem Zusammenhang sein, einen Kernbereich der Kulturvermittlung des Rundfunks zu bestimmen, der gegenüber Unterhaltungsangeboten im Allgemeinen abgegrenzt ist.[12] Gleichzeitiges und korrespondierendes Anliegen ist es, auf diese Weise Rückschlüsse auf eine angemessene Zusammensetzung der Programminhalte und somit letztlich auf die ordnungsgemäße Gebührenverwendung insgesamt zu ermöglichen. Darüber hinaus mag die Untersuchung auch dabei hilfreich sein, bundesdeutsche Positionen gegenüber der EU im Zusammenhang mit der neu aktuell gewordenen Beihilfe-Debatte oder aber auch europäische Positionen in den GATS-Verhandlungen[13] auf Ebene der WTO zu beziehen.

Dabei kann die Untersuchung trotz der im Rundfunkbereich geltenden Besonderheiten durchaus auch als Beitrag zum Diskurs über „Kultur“ und staatliche Aufgaben an sich angesehen werden: Kulturstaatliche Implikationen gewinnen

---

[7] St. Rspr.; vgl. BVerfGE 73, 118, 158; 90, 60, 90.

[8] Vgl. BVerfGE 73, 118, 158.

[9] Z. B. *M. Bullinger*, Die Aufgaben des öffentlichen Rundfunks, 1999.

[10] *Hoffmann-Riem* in: AK-GG, 2001, Art. 5 I, II Rz. 12.

[11] *Hoffmann-Riem* in: AK-GG, 2001 , Art. 5 I, II Rz. 12, 148; vgl. BVerfGE 34, 283; a. A.: *Bullinger* in: Isensee/ Kirchhof, HdbStR VI § 142, Rz. 43.

[12] Vgl. *H. Volpers/ H.-J. Weiss*, Kultur- und Bildungsprogramme im bundesdeutschen Fernsehen, 1992, S. 9.

[13] Vgl. hierzu *S. Oeter*, Rundfunk als Wirtschaftsgut? in: AfP 2005, S. 6ff.

zunehmend an Bedeutung. Angehörige „fremder Kulturen“ sollen integriert, der Kultur*schaffende* soll gefördert, eine Kulturstaatsklausel soll (als Art. 20b) in das Grundgesetz aufgenommen werden. Dabei bleibt all zu oft unklar, was sich hinter den entsprechenden Begrifflichkeiten verbirgt und was kulturstaatliche Verantwortung letztlich impliziert.

3.) Methodik der Untersuchung.

Ziel der Untersuchung ist es somit, zu ermitteln, ob und inwieweit dem öffentlichrechtlichen Rundfunk ein „verfassungsrechtlicher“ (also vom Grundgesetz vorgegebener) Kulturauftrag zukommt. Fragen, die den in den Rundfunkstaatsverträgen und Landesrundfunkgesetzen enthaltenen „einfachrechtlichen“ Kulturauftrag des öffentlichrechtlichen Rundfunks betreffen (z.B. auch die Frage nach der Abgrenzung zum „Unterhaltungsauftrag“) sollen somit außen vor bleiben.

Zunächst wird hierfür die – den Ausgangspunkt des „kulturellen Auftrags“ des Rundfunks bildende - Rechtsprechung des Bundesverfassungsgerichts daraufhin zu untersuchen sein, inwiefern sich aus ihr konkrete Aussagen für Umfang und Umrisse des entsprechenden Sendeauftrags ableiten lassen. Ebenso werden die Stellungnahmen der Literatur zu berücksichtigen sein. Sodann wird in einer eigenen wertenden Betrachtung, die die Erkenntnisse aus Rechtsprechung und Literatur ebenso wie geisteswissenschaftliche Erkenntnisse mit einbezieht, zu ermitteln sein, inwieweit dem öffentlichrechtlichen Rundfunk ein entsprechender Auftrag zukommt: Hierbei soll stets zunächst (und nach einzelnen Sachbereichen gesondert) untersucht werden, inwieweit in einem bestimmten (Kultur-) Bereich eine verfassungsrechtliche Gewährleistungspflicht hinsichtlich eines bestimmten Rundfunkangebotes überhaupt gegeben ist. Sodann soll jeweils die Frage erörtert werden, ob der entsprechenden Gewährleistungspflicht auch mittels eines gebührenfinanzierten, öffentlichrechtlichen Rundfunks nachzukommen ist. Hierbei werden insbesondere der Eingriffs- und Belastungscharakter des Instituts des öffentlichrechtlichen Rundfunks unter dem Gesichtspunkt der Subsidiarität staatlichen Handelns auf der einen, als auch die Gefahren eines sich selbst überlassenen Rundfunkmarktes (u. a. inhaltliche Insuffizienz, Manipulationsgefahr) auf der anderen Seite zu erörtern sein.

II. Der Kulturauftrag in der Rechtsprechung des Bundesverfassungsgerichts.

Das Institut des öffentlichrechtlichen Rundfunks in der Bundesrepublik Deutschland ist wesentlich durch die Rechtsprechung des Bundesverfassungsgerichts bestimmt. Dessen umfangreiche Judikatur hat die Rolle des öffentlichrechtlichen Rundfunks wesentlich mitbestimmt und -ausgestaltet. Daher soll hier ein besonderer Schwerpunkt der Untersuchung liegen.

1.) Vorgriff: Der Begriff der Kultur. – Empirisch.

Bemerkenswert ist, dass das Bundesverfassungsgericht an keiner Stelle den kulturellen Auftrag des öffentlichrechtlichen Rundfunks definiert. Dessen Ermittlung muss somit in einer analysierenden Gesamtsichtung relevanter Ausführungen erfolgen. Um jedoch zu erfassen, ob die Entscheidungen des Gerichts (möglicherweise auch nur implizite) Ausführungen zu kulturellen Aufgaben oder Funktionalitäten des Rundfunks enthalten, ist vorab klärungsbedürftig, was unter dem Begriff der "Kultur" zu verstehen ist. Dabei soll sich die Untersuchung hier zunächst auf eine empirische Bedeutungsermittlung, also allein den tatsächlichen Gebrauch des Wortes, beschränken. Alles andere liefe darauf hinaus, die Ausführungen des Bundesverfassungsgerichts bereits auf eine bestimmte Auslegung festzulegen.

Auf einer ganz primären Ebene wird der Begriff der "Kultur" im Gegensatz zur "Natur"[14] verwendet: Letztere ist danach der Mensch in der Summe seiner Erbanlagen, erstere alles "künstlich" vom Menschen Erschaffene. Unter den Begriff der Kultur fallen insofern alle nicht genetisch-biologisch gespeicherten Verhaltensweisen. In diesem Sinne der Gesamtheit nicht-ererbten menschlichen Verhaltens wird Kultur allumfassend als das Resultat der *Veränderung der äußeren und inneren Natur durch Arbeit* beschrieben[15]. - Ausgehend von dieser Stammbedeutung wird der Kulturbegriff sodann äußerst vielgestaltig gebraucht.[16]

a.) Gemeinschaftsbezogener Gebrauch.

Der Terminus ist zum einen - vor allem in der Kulturwissenschaft und der Soziologie - *kollektiv-systemisch* besetzt: *Kultur* wird hier als Oberbegriff für die Gleichförmigkeit menschlicher Gewohnheiten und Ausdrucksformen[17] innerhalb einer menschlichen Gemeinschaft beschrieben, aus deren Summe sich einzelne

---

[14] *K. Hansen*, Kultur und Kulturwissenschaft, 2. Aufl., 2000, S. 16, 19ff.; Staatslexikon Görres-Gesellschaft (Hg.), Band 3, 7. Aufl., 1995, Kultur I. 2.

[15] *K. Hansen*, Kultur und Kulturwissenschaft, 2. Aufl., 2000, S. 15; vgl. *H.-J. Weiß*, Kultur und Bildung, MP 1992, 733, 734; vgl. weitere Nachweise bei *B. Pieroth*, Kultur als juristisches Spiel ohne Grenzen, Der Staat 22 (1983), 394.

[16] *Oppermann* etwa spricht von einer „sinnvariierenden Begrifflichkeit", *T. Oppermann*, Rundfunkgebühren 1997, S. 83.

[17] Vgl. Definition von *Taylor*: Kultur als "jener Inbegriff von Wissen, Glauben, Kunst, Moral, Gesetz, Sitte und allen übrigen Fähigkeiten und Gewohnheiten, welche der Mensch als Glied der Gesellschaft sich angeeignet hat."; vgl. *K. Hansen*, Kultur und Kulturwissenschaft, 2. A., 2000, S. 36f. m. N.

Populationen (voneinander abgrenzbare *kulturelle* Verbände) konstituieren.[18] Unter die entsprechenden Verhaltensweisen und Charakteristika fallen zum einen künstlerische, religiöse sowie wissenschaftliche (also die traditionelle, sog. „Hoch"-Kultur betreffende) Lebensäußerungen, aber auch - als Teil eines sich bereits erweiternden Kulturbegriffes - die schlichte Heimat- und Traditionspflege. - Insofern entsprechende abgrenzbare Gemeinschaften auch und insbesondere in Form staatlicher Gebietskörperschaften (in Deutschland: Bund und Länder; Europa) bestehen können, wird vor allem in der staatsrechtlichen Literatur der Begriff im Zusammenhang mit dem Nationalstaat, dessen Symbolen, oder auch dem *Staatsvolk* verwendet.[19]
Ebenso, wie das Phänomen menschlicher Gemeinschaft nicht auf eine bestimmte *örtliche* Gruppe begrenzt ist, sind entsprechende, einer bestimmten Kultur zugrundeliegende Verhaltensstandardisierungen aber auch in *Untergruppen innerhalb eines Überorganismus* festzustellen (sog. "*sozio-kulturelle Systeme*"). Diese werden, ebenso wie bestimmte standardisierte Verhaltensweisen und Funktionsabläufe innerhalb bestimmter Lebensbereiche wie z.B. "Eßkultur", zunehmend ebenfalls als „Kulturen" bezeichnet.[20] Insofern wird unter "Kultur" nun vielfach ein beliebiges gesellschaftlich-soziales System verstanden wie „Wirtschaftskultur", "Jugendkultur"[21] oder auch Freizeit- oder Breiten-Sport[22]. - Bei all dem handelt es sich jeweils um Spielarten eines *erweiterten Kulturbegriffes*, der „Alltagskultur" mit einbezieht.
Werden die oben geschilderten Verhaltensstandardisierungen vom einzelnen in der Regel unbewusst praktiziert, lässt sich vertreten, dass somit (erst recht) solche Verhaltensvorgaben unter den Kulturbegriff fallen müssen, die ganz bewusst mit einer sozialen Zielrichtung geübt werden, wie z. B. gegenseitige Ehrerbietung, höfisches Zeremoniell, höflicher, gesitteter Umgang und Rücksichtnahme sowie Kommunikationsbereitschaft und -fähigkeit. Auch bestimmte Werte wie Toleranz und Nachsicht sind so gesehen „kulturelle" Werte.[23] Insofern bezeichnet das Wort "Kultur" auch die bewusste Pflege sozialer Beziehungen sowie die Respektierung insb. der Rechte des anderen. Sie rückt damit in die Nähe des modernen Konzeptes der *Humanität* einschließlich der Grundwerte Menschenwürde, Solidarität, sowie Rechts- und Sozialstaatlichkeit.[24] Ebenfalls in den Bereich der Kultur fallen damit auch jene "sittlichen Institutionen", die dem

[18] Vgl. *Weber/ Rossnagel/ Osterwalder/ Scheuer/ Wüst*, Kulturquoten im Rundfunk, 2006, S. 83ff.
[19] Vgl. z. B. *K. Stern*, Staatsrecht I, 2. A. 1984, S. 219ff., 225 m. N. (Fn. 44); *A. Uhle*, Freiheitlicher Verfassungsstaat und kulturelle Identität, 2004, S. 10ff., 14. ; vgl. auch *K. Hansen*, Kultur und Kulturwissenschaft, 2. A., 2000, S. 206.
[20] Vgl. *K. Hansen*, Kultur und Kulturwissenschaft, 2. A., 2000, S. 13.
[21] *K. Hansen*, Kultur und Kulturwissenschaft, 2. A., 2000, S. 13.
[22] *Steiner* in: J. Isensee/ P. Kirchhof, HdbStR III § 86 Rn. 26.
[23] S. z.B. *G. Reuhl*, Wissenschaftsfreiheit und Kulturstaatsprinzipien, in: Wissenschaftsrecht, 13. Bd. (1980), S. 236ff., 239 : "Hilfs- und Verständnisbereitschaft, Nachsicht, Toleranz, Verläßlichkeit, und das aus ihr kommende Vertrauen."
[24] Staatslexikon Görres-Gesellschaft (Hg.), Band 3, 7. Aufl., 1995, Kultur I. 3.

Menschen das Zusammenleben mit anderen quasi von Natur aus ermöglichen, wie z. B. Ehe und Familie.[25] Dies gilt insb., da die Sozialisierung des Menschen in ganz entscheidendem Maße innerhalb jener „kleinster gesellschaftlicher Einheiten“ stattfindet, indem Werte, Verhaltensmuster und emotionale Gestimmtheiten von den Eltern an ihre Kinder weitergegeben werden. Insofern geschieht Kultivierung des Menschen vor allem und zunächst innerhalb der Familie.

Schließlich wird - auf staatlicher Ebene - auch die Pflege und der Erhalt der Gemeinschaft nach außen (Landesverteidigung und Außenpolitik[26], aber auch der nationale Spitzensport und der Jugendaustausch[27]) als dem kulturellen Bereich zugehörig eingestuft.

b.) Gebrauch im qualitativ-geistigen Sinne.

Auf der anderen Seite meint der Begriff Kultur aber auch bestimmte qualifizierte, vor allem *geistige* Aktivität(en) des Menschen. *Cultura animi* (Pflege des Geistes) lautet die früheste belegte Verwendung des Begriffes bei Cicero[28].

Während Kultur in ihrem rudimentärsten Sinne (als Gegensatz zur Natur) jede menschliche Geistesleistung umfasst[29], fallen nach einem engeren Verständnis dabei nur solche menschlichen Errungenschaften unter den Begriff der Kultur, die eine bestimmte Leistungs*höhe* aufweisen: Zunächst meinte dies schlicht die Aktivitäten des sesshaft gewordenen und über das bloße Wildbeuterdasein des Jägers und Sammlers hinausgewachsenen Menschen. Hierauf baut auch das deutsche Substantiv "Kultur" auf, das sich von lat. *colere = 1. pflegen, bebauen, (Felder) bestellen, 2. anbeten, verehren* herleitet und das dabei etymologisch zwei wesentliche Errungenschaften menschlicher Zivilisation erfasst: Den Ackerbau und die Götterverehrung, welche beide den Urmenschen wesentlich vom Tier unterschieden[30] und die beide maßgebend für die Entwicklung der frühen *Kulturen* waren[31]. Ebenfalls unter diesen Kulturbegriff fallen etwa die Haltung domestizierter Tiere, der Bau fester Behausungen, die damit verbundene *Haus*wirtschaft oder auch die Hygiene[32].

Hingegen stehen nach einem engeren Verständnis nur bestimmte qualifizierte Geistesleistungen[33] im Mittelpunkt von Kultur. Hierzu zählt zunächst die Religion, darüber hinaus aber auch alle anderen geistigen Aktivitäten des entwickelten, "kultivierten" Menschen, der sich weniger durch seine technischen und zivilisatorischen Fertigkeiten, als vielmehr durch die Pflege und Ausbildung von

---

[25] *T. Würtenberger*, Die Legitimität der staatlichen Herrschaft, DRZ 1947, S. 242ff.
[26] *Herzog* in: J. Isensee/ P. Kirchhof, HdbStR III, § 58, Rn. 25, 89, 90.
[27] Zu letzteren *Steiner* in: J. Isensee/ P. Kirchhof, HdbStR III § 86, Rn. 16ff.
[28] Vgl. *D. Baecker*, Kultur, in: *K. Barck* (Hg.), ÄGB, Band 3, 2001, S. 512, 513 m. N.
[29] Kochrezepte, Handwerk, etc.
[30] *K. Hansen*, Kultur und Kulturwissenschaft, 2. A., 2000, S. 14.
[31] Vgl. Staatslexikon Görres-Gesellschaft (Hg.), Band 1, 7. Aufl., 1995, Kultur I.1.
[32] Vgl. *K. Hansen*, Kultur und Kulturwissenschaft, 2. A., 2000, S. 12; daher auch der deutsche *Kultur*beutel.
[33] *Steiner* in: J. Isensee/ P. Kirchhof, HdbStR III, § 86 1 u. 3.; z. B. auch *Rossen-Stadtfeldt* in: W. Hahn/ T. Vesting, Rundfunkrecht, 2003, § 25, Rz. 32.

Seele und Geist[34] weiter fortzuentwickeln versteht, wie durch Produktion oder Rezeption von Wissenschaft und Kunst.[35] Teilweise wird hiervon ausgehend ein universales, elitäres Kultur(staats)konzept abgeleitet, das die genannten Aktivitäten begrifflich zu vereinigen versucht. So soll Kultur etwa jenen Lebensbereich beschreiben, in dem sich ein "über das vitale Dasein und seine Vergänglichkeit hinausweisender, in seinem Wesensgrund dauernder geistiger Wert" manifestiere[36]. Allerdings erscheinen entsprechende begriffliche Verklammerungen aufgrund ihrer mangelnden Schärfe als kaum handhabbar; sie konnten sich daher letztlich nicht durchsetzen.[37] Insofern bezeichnet ein enger, *hochkultureller* Kulturbegriff heute abschließend die Bereiche Kunst, Religion, sowie Wissenschaft und Bildung[38].[39]

c.) Begriffliche Berührungen.

Gleichzeitig sind beide Zweige des Kulturbegriffes keineswegs scharf voneinander getrennt.

Eine begriffliche Verklammerung findet sich z.B. in dem Ausdruck "Kunst- und Kulturpflege", der sowohl die Kunst, als auch die im Bereich der Regionalpflege und im (kunst-) wissenschaftlich-bildendem Bereich angesiedelten Gegenstände Archiv-, Museums- und Bibliothekswesen, sowie Denkmals-, Landschafts-, Brauchtums- und Heimatpflege umfasst.[40]

Auch werden geistiger und gemeinschaftlicher Kulturbegriff teilweise als *eine* Begrifflichkeit gesehen: Gerade das „Geistige“ sei es, das eine Kultur konstituiere. Das einzelne Werk leiste notwendig einen Beitrag zum gesamten Geistesleben einer Gemeinschaft, zu dessen "ideeller Reproduktion"[41], und konstituiere diese dabei mit. So wird etwa Kultur auch als "jene Sphäre" beschrieben, in der

---

[34] Vgl. *Weber/Rossnagel/Osterwalder/Scheuer/Wüst*, Kulturquoten im Rundfunk, 2006, S. 77ff.; vgl. auch Staatslexikon Görres-Gesellschaft (Hg.), Band 1, 7. Aufl., 1995, Kultur I.1.

[35] *U. Steiner*, Kulturauftrag im staatlichen Gemeinwesen, VVDStRL 42 (1984), 9; *P. Häberle*, Kulturverfassungsrecht im Bundesstaat, 1980, S. 20.

[36] *E. R. Huber*, Kulturverfassung, Kulturkrise, Kulturkonflikt in: ders., Bewahrung und Wandlung, 1975, S. 343ff., 344.

[37] *Maihofer* in: E. Benda/ W. Maihofer/ H.-J. Vogel, HdbVerfR, 2. Aufl., 1994, § 25 Rn. 15; vgl. auch *A. Damm*, Gebührenprivileg und Beihilferecht, 1998, S. 149; wenig ergiebig auch *Maihofers* Definition aaO, Rn. 42: *das Übereinzeln Mitteilbare, Allgemein Vermittelbare: das Universale, und zugleich das Menschlich Wirkliche, Wirklich Menschliche: das Humane, das im Ereignis und Werk der Kultur Ausdruck sucht, Anklang findet.*

[38] *T. Oppermann*, Kulturverwaltungsrecht, 1969, S. 6ff., *ders.*, Deutsche Rundfunkgebühren und europäisches Beihilferecht, 1997, S. 88; vgl. *M. Naucke*, Der Kulturbegriff in der Rechtsprechung des Bundesverfassungsgerichts, 2000, S. 10.

[39] Wobei der ursprünglichste Bedeutungsgehalt der Religion teilweise aus dem Begriff herausgefallen ist, dies wohl nicht zuletzt wegen des prägenden Einflusses der christlichen Kirche als eigenem (hierarchisch aufgebauten) System; vgl. *U. Steiner*, Kulturauftrag im staatlichen Gemeinwesen, VVDStRL 42 (1984), 9; vgl. Staatslexikon Görres-Gesellschaft (Hg.), Band 1, 7. Aufl., 1995, Kultur II.- Kirche und Kultur.

[40] *U. Steiner*, Kulturauftrag im staatlichen Gemeinwesen, VVDStRL 42 (1984), 9; *Steiner* in: J. Isensee/ P. Kirchhof, HdbStR III, § 86, Rn. 1

[41] *D. Grimm*, Kulturauftrag im staatlichen Gemeinwesen, VVDStRL 42 (1984), 47, 60.

"Staat und Geist eine besondere Verbindung miteinander eingehen."[42] – Ohne der weiteren Untersuchung vorgreifen zu wollen, ist allerdings anzumerken, dass man auf diese Weise gefährlich nahe an eine einseitige Inanspruchnahme der geistigen Schaffenskräfte durch Staat oder Gesellschaft geraten könnte.[43]
Im Ergebnis festzuhalten ist, dass der Begriff Kultur, jedenfalls seinem empirischen Gebrauch nach, auf der einen Seite im Zusammenhang mit menschlicher *Gemeinschaft* verwendet wird, auf der anderen Seite bestimmte geistige Leistungen bezeichnet.

2.) Der Kulturauftrag in der Rechtsprechung.

a.) Rundfunk als „kulturelles" Medium.

Seinen dogmatischen Ausgangspunkt hat der Kulturauftrag des öffentlichrechtlichen Rundfunks mit den grundlegenden Ausführungen des Bundesverfassungsgerichts in der 1. Rundfunkentscheidung genommen. Obgleich im Mittelpunkt der Entscheidung noch kein konkreter, an den öffentlichrechtlichen Rundfunk gerichteter „kultureller Auftrag", sondern kompetenzielle Fragen stehen, erfolgen bereits hier die wesentlichen Grundlegungen für die kulturelle Verantwortlichkeit des Rundfunks.
Die deutsche Nachkriegsrundfunkordnung hatte nach den Erfahrungen des Dritten Reiches - in dem der vollständig von den Nationalsozialisten instrumentalisierte Rundfunk dem Reichspropagandaministerium unterstellt war - einen staatsunabhängigen, dezentralen Rundfunk in Form öffentlichrechtlicher (Landes-) Rundfunkanstalten mit dem Recht der Selbstverwaltung vorgesehen.[44] Ab Mitte der Fünfziger Jahre wurde diese Rundfunkordnung wieder teilweise in Frage gestellt, als die Bundesregierung auf dem stetig an Bedeutung gewinnenden Rundfunksektor gegenüber den Ländern an Einfluss zu gewinnen suchte.[45] - Die bereits zu Weimarer Reichszeiten problematische Frage der Kompetenzverteilung zwischen Reich bzw. Bund und den Ländern im Bereich des Rundfunks lebte so wieder auf.[46] Nachdem die Bundesregierung die Veranstaltung eines bundesweiten zweiten Fernsehprogramms mit dem Zwecke, *den Rundfunkteilnehmern in ganz Deutschland und im Ausland ein umfassendes Bild Deutschlands zu vermitteln*[47] mittels der privatrechtlich organisierten „Deutschland-Fernsehen"-GmbH in Angriff genommen hatte, war das Bundesverfassungsgericht zur Entscheidung darüber aufgefordert, ob dem Bund, etwa aufgrund seiner Fernmeldekompetenz, eine solche Befugnis zukäme oder ob dieser mit einer entsprechenden Fernsehveranstaltung in die Kompetenz der Länder eingriffe.

---

[42] *B. Pieroth*, Kultur als juristisches Spiel ohne Grenzen, Der Staat 22 (1983), 394; *T. Oppermann*, Kulturverwaltungsrecht, 1969, S. 9.
[43] Vgl. *F. Wefelmeyer*, Kultur und Literatur. Zu ihrem Begriff bei Robert Musil, in: H. Brackert/ ders., Kultur. Bestimmungen im 20. Jahrhundert., 1991, S. 192ff., 206.
[44] BVerfGE 12, 205.
[45] *T. Vesting*, Prozedurales Rundfunkrecht, 1997, S. 150 m. N.; *H. Bausch*, Rundfunkpolitik nach 1945, Erster Teil: 1945-1962, 1980, S.305ff.
[46] BVerfGE 12, 205, 235f.
[47] BVerfGE 12, 205, 216.

Das Gericht entschied den Streit dahin, dass dem Bund keine entsprechende Verbandskompetenz aus Art. 73 Nr. 7 GG zukomme: Die Vorschrift beziehe sich nur auf den technischen Aspekt des Fernmeldevorgangs, nicht aber auf seine inhaltliche Seite. - Das *in seiner politischen und kulturellen Bedeutung kaum zu überschätzende Massenkommunikationsmittel Rundfunk* sei *nicht Teil, sondern, ‚Benutzer' der Einrichtungen des Fernmeldewesens.*[48] Bereits der Parlamentarische Rat und der Herrenchiemseer Entwurf hätten zwischen *'kultureller'*, also *im Sprachgebrauch des Parlamentarischen Rates inhaltlicher*, und technischer Seite des Rundfunks[49] differenziert. Dem Bund stünden mithin aber keine entsprechenden Gesetzgebungskompetenzen zu, da es an einer ausdrücklichen Kompetenzzuweisung fehle.[50] Dies gelte umso mehr, als dass der Rundfunk *jedenfalls auch ein kulturelles Phänomen* sei und damit grundsätzlich in den Bereich der Länder falle. [51] Abgesehen von der Aussage, dass der Rundfunk „kulturelle Bedeutung" habe und ein „auch kulturelles Phänomen" sei, enthält die Entscheidung indessen keinerlei konkrete Aussagen zur entsprechenden Funktion des Rundfunks als Kulturvermittler. Es besteht insb. auch kein „natürlicher Wortgebrauch" des Begriffes Kultur, der nähere Rückschlüsse darauf zuließe, was unter der „kulturellen Bedeutung" des Rundfunks zu verstehen sein soll. Wie bereits ausgeführt, besteht kein fester Konsens über den Sachbereich des "Kulturellen", da der Begriff insb. sowohl in einem geistigen, als auch in einem gemeinschaftsbezogenen Sinne verwendet wird. Überdies handelt es sich um einen zu seinen Rändern hin extrem offenen und unbestimmten Terminus. Praktisch jede menschliche Leistung und damit auch jeder Sendegegenstand lässt sich als "kulturelle" Materie begreifen.[52] So hatten etwa der Parlamentarische Rat und der Herrenchiemseer Entwurf, wenn sie von der kulturellen (im Gegensatz zur technischen) Seite des Rundfunks sprachen, ganz einfach sämtliche Sendeinhalte im Blick.[53] Eine Sinnerschließung über die natürliche Wortbedeutung des Begriffes scheidet daher jedenfalls aus.

b.) Begriffliche Antinomien.

Anhaltspunkte für den Kulturauftrag des Rundfunks ergeben sich auch nicht aus dem gegenüberstellenden Vergleich von *politischer* und *kultureller* Bedeutung des Rundfunks: "Politisches" und "Kulturelles" schließen einander keineswegs aus. Zur Kultur eines Landes kann man bei einem weiten Verständnis auch dessen politische Landschaft zählen.[54] Die Formulierung des Gerichts mag somit ebenso gut gelesen werden als: "politische *und weitere* kulturelle Bedeutung" des Rundfunks. Darüber hinaus existiert auch in der Politik der Bereich - der

---

[48] BVerfGE 12, 205, 226.
[49] BVerfGE 12, 205, 237.
[50] BVerfGE 12, 205, 228.
[51] BVerfGE 12, 205, 229.
[52] *R. Hartstein/ W.-D. Ring/ J. Kreile/ D. Dörr/ R. Stettner*, RuFuStV, 2. A., 1995, 1995, § 18, Rz. 7.
[53] BVerfGE 12, 205, 237.
[54] In diesem Sinne etwa *T. Vesting*, Prozedurales Rundfunkrecht, 1997, S. 223.

kulturelle Fragen betreffenden - „Kulturpolitik". Über das Verhältnis beider (Funktions-) Bereiche zueinander wird insofern keinerlei Aussage getroffen.[55] Ähnliches gilt für spätere begriffliche Gegenüberstellungen: In der 4. Rundfunkentscheidung etwa, die die Frage der von den öffentlichrechtlichen Rundfunkanstalten kraft ihrer terrestrischen Frequenzen und ihrer Gebührenfinanziertheit zu leistenden *Grundversorgung* betrifft, stellt das Gericht bezüglich der „essentiellen Funktionen des Rundfunks" fest: Es komme darauf an, zu gewährleisten, dass *der klassische Auftrag des Rundfunks* erfüllt werde, der *neben seiner Rolle für die Meinungs- und politische Willensbildung, neben Unterhaltung und über laufende Berichterstattung hinausgehender Information seine kulturelle Verantwortung* umfasse.[56]
Aus der Differenzierung des Gerichts zwischen den verschiedenen Sendeinhalten lässt sich auch hier nicht folgern, dass es sich um voneinander distinkte Programmkategorien handeln soll.[57] Zwar spricht etwa *Stock* vom traditionellen rundfunkrechtlichen Aufgabentrias "Information, Bildung und Unterhaltung"[58].[59] Ob sich die entsprechenden Sachbereiche aber gegenseitig ausschließen, ist zweifelhaft. Hiergegen spricht etwa, dass das BVerfG bereits in der 1. Rundfunkentscheidung auch klassisch "kultureller" Materie wie der Kunst (Musik und Schauspiel) insbesondere (politisch) meinungsbildende Wirkung attestiert hatte. Dasselbe gilt für das Verhältnis von unterhaltender und politischer Materie. Auch sonst dürfte es näher liegen, von einem Sich-Überschneiden der unterschiedlichen Bereiche auszugehen: Bereits meinungs- und willensbildende Elemente schließen einander nicht etwa aus, sondern bedingen einander. Eine Unterteilung dergestalt, dass die jeweiligen Begrifflichkeiten jeweils distinkte und exklusive Kernmaterien bezeichnen, lässt sich somit nicht vornehmen.[60]
Ähnlich verhält es sich, wenn das Gericht in der 6. Rundfunkentscheidung ausführt, dass das Programm neben der Information auch der Bildung und Unterhal-

---

[55] *M. Eifert*, Konkretisierung des Programmauftrags des öffentlich-rechtlichen Rundfunks, 2002, S. 22.
[56] BVerfGE 73, 118, 157, 158. - Dementsprechend könnten im Bereich des privaten Rundfunks an rechtliche Sicherungen der Rundfunkfreiheit geringere Anforderungen gestellt werden, als auf dem Gebiet des öffentlichrechtlichen Rundfunks.
[57] *Binder* in: W. Hahn/ T. Vesting, Rundfunkrecht, 2003, § 19, Rz. 70.
[58] *M. Stock*, Medienfreiheit als Funktionsgrundrecht, 1985, S. 104f .; vgl. *M. Eifert*, Konkretisierung des Programmauftrags des öffentlich-rechtlichen Rundfunks, 2002, S. 20.
[59] Wobei allerdings offen bleibt, weshalb dann nicht auch die Kultur eine eigenständige Kategorie ausmachen sollte. Vgl. z.B. *M. Fromm*, Öffentlich-rechtlicher Programmauftrag und Rundfunkföderalismus: Der verfassungsrechtliche Programmauftrag der Rundfunkanstalten unter besonderer Berücksichtigung des Rundfunkfinanzausgleichs, 1998, S. 71: "Bildung, Information, Unterhaltung *und Kultur*"[Herv. d. Verf.] als Gegenstände des klassischen Rundfunkauftrags.
[60] *M. Eifert*, Konkretisierung des Programmauftrags des öffentlich-rechtlichen Rundfunks, 2002, S. 23. "Über- und Verschneidungen". Ebenso *A. Bleckmann*, Zur Zulässigkeit der Veranstaltung von Spartenprogrammen durch öffentlichrechtliche Rundfunkanstalten., AfP 1997, 417, 422.

tung zu dienen und Beiträge *zur Kultur, Kunst und Beratung* anzubieten habe.[61] Die Tatsache, dass etwa die Kunst neben die Kultur gestellt wird, kann auch hier nicht bedeuten, dass es sich um antinomische Begrifflichkeiten handeln soll. Vielmehr ist davon auszugehen, dass Kunst *und sonstige Kultur* gemeint ist. Auch die Aussage des Gerichts, dass es Aufgabe des Rundfunks sei, die durch die *politische, wirtschaftliche und kulturelle Entwicklung geprägte individuelle Besonderheit des regionalen und lokalen Bereichs* zur Darstellung zu bringen[62], lässt keine näheren Schlüsse auf den Kulturauftrag zu: Schon die Bereiche Politik und Kultur überschneiden sich; auch die Wirtschaft lässt sich durchaus lediglich als „kulturelles Subsystem“ begreifen.
Somit bleibt der vom BVerfG intendierte Begriff des „Kulturellen“ vorerst weiter unklar. Allenfalls könnte man festhalten, dass die Begrifflichkeit der Kultur hier zumindest dazu dienen soll, auf gegenüber dem Politischen alternative Sendeinhalte zu verweisen; worin diese bestehen könnten, bleibt aber undeutlich.

c.) Repräsentation und Traditionspflege.
In der 1. Rundfunkentscheidung führt das Gericht weiter aus: Der Bund habe ebenfalls keine Befugnis *aus der Natur der Sache* zur Veranstaltung solcher Rundfunksendungen, die der *überregionalen Aufgabe nationaler Repräsentation nach innen, also der Selbstdarstellung der Nation vor der Bevölkerung*, zu dienen bestimmt seien[63]. Eine solche ergebe sich weder aus dem "überregionalen Charakter" der Funkübertragung, noch aus einer finanziell bedingten "Überregionalität". Dasselbe gelte für die Pflege der *kontinuitätsbewahrenden Tradition.*[64] „Sicherlich“ sei es „notwendig, diese Dinge von Staats wegen zu fördern“. Es gebe viele Institutionen und Veranstaltungen *kultureller Art,* die der nationalen Repräsentation nach innen zu dienen bestimmt seien. Letztlich könne das gesamte Erziehungs- und Bildungswesen als Pflege "kontinuitätsbewahrender Tradition" verstanden werden.[65] Die entsprechenden Aufgaben würden u.a. durch bestimmte Rundfunksendungen erfüllt. Hieraus folge freilich nicht, dass die Förderung entsprechender Rundfunksendungen auch durch den Bund zu erfolgen habe.[66]
Die vom Gericht genannten Aufgaben könnten sich einem "kulturellen" Auftrag des öffentlichrechtlichen Rundfunks zuordnen lassen. Denn zumindest in solchen Fällen, in denen das Gericht eindeutig „kulturelle“ Phänomene und Funktionalitäten anspricht, erscheint es vertretbar, diese dem entsprechenden Auftrag zuzuordnen, auch ohne dass das Gericht diesen ausdrücklich das Attribut „kulturell“ verwendet.

[61] BVerfGE 83, 238, 301f.
[62] BVerfGE 74, 297, 327.
[63] BverfGE 12, 205, 243, 250, 252.
[64] BVerfGE 12, 205, 243, 250, 252.
[65] BVerfGE 12, 205, 251.
[66] BVerfG 12, 205, 252, 253.

Zunächst kommt hierfür die Pflege "kontinuitätsbewahrender Tradition" in Frage. Tradition bezeichnet denjenigen Bestand an Verhalten und Ideen, der in der Geschichte von Generation zu Generation innerhalb einer bestimmten Gruppe entwickelt und weitergegeben wurde und weiterhin Bestand hat.[67] Der Sache nach besteht somit weitgehende Übereinstimmung mit dem Begriff der *Kultur* in einem gemeinschaftsbezogenen Sinne.[68] Mit dem gesonderten Betonen der Kontinuitätsbewahrung kommt ferner zum Ausdruck, dass die genannte Traditionspflege auch die mit der Wahrung von Kontinuität und bestehenden Strukturen verbundene Gewährleistung von innerhalb der Gemeinschaft ablaufenden kooperativen Prozessen sowie von identitärer Sicherheit für den Bürger verfolgt.[69] Zumindest die "Pflege kontinuitätsbewahrender Tradition" lässt sich somit eindeutig einem bundesverfassungsgerichtlichen kulturellen Rundfunkauftrag zuordnen.
Dasselbe könnte für die *nationale Repräsentation nach innen* gelten[70]. Symbole und Repräsentationsobjekte der Bundesrepublik Deutschland dienen der Stärkung der Einheit des Staates und seines inneren Zusammenhaltes. Insofern liegt es nahe, von kultureller Materie in einem gemeinschaftsbezogenen Sinne zu sprechen. Darüber hinaus stellt das Gericht aber auch klar, dass die fraglichen Materie Inhalte betreffe, die *der Selbstdarstellung der Nation*[71] *vor der Bevölkerung der Bundesrepublik Deutschland* dienten.[72] Der Begriff der „Nation“ ist klassischerweise von einem über die rein staatliche Verbundenheit hinausgehenden Zusammengehörigkeitsgefühl geprägt. Sie bezeichnet eine durch bestimmte gemeinsame Traditionen, Sitten und Gebräuche geprägte Zusammengehörigkeit der in einem gemeinsamen Staatsgebiet lebenden Menschen. Somit besteht weitgehende Übereinstimmung mit dem Begriff der Kultur in einem gemeinschaftsbezogenen Sinne. Gegenstände, die der „nationalen Repräsentation nach innen“ dienen, lassen sich somit eindeutig dem bundesverfassungsgerichtlichen Kulturauftrag des öffentlichrechtlichen Rundfunks zuordnen.
Dasselbe gilt für solche Inhalte, die dem *Erziehungs- und Bildungswesen* zuzuordnen sind, welches nach Auffassung des Gerichts ebenfalls der Aufrechterhaltung *kontinuitätsbewahrender Tradition* und der *nationalen Repräsentation* nach innen dient.

---

[67] Vgl. Duden, Deutsches Universalwörterbuch, 4. Aufl., 2001, "Tradition", S. 1591.
[68] Vgl. *B. Holznagel*, Funktionsauftrag des ZDF, 1999, S.43 u. S. 127; vgl. *R. Hartstein/ W.-D. Ring/ J. Kreile/ D. Dörr/ R. Stettner*, RuFuStV, 2. A., 1995, 1995, u. a., § 18 Rz. 7.
[69] So auch *T. Opperman/ M. Kilian*, Rechtsgrundsätze der Finanzierung öffentlich-rechtlichen Rundfunks in der Bundesrepublik Deutschland, 1989, S. 71.
[70] *T. Opperman/ M. Kilian*, Rechtsgrundsätze der Finanzierung öffentlich-rechtlichen Rundfunks in der Bundesrepublik Deutschland, 1989, S. 67f.
[71] Die nach damaligem Verständnis noch über die Grenzen des westdeutschen, bundesrepublikanischen Staates hinausreichte.
[72] BVerfGE 12, 205, 252.

d.) Integrative Vorgaben.

Unsicherheiten bestehen hingegen bezüglich solcher Sendevorgaben wie dem einzuhaltenden *Mindestmaß von inhaltlicher Ausgewogenheit, Sachlichkeit und gegenseitiger Achtung.*[73]

Zwar mag ein der Themenbreite nach umfassendes Programmangebot durchaus auch kulturelle Inhalte mit umfassen.[74] Auch das Gebot der gegenseitigen Achtung und der Sachlichkeit steht in engem Zusammenhang mit dem Gedanken, den Mitmenschen zu respektieren und in seiner Würde unverletzt zu lassen (vgl. Art. 1 I GG)[75]. Das entsprechende Verständnis vom Wesen der politischen Meinungsarena Rundfunk lässt sich dabei durchaus als ein - den Mitbürger und -streiter in der demokratischen Gemeinschaft achtender - kultureller Wert begreifen. Indessen entbehren die Ausführungen des Gerichts der Eindeutigkeit. Sie mögen sich ebenso auf die rein publizistische Berichterstattungsfunktion des Rundfunks beziehen. Die entsprechenden Sendevorgaben können somit ebenso wenig zweifelsfrei einem verfassungsgerichtlichen Kulturauftrag zugeordnet werden wie die (der *Sachlichkeit* und *gegenseitigen Achtung* ähnliche) Verpflichtung auf „journalistische Fairness“ der 6. Rundfunkentscheidung.[76]

Ähnliches gilt für die Aussage des Gerichts in seiner 2. Rundfunkentscheidung dahin, dass die Rundfunkanstalten, indem sie in öffentlicher Verantwortung stünden, *zugleich integrierende Funktionen für das Staatsganze* erfüllten.[77] Zwar lässt sich auch der Integrationsgedanke als „kultureller“ Wert interpretieren. Indessen mangelt es auch hier an einer eindeutigen Zurechenbarkeit.

e.) Sonstige einzelne Sendegegenstände.

aa. In der 1. Rundfunkentscheidung.

Ähnliche Unsicherheiten bestehen auch in Hinblick auf andere angesprochene Programminhalte. In der 1. Rundfunkentscheidung führt das BVerfG aus: Öffentliche Meinungsbildung durch den Rundfunk finde nicht nur mittels rein informativer Programme (wie Nachrichtensendungen, politische Kommentare, Sendereihen über politische Probleme der Gegenwart, Vergangenheit oder Zukunft), sondern auch in Form künstlerisch-unterhaltender Sendungen statt, wie etwa in *Hörspielen, musikalischen Darbietungen,* Übertragungen *kabarettistischer Programme* bis hinein in die *szenische Gestaltung einer Darbietung.* Zwar wird zumindest ein Teil der genannten Sendegegenstände auch unter einen kulturellen Auftrag fallen. Jedoch werden die fraglichen Sendeinhalte zumindest an dieser Stelle nicht unter einem „kulturellen“, sondern lediglich unter einem rein politischen Aspekt für die Funktionserfüllung des Mediums herangezogen. Das BVerfG führt in seiner Entscheidung aus: Jedes Rundfunkprogramm werde

---

[73] BVerfGE 12, 205, 263.

[74] *M. Eifert*, Konkretisierung des Programmauftrags des öffentlich-rechtlichen Rundfunks, 2002, S. 26, m. N.; *T. Vesting*, Prozedurales Rundfunkrecht, 1997, S. 283.

[75] *Hahn* in: W. Hahn/ T. Vesting, Rundfunkrecht, 2003, § 2a Rz. 5.

[76] BVerfGE 83, 238, 243f., 301f.

[77] BVerfGE 31, 314, 329.

durch die Auswahl und Gestaltung der Sendungen eine gewisse Tendenz haben, insbesondere soweit es darum gehe, was nicht gesendet werden soll, was vernachlässigt werden kann, und wie das Gesendete geformt und gesagt werden soll. [78] Die Bedeutung der genannten künstlerischen und unterhaltenden Rundfunkelemente wird somit zumindest an der genannten Stelle mit einer ausschließlich "politisch-publizistischen" (*Vesting*[79]) Funktionserfüllung begründet.[80]

bb. In der 2. und 6. Rundfunkentscheidung.

Andererseits werden in der 2. und der 6. Rundfunkentscheidung durchaus verschiedene Sendegegenstände benannt, von denen zumindest einige eindeutig einem begrifflichen Kern von „Kultur“ zuordenbar sind.

Die verfassungsrechtlich geschützte Aufgabenerfüllung des Rundfunks besteht danach neben Nachrichten und Kommentaren in *Unterhaltung, Bildung und Belehrung*, der Vermittlung von *Gottesdienst und Erbauung* und der Entsprechung der Vorgabe, dem Frieden, der Freiheit und der Völkerverständigung zu dienen. Weiter seien die *verschiedenen weltanschaulichen, wissenschaftlichen und künstlerischen Richtungen* zu berücksichtigen.[81]

Als eindeutig kulturelle Materie lässt sich der Bereich der "Unterhaltung" zumindest insofern ansehen, als dass er auch künstlerische Beiträge beinhaltet. - Die besondere Bedeutung der Kunst im Rundfunk wird hier nicht zuletzt aus dem Nachsatz deutlich, dass "die verschiedenen [...] künstlerischen" Richtungen zu berücksichtigen seien. Bei der Kunst handelt es sich klassischerweise um „kulturelle“ Materie.[82] Beispielhaft zu nennen sind hier im Sinne eines innersten Kernbereiches Musik, Theater, Tanz, Literatur, bildende Kunst sowie der Spielfilm.[83]

Ferner fällt die *Bildung* klassischerweise in den kulturellen Bereich.[84]

Zwar mag man den Zweck von bildenden Programmen auch darin sehen, die Bevölkerung über Themen von allgemeinem Interesse zu informieren und inso-

---

[78] BVerfGE 12, 205, 260

[79] In: Prozedurales Rundfunkrecht, 1997, S.19, 220f., 241f. m. w. N.

[80] Mit einem weiteren Funktionsverständnis *T. Vesting*, Prozedurales Rundfunkrecht, 1997, S. 19f; vgl. auch bereits *C. Schmitt*, Verfassungslehre (1928), 5. Aufl., 1970, S. 168 und *A. Bleckmann*, Zur Zulässigkeit der Veranstaltung von Spartenprogrammen durch öffentlich-rechtliche Rundfunkanstalten, AfP, 97, 417, 421. Vgl. auch *M. Eifert*, Konkretisierung des Programmauftrags des öffentlich-rechtlichen Rundfunks, 2002, S. 23

[81] BVerfGE 31, 314, 326; BVerfGE 83, 238, 243f., 301f.

[82] *E. Fuhr/ W. Bosman*, ZDF-StV, 2. A., 1985, § 1 II 4b, bb.

[83] *R. Hartstein/ W.-D. Ring/ J. Kreile/ D. Dörr/ R. Stettner*, RuFuStV, 2. A., 1995, 1995, Rundfunkstaatsvertrag § 18, Rz. 7; *E. Fuhr/ W. Bosman*, ZDF-StV, 2. A., 1985, § 1 II 4c.

[84] Vgl. z.B. *P. Niepalla*, Die Grundversorgung durch die öffentlich-rechtlichen Rundfunkanstalten, 1991 , S. 74; *U. Steiner*, Zur Kulturförderung durch den öffentlich-rechtlichen Rundfunk, FS H. Hübner, 1984, S. 799ff., S. 799, 800; a. A. wohl: *T. Oppermann/ M. Kilian*, Rechtsgrundsätze der Finanzierung öffentlich-rechtlichen Rundfunks in der Bundesrepublik Deutschland, 1989, S. 75; ferner *T. Vesting*, Prozedurales Rundfunkrecht, 1997, S. 286; *Binder* in: W. Hahn/ T. Vesting, Rundfunkrecht, 2003, § 19, Rz. 70.

fern als Rechtsgrundlage für die Förderung der Bildung im Rundfunk vor allem das Demokratieprinzip heranziehen[85]. Doch besitzt die Bildung zweifelsfrei auch einen weiteren, "kulturellen" Kern: Im Gegensatz zur bloßen *Belehrung,* die Beiträge wie Verbrauchertipps oder Reiseberatung[86] beinhaltet, verfolgt das traditionelle Anliegen von *Bildungs*materie vor allem auch das Ziel der charakterlichen wie intellektuellen Heraus*bildung* eines „edlen, vollendeten" Menschen, der sich in sein kulturelles Umfeld einzufügen versteht[87]. Sie fällt somit eindeutig in einen klassisch „kulturellen" Aufgabenbereich.[88]
Auch der Gottesdienst und andere religiöse Inhalte können dem klassischen Kulturbereich zugeordnet werden.
Hingegen ist der Begriff der "Erbauung" wenig aussagekräftig. Sofern er vor allem das weltliche Pendant zu religiösen Inhalten darstellen sollte, geht er im Bildungsbegriff mit auf. Im übrigen fehlt es dem Begriff an Aussagekraft.
Ferner sollen die verschiedenen *weltanschaulichen, wissenschaftlichen* und *künstlerischen* Richtungen zu berücksichtigen sein. Die Kunst kann eindeutig einem kulturellen Bereich zugeordnet werden. Ebenso verhält es sich mit wissenschaftlichen Inhalten. Die Verpflichtung, die *verschiedenen Weltanschauungen* zu berücksichtigen, beschreibt hingegen keine eigenständige Kategorie an Sendegegenständen. Mit ihr dürfte vor allem die Verpflichtung zum Ausdruck kommen, ein einseitiges, insb. einseitig religiös gefärbtes, Programm - in allen Sparten - zu vermeiden.
Für eine Einordnung *friedensfördernder* und der *Verständigung zwischen den Völkern dienender Inhalte* unter den Kulturbegriff spricht, dass allein gegenseitiges Verständnis und der Gewaltverzicht zwischen den Völkern die dauerhafte Garantie eines friedsamen Gedeihens und Miteinanders der verschiedenen *Kulturen* bietet; ferner handelt es sich um einen grundgesetzlich vorgegebenen und von den verfassungskonformen Parteien einhellig akzeptierten Wert. Auch insofern mag man die entsprechende Verpflichtung als „kulturellen" Wert bezeichnen. Dennoch bleiben Zweifel, da zumindest ein traditionelles Verständnis den Begriff der Kultur enger auslegt: Hiernach fallen unter den Kulturbegriff allenfalls bestimmte die Lebensart eines bestimmten Kollektivs betreffende, sowie bestimmte geistige Aktivitäten.
Auch der Erhalt der *Freiheit* des einzelnen insbesondere vor obrigkeitlicher Bevormundung lässt sich als kultureller Wert begreifen, da er den Respekt vor dem Individuum mit einschließt und allein dies das dauerhafte konfliktfreie Zusammenleben in einer Gesellschaft zu garantieren vermag.[89] Andererseits fällt

---

[85] Vgl. Nachweis bei *M. Eifert*, Konkretisierung des Programmauftrags des öffentlich-rechtlichen Rundfunks, 2002, S. 22: *M. Stock*, Medienfreiheit als Funktionsgrundrecht, 1985, S. 104f

[86] Vgl. *T. Oppermann/ M. Kilian*, Rechtsgrundsätze der Finanzierung öffentlich-rechtlichen Rundfunks in der dualen Rundfunkverfassung der Bundesrepublik Deutschland, 1989, S. 73.

[87] Vgl. hierzu umfassend Staatslexikon Görres-Gesellschaft (Hg.), Band 1, 7. Aufl., "Bildung", Sp. 783ff., 787-790.

[88] Ebenso *C. Starck*, Praxis der Verfassungsauslegung, 1994, S. 103.

[89] Vgl. *B. Holznagel*, Funktionsauftrag des ZDF, 1999, S.42.

auch dies nicht unter einen engen, eindeutigen Begriffskern von Kultur. Insofern können die genannten Inhalte nicht eindeutig dem bundesverfassungsgerichtlichen Kulturauftrag des Rundfunks zugeordnet werden.
Herangezogen werden kann hingegen das in der Entscheidung enthaltene abweichende Minderheitsvotum. Obgleich allein der Mehrheitsbeschluss gem. § 31 BVerfGG in Rechtskraft ergeht, erscheint es angesichts der grundsätzlichen Übereinstimmung der Senatsmitglieder bezüglich der öffentlichen Informationsaufgabe des Rundfunks[90] vertretbar, das Minderheitsvotum zumindest ergänzend mit heranzuziehen. Danach soll im Rundfunk über *kulturelle Erscheinungen im weitesten Sinn, Darbietungen kultureller und bildender Art - Konzerte, Fernsehspiele, Theater und wissenschaftliche Vorträge -, Unterrichts- und Fortbildungsprogramme (z. B. das Schulfernsehen) und Darbietungen der Unterhaltung (Film, Kabarett, Revue, Sportschau und Showgeschäft)* berichtet werden. [91] Die entsprechenden Sendegegenstände können somit ebenfalls dem bundesverfassungsgerichtlichen Kulturauftrag des öffentlichrechtlichen Rundfunks zugeordnet werden.

cc. Erweiterter Kulturauftrag.
Ferner deuten die Ausführungen des Gerichts darauf hin, dass auch Kultur in einem weiteren Sinne in den Sendeauftrag des öffentlichrechtlichen Rundfunks mit einzubeziehen sein soll. Die Rechtsprechung ist dabei von einer deutlichen Dynamik geprägt: Während die 1. Rundfunkentscheidung noch von eher traditionell „staatstragenden“ Inhalten ausgeht (*Traditionspflege und Repräsentation nach innen*), will zumindest das Mindervotum der 2. Rundfunkentscheidung bereits „kulturelle Erscheinungen im weitesten Sinn“ [92] mit einbeziehen. Hierin lässt sich durchaus eine beginnende Öffnung zu einem erweiterten Kulturbegriff (der soziale „Sub-Systeme“ und Alltagskultur mit einbezieht) erblicken. Dasselbe gilt für den in der 5. und 6. Rundfunkentscheidung konstatierten Auftrag, die „Besonderheiten des regionalen Bereichs“ [93], sowie die *regionale Gliederung* und *kulturelle Vielfalt des Sendegebietes* [94] zum Ausdruck zu bringen, um (so das Gericht weiter in der 7. Rundfunkentscheidung) den besonderen Identifikations- und Informationsbedürfnissen der Empfänger Rechnung zu tragen.[95] Regionale Lebensgewohnheiten und Bräuche fallen nach neuerem Verständnis in den Kernbereich kultureller Materie, zu dem Brauchtum, Heimatpflege (später auch sog. „Sozio-Kultur“), zu zählen ist. Insbesondere ist es eine typische Funktionalität von Kultur, Anknüpfungspunkte für die Identifizierung mit einer menschlichen Gemeinschaft zu schaffen und dem menschlichen Individuum ein Gefühl der identitären Sicherheit zu vermitteln. Die entsprechenden Sendeinhal-

[90] BVerfGE 31, 314, 354, 357.
[91] BVerfGE 31, 314, 342.
[92] BVerfGE 31, 314, 342.
[93] BVerfGE 74, 297, 327.
[94] BVerfGE 83, 238, 243f., 301f.
[95] BVerfGE 87, 181, 204.

te lassen sich somit wohl eindeutig einem – sich erweiternden – bundesverfassungsgerichtlichen Kulturauftrag zuordnen.

aaa. Sport.

In diesem Zusammenhang sind insbesondere die Ausführungen des Gerichts zur Sport(-kurz-) berichterstattung von Interesse: Bereits das Mindervotum der 2. Rundfunkentscheidung hatte die Sportschau als Teil des Programmauftrages erwähnt.[96] In der Kurzberichterstattungsentscheidung führt das BVerfG nun aus, dass zu den nach Art. 5 I 2 GG gebotenen Sendeinhalten gerade auch Berichte über herausragende Sportveranstaltungen zählten. Über ihren bloßen Unterhaltungswert hinaus erfüllten diese eine wichtige gesellschaftliche Funktion: Der Sport *biete Identifikationsmöglichkeiten im lokalen und nationalen Rahmen* und sei *Anknüpfungspunkt für eine breite Kommunikation in der Bevölkerung.*[97] Eine umfassende Berichterstattung, wie sie von Art. 5 I 2 GG gefordert werde, lasse sich daher unter Verzicht auf Sportereignisse nicht verwirklichen.

Dementsprechend ist vor dem Hintergrund der vorangegangenen Aussagen zur Notwendigkeit, identitätsstiftende Inhalte aus dem regionalen und lokalen Bereich anzubieten, davon auszugehen, dass der fragliche Kulturauftrag Sportereignisse zumindest in dem in der Kurzberichterstattungsentscheidung in Frage stehenden Rahmen umfassen soll.[98]

bbb. Die Politbüroentscheidung.

Auch in der Politbüroentscheidung[99], die das Recht der öffentlichrechtlichen wie privaten Rundfunkveranstalter zum Gegenstand hatte, vor, nach und während der Verhandlungspausen bedeutender Gerichtsverhandlungen Fernsehaufnahmen anzufertigen[100], klingen Bezüge zu kulturellen Funktionalitäten an. Das BVerfG sieht in dem angefochtenen Beschluss des Vorsitzenden Richters, mit dem den Rundfunkvertretern der Zutritt verwehrt wird, einen Verstoß gegen Art. 5 I 2 GG[101] und führt aus: Die Funktion der Angeklagten als Staats- und Parteiführung der Deutschen Demokratischen Republik in ihrer Ausübung öffentlicher Gewalt verliehen dem Verfahren *eine politische und historische* Dimension, die diejenige anderer Strafprozesse weit überrage. Es bestehe daher ein anerkennenswertes Interesse des Rundfunks, mit den Mitteln der modernen Kommuni-

---

[96] BVerfGE 31, 314, 342.

[97] BVerfGE 97, 228, 257.

[98] Vgl. auch *D. Dörr*, Sport im Fernsehen, 2000, S. 42, 54ff.; a. A.: *R. Hartstein/ W.-D. Ring/ J. Kreile*, RuStV, 2. A., 1995, § 18, Rz. 7.

[99] BVerfGE 91, 125 Fernsehaufnahmen im Gerichtssaal I.

[100] Konkret ging es um Aufgaben im Rahmen eines Strafverfahrens gegen ehemalige DDR-Politgrößen (Honecker, Mielke) in Form einer - jeweils nur ein Kamerateam pro Verhandlungstag zulassenden - sog. Pool-Lösung von ARD, ZDF, SAT1 und RTL.

[101] Der in der Ausschlussanordnung des Vorsitzenden Richters liegende Eingriff in Art. 5 I 2 GG sei unverhältnismäßig, da er die Rundfunkfreiheit übermäßig einschränke; vgl. BVerfGE 91, 125, 138.

kationstechnik der Öffentlichkeit einen optischen Eindruck von diesem Verfahren zu übermitteln und *der Nachwelt zu erhalten.* [102]
Wenngleich das BVerfG auch hier die kulturelle Dimension des betreffenden Verfahrens nicht ausdrücklich erwähnt, ergibt sich aus den Ausführungen des Gerichts bezüglich der historischen Dimension der Vorgänge, dass die betreffende Berichterstattung dem kulturellen Bereich zuzuordnen sein muss. Entsprechende Ereignisse, zumindest wenn sie - wie hier - starke oder ausschließliche Bezüge zur geschichtlichen Entwicklung Deutschlands aufweisen, gehen so nachhaltig in das Bewusstsein eines Volkes ein, dass sie fortan das Selbstverständnis der entsprechenden menschlichen Gemeinschaft (als Teil dessen Geschichte) wesentlich mitkonstituieren.[103] Ein Beispiel hierfür stellt die Berichterstattung über die Nürnberger Prozesse statt, mit denen das Ende des NS-Regimes dem deutschen Volk symbolisch vor Augen geführt wurde und die ein klares und eindeutiges Ende des Dritten Reiches markieren. Insbesondere das Fernsehen fungiert nicht nur als *zentraler kollektiver Wissens- und Wertespeicher,* sondern auch *als soziales Gedächtnis* (*Luhmann*) einer Gesellschaft.[104] Dementsprechend lässt sich die entsprechende Berichterstattung ebenfalls dem zu ermittelnden Kulturauftrag zuordnen.

b.) Resümee und Ergebnis.
Aus der Gesamtanalyse der Rundfunkentscheidungen des Bundesverfassungsgerichts lassen sich somit nach der hier verwendeten Auslegungsmethodik folgende Schlussfolgerungen ableiten: Zum einen, dass der Kulturauftrag des öffentlichrechtlichen Rundfunks - wenngleich nicht abschließend so doch *zumindest auch* - darin besteht, der *Pflege kontinuitätsbewahrender Tradition* und der *nationalen Repräsentation nach innen* zu dienen; hierunter fällt auch das Erziehungs- und Bildungswesen (1. Rundfunkentscheidung).
Ebenfalls unter dem Aspekt der kulturellen Traditionspflege schützenswert sind nach Auffassung des BVerfGs ferner solche Inhalte, die die Besonderheiten bestimmter *regionaler* Lebensgewohnheiten widerspiegeln. Der Kulturauftrag des öffentlichrechtlichen Rundfunks besitzt damit auch einen föderalistischen Einschlag; dies ergibt sich insbesondere aus der 5. Rundfunkentscheidung, darüber hinaus aber auch aus der 7. Rundfunkentscheidung, nach der die genannten regionalen Inhalte insbesondere dazu dienen sollen, der Bevölkerung *Identifikationsmöglichkeiten* zu gewähren.
Zum anderen ergibt sich aus der Entscheidungsanalyse, dass unter den Kulturauftrag des öffentlichrechtlichen Rundfunks *zumindest auch* die Gegenstände der Kunst (in Form von Konzert, Fernsehspiel, Theater einschließlich künstlerischer Unterhaltung wie z.B. Spielfilm, Kabarett, Revue, Showgeschäft), der

---

[102] BVerfGE 91, 125, 138.
[103] Vgl. *W. Langenbucher*, Braucht eine demokratische Gesellschaft Rundfunk?, MP 1990, 699, 710.
[104] *N. Luhmann*, Realität der Massenmedien, 1996, S. 75ff., 120f., 173ff., *T. Vesting*, Prozedurales Rundfunkrecht, 1997, S. 292.

wissenschaftlichen Beiträge, der bildenden Inhalte (Unterrichts- und Fortbildungsprogramme wie z.B. das Schulfernsehen), sowie religiöse Inhalte (insb. dem Gottesdienst) fallen (2. Rundfunkentscheidung). - Diese Gegenstände in voller Breite anzubieten, ist Bestandteil des "klassischen Auftrages" des Rundfunks (vgl. 4. Rundfunkentscheidung).

"Kulturelle" Sendevorgaben in einem weiteren Sinne konnten darüber hinaus bezüglich der Verpflichtung des öffentlichrechtlichen Rundfunks zur Wahrung eines Mindestmaßes an Ausgewogenheit, Sachlichkeit und gegenseitiger Achtung festgestellt werden (1. Rundfunkentscheidung). Ebenfalls lässt sich vertreten, dass in der festgestellten *integrierenden Funktion für das Staatsganze* die kulturelle Aufgabe zum Ausdruck kommt, die verschiedenen Teile der Gesellschaft "füreinander anschlussfähig zu halten" (2. Rundfunkentscheidung.)

Wie es sich bereits zu Beginn der Untersuchung angedeutet hat, hat sich somit kein eindeutiges Ergebnis bezüglich des Kulturauftrages des öffentlichrechtlichen Rundfunks ergeben. Seine genauen Konturen an den Rändern haben sich nicht ermitteln lassen; hier waren lediglich Annäherungen möglich. Andererseits war die Untersuchung auch nicht vergebens: Zumindest ein innerer Kern des entsprechenden Auftrages hat sich herauskristallisiert.

Gleichzeitig kommen in den Entscheidungen wesentliche Veränderungen der Funktionen und Schwerpunkte des Rundfunkangebots zum Ausdruck: Hatte in den Sechziger Jahren der Schwerpunkt noch auf dem politischen Aspekt des Rundfunks gelegen, hat der Rundfunk auch aufgrund eines sich ständig verändernden Programmangebots später stetig an Bedeutung als Unterhaltungs- und Bildungs-, als *Kultur*vermittler gewonnen. Damit haben sich auch neue, vor allem individuelle Gebrauchsmöglichkeiten und Erschließungen ergeben. Der Rundfunk - vor allem das Fernsehen - ist aufgrund seiner "weitreichenden Wirkungen und Möglichkeiten" nicht nur zu einem reinen Anbieter von Information sondern zu *dem* Medium schlechthin und zu einem bedeutenden Gesellschaftsfaktor geworden. Entsprechend dieser ganz neuen Verantwortlichkeit sind bei den Anforderungen an die Aufgaben des Rundfunks zunehmend Sendeinhalte in den Vordergrund getreten, die die Darstellung des gesellschaftlichen Lebens in all seinen Facetten - wie Sport oder Ereignisse von historischem Interesse - betreffen.

Darüber hinaus könnte man abschließend noch das folgende festhalten: Der Kulturbegriff wird immer wieder vom Bundesverfassungsgericht herangezogen, ohne näher konkretisiert zu werden. Dennoch sieht das Gericht offenbar die Notwendigkeit, den Begriff heranzuziehen, um eine kulturelle Aufgabe des Rundfunks von vordergründigeren Funktionen abzugrenzen. Insofern könnte man die These wagen, der Begriff der Kultur werde vor allem als Gegenbegriff in Hinblick auf andere Funktionen des Rundfunks verwendet. Der vom Bundesverfassungsgericht betonte kulturelle Auftrag mag so letztlich gelesen werden als Verweis auf die Fähigkeit eines universalen Mediums, Bedeutenderem Ausdruck zu verleihen als (etwa) „der Politik“ oder der Unterhaltung. – Wobei jeder

der entscheidenden Richter unterschiedliche Vorstellungen darüber gehabt haben mag, was er als wesentlich erachtet.

III. Der Kulturauftrag in der Literatur.
Weiter zu untersuchen ist, welche kulturellen Funktionen dem öffentlichrechtlichen Rundfunk nach der Literatur zukommen. Die Diskussion erstreckt sich auch hier über ein breites begriffliches Spektrum:

1.) Hochkultur.
Einstimmig wird dem Rundfunk in Übereinstimmung mit der Rechtsprechung des Bundesverfassungsgerichts ein "kultureller" Auftrag im Sinne eines inneren, geistigen Kernbereiches von (sog. „Elite-„ oder „Hoch-„)[105] Kultur zugesprochen. "Kultur" wird dabei weniger über Wirkungen, als vielmehr über bestimmte Sachbereiche (Kunst, Wissenschaft, Bildung, Religion) definiert[106]. Danach ist der öffentlichrechtliche Rundfunk etwa zu einem autonomen[107] Angebot insbesondere künstlerischer Leistungen berufen.[108] Ihm obliege es dabei insbesondere, die Verbindung von breiter Gesellschaft und künstlerischen und kreativen Sektoren zu gewährleisten.[109] Das entsprechende, allein mittels eines öffentlichrechtlichen Rundfunks dauerhaft zu garantierende Angebot diene dabei nicht zuletzt dazu, die Ausbildung und Aufrechterhaltung eines kulturell entwickelten Publikumsgeschmacks zu ermöglichen[110]; im Gegensatz zum privaten Rundfunk sei eine Verpflichtung auf den „Mehrheitsgeschmack" daher ausgeschlossen.[111] Das entsprechende Spektrum ist sachlich weit, es bezieht neben klassischer Musik, Theater, Oper, Literatur, bildender Kunst[112] insbesondere qualitativ besonders hervorstechende Leistungen (audio-)visueller Medien wie den anspruchs-

---

[105] *H.-J. Weiß*, Kultur und Bildung, MP 1992, 733, 734; vgl. jeweils auch *H. Volpers/H.-J. Weiß*, Kultur und Bildung, S. 5ff.; krit. *T. Vesting*, Prozedurales Rundfunkrecht, 1997, S. 293ff.

[106] *M. Fromm*, Öffentlich-rechtlicher Programmauftrag, 1998, S. 82; *P. Niepalla*, Die Grundversorgung durch die öffentlich-rechtlichen Rundfunkanstalten, 1991 , S. 73.

[107] *T. Oppermann/ M. Kilian*, Rechtsgrundsätze der Finanzierung öffentlich-rechtlichen Rundfunks in der dualen Rundfunkverfassung der Bundesrepublik Deutschland, 1989, S. 71.

[108] *U. Steiner*, Zur Kulturförderung durch den öffentlichrechtlichen Rundfunk, FS Hübner, 1984, 799, 800; *T. Oppermann/ M. Kilian*, Rechtsgrundsätze der Finanzierung öffentlichrechtlichen Rundfunks in der dualen Rundfunkverfassung der Bundesrepublik Deutschland, 1989, S. 70f; *T. Oppermann*, Kulturverwaltungsrecht, 1969, S. 513; vgl. *R. Hartstein/ W.-D. Ring/ J. Kreile*, RuStV, 2. A., 1995, § 18, Rz. 7; *F.-W. v. Sell*, Rundfunk – Ein Kulturgut auch in der Zukunft?, epd/ Kirche und Rundfunk 1985, Nr. 14/15, S. 17ff., 18.

[109] *J. Blumler/ W. Hoffmann-Riem*, Neue Perspektiven für öffentlich-rechtliches Fernsehen in Westeuropa: Herausforderungen und Perspektiven, MP 1992, 402, 413.

[110] *T. Oppermann/ M. Kilian*, Rechtsgrundsätze der Finanzierung öffentlich-rechtlichen Rundfunks in der dualen Rundfunkverfassung der Bundesrepublik Deutschland, 1989, S. 71; *W. Neumann-Bechstein*, Fernsehen und Kulturgesellschaft, MP 1990, 77, 87.

[111] *P. Niepalla*, Die Grundversorgung durch die öffentlich-rechtlichen Rundfunkanstalten, 1991 , S. 77.

[112] *H. Kresse*, Grundversorgung und integrative Pluralismussicherung, ZUM 1995, 178, 182; *R. Scheble*, Perspektiven der Grundversorgung, 1994, S. 246, 249, 150; vgl. Beispiele bei *B. Holznagel*, Funktionsauftrag des ZDF, 1999, S. 51; *D. Stolte*, Fernsehen am Wendepunkt, 1992, S., 72; *D. Stolte*, Fernsehen und Kultur, in: W. Nutz (Hg.), Kunst, Kommunikation, Kultur, FS Silbermann, 1989, S. 203ff., S. 203ff.

vollen Spielfilm oder die Fotografie mit ein.[113] Auch vom Kulturauftrag gedeckt seien spezielle Sparten-, z.B. Musikkanäle[114].
Wo dabei die "Hoch"-Kultur endet und die bloße Unterhaltung beginnt, ist kaum zu beantworten, die Übergänge sind fließend. Zumindest solche Darbietungsformen wie das Musical und das leichte Schauspiel werden einem noch „hochkulturellen" Auftrag zugeordnet.[115] Die Aufgabe des öffentlichrechtlichen Rundfunks bestehe gerade hier in der "Niveaupflege" auch der „leichteren Muse“.[116] Auch religiöse Inhalte werden als Teil des Kulturauftrages angesehen.[117] Trotz weitreichenden Verlustes ihres die Gesellschaft prägenden Einflusses komme der Kirche eine wichtige Sinn vermittelnde, sowie Halt und Orientierung gebende Kraft zu. Die Kirche sei darüber hinaus nicht zuletzt auch ein gesellschaftlicher Faktor und auch insofern ein fester Bestandteil kultureller Angelegenheiten[118]. Hieraus rechtfertige sich auch ihre Repräsentation in den Aufsichtsgremien des öffentlichrechtlichen Rundfunks[119]. Zu den entsprechenden Sendeinhalten zähle nicht allein der Gottesdienst, sondern auch die Sensibilisierung für soziale Werte und die Vermittlung von Moral, Ethik sowie kirchlicher Arbeit.[120] Ebenso soll der Kulturauftrag des Rundfunks wissenschaftliche Beiträge erfassen[121], etwa aus der Philosophie[122]. - Allein der Rundfunk biete neben der Schule die Chance einer umfassenden Vermittlung von Expertenwissen an die breite Bevölkerung.[123]
Weiter zum Kultrauftrag gezählt werden Bildungsprogramm[124], sei es in Form der klassischen informierenden Bildungs-, sei es mittels der niveauvollen Unterhaltungssendung.[125] In Betracht kommen somit zum einen schulische und Berufsbildungsprogramme[126], zum anderen lässt sich als Aufgabe der Erwachse-

---

[113] *H.-J. Weiß*, Kultur und Bildung, MP 1992, 733, 734; vgl. *R. Hartstein/ W.-D. Ring/ J. Kreile,* RuFStV, 2. A., § 18, Rz. 7.
[114] *R. Scheble*, Perspektiven der Grundversorgung, 1994, 250; vgl. Arbeitsgruppe Köngsteiner Gespräche epd/Kirche und Rundfunk Nr. 88 v. 8.11.1989, S. 21ff.
[115] Vgl. *T. Opperman/ M. Kilian,* Rechtsgrundsätze der Finanzierung öffentlich-rechtlichen Rundfunks in der Bundesrepublik Deutschland, 1989, S. 74.
[116] *T. Oppermann/ M. Kilian,* Rechtsgrundsätze der Finanzierung öffentlich-rechtlichen Rundfunks in der dualen Rundfunkverfassung der Bundesrepublik Deutschland, 1989, S. 79.
[117] *R. Weber/A. Rossnagel/S. Osterwalder/A. Scheuer/S. Wüst,* Kulturquoten im Rundfunk, 2006, S. 190, 264 m. N.
[118] *D. Stolte*, Integration als Identitätsbildung. in: M. Rühl, Manfred/ H. W. Stuiber, Kommunikationspolitik in Forschung und Anwendung, FS Franz Ronneberger, 1983, S. 87ff., 88.
[119] *W. Langenbucher*, Braucht eine demokratische Gesellschaft öffentlichen Rundfunk? MP1990, S. 699ff., 699f.
[120] *D. Stolte*, Fernsehen am Wendepunkt, 1992, S. 95ff.
[121] *T. Oppermann*, Kulturverwaltungsrecht, 1969, S. 513f. m. N.
[122] *H.-J. Weiß*, Kultur und Bildung, MP 1992, 733, 734.
[123] *T. Vesting*, Prozedurales Rundfunkrecht, 1997, S. 293.
[124] *T. Oppermann*, Kulturverwaltungsrecht, 1969, S. 513; vgl. *M. Bullinger*, Die Aufgaben des öffentlichen Rundfunks, 1999, S. 93ff. – v. a. "Kultur“ u. „Bildung".
[125] *P. von Rüden/ P. Schmidt*, Medienpädagogik, 1978, S. 65.
[126] *H. Jarass*, In wessen Hand gehört das Bildungsfernsehen?, in: H. Popper, E. Wolny (Hg.), Beiträge zum Medienrecht, 1978, S. 37ff., S. 38.

nenbildung vor allem die Vermittlung von Fundamentalkenntnissen der Bereiche Geschichte, Politik, Arbeit, Technik, Soziales und - abermals - Kunst, Wissenschaft und Religion gerade auch in ihren gesellschaftsrelevanten Bezügen ansehen.[127] Teil der Bildung als Fundament der Vermittlung hochkultureller Sachverhalte sei ferner insbesondere auch die entwickelte Sprache einer Gemeinschaft.[128]
Im Übrigen wird insbesondere ein Angebot unterhaltend-erzieherischer Programme für Kinder dem Kulturauftrag zugerechnet. Zur Begründung wird sowohl die individuelle geistige Entwicklung des Kindes als auch der Aspekt der geistigen Kompetenz einer zukunftsfähigen Gesellschaft herangezogen.[129]

2.) Pop- und Alltagskultur.
Ausgehend von jenen engeren Kernbereichen erfährt sodann der kulturelle Auftrag des Rundfunks eine allmähliche Erweiterung. Dies beginnt bei der - an sich überflüssigen - ausdrücklichen Einbeziehung "moderner" und kommerziell ausgerichteter[130] "Pop-Kultur" (Pop, Rock, Jazz, Volksmusik)[131], setzt sich fort über die Bereiche Technik, Recht und Medizin[132] und endet bei einer Miteinbeziehung sozio-kultureller und gesellschaftlicher Erscheinungen aller Art, wie etwa dem Sport[133] („Alltagskultur“[134]). Der im Rahmen des Kulturauftrags des Rundfunks verwendete Kulturbegriff folgt dabei der Erweiterung, die der Begriff des Kulturellen ganz allgemeinen erfahren hat[135]. Unter Kultur wird auch in Hinblick auf den Rundfunk zunehmend die Gesamtheit der Lebensphänomene und sozialen Beziehungen einer Gesellschaft verstanden.[136] Rundfunk soll danach nun vor allem auch das Alltagsleben der Menschen widerspiegeln.[137] Umfassend sollen die „realen Spannungen, Ambivalenzen und inneren Widersprüche der

---

[127] Vgl. *H. Jarass*, In wessen Hand gehört das Bildungsfernsehen?, in: H. Popper, E. Wolny (Hg.), Beiträge zum Medienrecht, 1978, S. 37ff., S. 39, 40; Staatslexikon Görres-Gesellschaft (Hg.), Band 1, 7.Aufl., 1995, Sp. 789, 790.
[128] Z. B. *H.-J. Giegel*, Kommunikation und Konsens in modernen Gesellschaften, 1992, S 10.
[129] *W. Langenbucher*, Braucht eine demokratische Gesellschaft öffentlichen Rundfunk? MP 1990, 699, 714; *T. Opperman/ M. Kilian*, Rechtsgrundsätze der Finanzierung öffentlich-rechtlichen Rundfunks in der Bundesrepublik Deutschland, 1989, S. 73; vgl. *H.-J. Weiß*, Kultur und Bildung, MP 1992, 733, 736.
[130] *H.-J. Weiß*, Kultur und Bildung, MP 1992, 733, 734.
[131] *R. Scheble*, Perspektiven der Grundversorgung, 1994, 1994, S.246; *W. Langenbucher*, Braucht eine demokratische Gesellschaft Rundfunk?, MP 1990, 699, 704; vgl. *R. Hartstein/ W.-D. Ring/ J. Kreile/ D. Dörr/ R. Stettner*, RuFuStV, 2. A., 1995, § 18, Rz. 7.
[132] *H.-J. Weiß*, Kultur und Bildung, MP 1992, 733, 734; vgl. *D. Stolte*, Fernsehen am Wendepunkt, 1992, S. 73
[133] *D. Dörr*, Sport im Fernsehen, 2000, S. 40ff., 42ff.
[134] *D. Stolte*, Fernsehen am Wendepunkt, 1992, S. 75; vgl. *P. Niepalla*, Die Grundversorgung durch die öffentlich-rechtlichen Rundfunkanstalten, 1991 , S. 74, 75f.
[135] Für die „Rechts- und Staatspraxis“ etwa *T. Oppermann*, Deutsche Rundfunkgebühren und europäisches Beihilferecht, 1997, S. 89f.
[136] *U. Saxer*, Integrationsrundfunk und multikulturelle Gesellschaft, MP 1990 ,717, 722f.
[137] *I. Herrmann*, Kultur und Bildungsprogramme vor der Notwendigkeit, Reformkonzepte zu finden, FUNK-Korrespondenz 7/87, S.1f.

modernen Welt“ dargestellt werden, um so „Raum für Offenheit und Toleranz gegenüber anderen Lebensstilen, Alltagsordnungen und Expertenkulturen“ zu schaffen und die Lebensrealität der Menschen umfassend darzustellen.[138]

3.) Forumsfunktion und Integrationsauftrag.[139]

Rundfunk wird ferner in seiner kulturellen Bedeutung vor allem als vielgestaltiger gesellschaftlicher Faktor und als Ausdruck sozialer Hierarchien und Zuordnungen verstanden.[140]

Die Betonung liegt dabei zunächst auf der Sicherstellung thematischer Pluralität: Die verschiedenen gesellschaftlichen Kräfte und Gruppen sollten ihre Interessen im *Forum*[141] Rundfunk zur Darstellung und ihre Anliegen zum Ausdruck bringen können.[142] Dies gelte auch für eine entsprechende Repräsentation insbesondere von Frauen, Behinderten[143], Ausländern, sowie alten Menschen[144] in den Programmbeiträgen.

Ein so vor allem partizipatorisch verstandener Kulturauftrag gewinnt dabei gegenüber der politisch-demokratiestaatlichen Aufgabe des Rundfunks allerdings kaum an Kontur. Er wird schlicht als Teil eines schlicht umfassend zu gewährleistenden Prozesses freier Meinungsbildung und öffentlichen Diskurses gesehen, der sich aus *sämtlicher* geistigen Auseinandersetzung konstituiert und als solches Politik wie gesellschaftlich verstandene *Kultur* umfasst.[145] Dementsprechend verlieren sich auch die Begrifflichkeiten: Nicht mehr von einem kulturellen Auftrag, vielmehr von einer *Forums*funktion ist zumeist die Rede.

Daran knüpfen sich diverse holistische Überlegungen an: Nicht nur der Gewährleistung des Gehörs einzelner Gruppen, sondern auch der Stärkung des Gemeinwesens durch soziale Vernetzung[146] soll die Berücksichtigung aller gesellschaftlichen Teile dienen („Identifikations- und Integritätsfunktion“)[147]. Gerade

---

[138] *T. Vesting*, Prozedurales Rundfunkrecht, 1997, S. 293.

[139] Die Begriffe variieren.

[140] Vgl. *W. Neumann-Bechstein,* Fernsehen und Kulturgesellschaft, MP 1990, 77, 79; vgl. zusammfassend auch *C. Spallek*, Perspektiven des öffentlichrechtlichen Rundfunks, 2001, S. 8.

[141] *H. M. Newcomb/ P. M. Hirsch*, Fernsehen als kulturelles Forum, RuF 1986, 177, 189; *F.-W. v. Sell*, Rundfunk – Ein Kulturgut auch in der Zukunft?, epd/ Kirche und Rundfunk 1985 Nr. 14/15, S. 17ff., 20.

[142] *C. Spallek*, Perspektiven des öffentlichrechtlichen Rundfunks, 2001, S. 8 m. N.

[143] *W. Langenbucher*, Braucht eine demokratische Gesellschaft öffentlichen Rundfunk? MP, 1990, 699, 710.

[144] *D. Stolte*, Integration als Identitätsbildung. in: M. Rühl, Manfred/ H. W. Stuiber, Kommunikationspolitik in Forschung und Anwendung, FS Franz Ronneberger, 1983, S. 87ff., 90.

[145] *E. G. Mahrenholz*, Verfassungsfragen des Rundfunkfinanzausgleichs 1997, S. 21f.

[146] *H. Rossen*, Medienfreiheit und Kommunikationstheorie, in: J. Schwardtländer/ E. Riedel (Hg.), Meinungsfreiheit. Bd. 2. Neue Medien und Meinungsfreiheit im nationalen und internationalen Kontext, 1990, S. 113ff., 122; *C. Spallek*, Perspektiven des öffentlichrechtlichen Rundfunks, 2001, S. 8.

[147] *M.-L. Kiefer*, Gebührenindexierung und neue Modelle für Werbelimits, MP 1993, 46, 52f.; *T. Opperman/ M. Kilian*, Rechtsgrundsätze der Finanzierung öffentlich-rechtlichen Rund-

in der Manifestierung der verschiedenen Kräfte soll das sich aus ihnen zusammensetzende Ganze seinen Ausdruck finden und für den einzelnen verstehbar werden[148]. Dabei lebt der so verstandene Integrationsauftrag vor allem auch von Pluralität und Flexibilität.[149]
Auch das Charakteristikum der Massenkommunikation, *eine Vielzahl an Menschen gleichzeitig zu erreichen,* wird bereits als kulturelle Funktionalität angesehen: Insbesondere das Fernsehen liefere den Menschen gemeinsame Gesprächsthemen, und besitze daher eine stark verbindende, *kohäsive* Kraft.[150] Die gemeinsame Informations- und Kommunikationsbasis fördere den über Regionen und Generationen hinwegreichenden Zusammenhalt der Gesellschaft[151], sowie die Sozialisation des einzelnen[152]: Allein die (Massen-)Medien gewährleisteten die nötigen Voraussetzungen für die individuelle, Bewusstsein und Verhalten betreffende Anpassung an die „dominanten Norm- und Wertstrukturen" sowie die Verhaltensmuster der Gesellschaft. Sie förderten das Gefühl der Zusammengehörigkeit und die Identifikation des einzelnen mit der Gesellschaft. Nicht zuletzt ermöglichten sie so aber auch dem einzelnen Menschen die Herausbildung einer individuellen Identität.[153]
Dabei dienten Rundfunkinhalte nicht zuletzt auch der "Stabilisierung der Gesellschaft in der Zeitdimension"; Rundfunk fungiere dabei nicht zuletzt als „zentra-

---

funks in der Bundesrepublik Deutschland, 1989, S. 71f.; *C. Spallek*, Perspektiven des öffentlichrechtlichen Rundfunks, 2001, S. 8.

148 Vgl. *H. Rossen*, Medienfreiheit und Kommunikationstheorie, in: J. Schwardtländer/ E. Riedel (Hg.), Meinungsfreiheit. Bd. 2. Neue Medien und Meinungsfreiheit im nationalen und internationalen Kontext, 1990, S. 113ff., 121f.; *H. Rossen*, Rundfunkauftrag und Programmforschung, in: U. M. Krüger, Programmprofile im dualen Fernsehsystem, 1992, S. 45ff, 46; *C. Spallek*, Perspektiven des öffentlichrechtlichen Rundfunks, 2001, S. 8.

149 *D. Stolte*, Integration als Identitätsbildung. in: M. Rühl, Manfred/ H. W. Stuiber, Kommunikationspolitik in Forschung und Anwendung, FS Franz Ronneberger, 1983, S. 87ff., 91.

150 *W. Langenbucher*, Braucht eine demokratische Gesellschaft Rundfunk?, MP 1990, 699, 710; *C. Holtz-Bacha*, Das fragmentierte Medien-Publikum in: Aus Politik und Zeitgeschichte B42/97, S. 13ff., 17; ähnlich *J. Fiske/ J. Hartley*, Reading Television, 1978, 1990, S. 86f. („bardic television").

151 *D. Stolte*, Integration als Identitätsbildung. in: M. Rühl/ H. W. Stuiber, Kommunikationspolitik in Forschung und Anwendung, FS Franz Ronneberger, 1983, S. 87ff., 90f.; *B. Holznagel*, Funktionsauftrag des ZDF, 1999, S. 39 m. N.; *C. Spallek*, Perspektiven des öffentlichrechtlichen Rundfunks, 2001, S. 7f.

152 - Was wiederum der Gesellschaft zugute kommt; vgl. z.B. *F. Kübler*, Medienverantwortung als Rechtsproblem, in: W. Hassemer, W. Hoffmann-Riem, J. Limbach, Grundrechte und soziale Wirklichkeit, 1982, S. 105ff., S. 118.

153 *M. Fromm*, Öffentlichrechtlicher Programmauftrag und Rundfunkföderalismus, 1998, S. 82 m. N.; insb. auch schon im Kindes- und Jugendalter, *J. Blumler/ W. Hoffmann-Riem*, Neue Perspektiven für öffentlich-rechtliches Fernsehen in Westeuropa: Herausforderungen und Perspektiven, MP 1992, 402, 413; *U. Saxer*, Integrationsrundfunk und multikulturelle Gesellschaft, MP 1990, 717, 724.

ler kollektiver Wissens- und Wertespeicher“ und „soziales Gedächtnis“ der Gemeinschaft.[154]

4.) Schutzauftrag.
Das Postulat der Repräsentation und Berücksichtigung im Massenmedium Rundfunk hat dabei neben dem gesellschaftlichen Gesamtgefüge nicht zuletzt den Schutz des einzelnen Rezipienn im Blick[155]. Der postulierte Anspruch aller Teile der Gesellschaft auf Berücksichtigung im Rundfunk ist dabei letztlich Unterfall einer allgemeinen Verpflichtung des Rundfunks, an einem dauerhaft zu gewährleistenden gesellschaftlichen Miteinander mitzuwirken und diesem verpflichtet zu sein.[156] Dieses setze insbesondere die Achtung des Selbstwertes des anderen einschließlich seiner Handlungsmöglichkeiten voraus. "Kulturelle Verantwortung"[157] im Sinne der Wahrung allgemeiner humaner und sozialer Maßstäbe auf der gesellschaftlichen Bühne Rundfunk bedeute demnach vor allem auch die Einhaltung solcher allgemeinen Grundsätze und Werte wie Wahrung der Menschenwürde und der Grundrechte des einzelnen[158]. Konkret lässt sich dies u. a. mit Regeln wie Gewaltverboten und dem Jugendschutz verwirklichen[159].

5.) Nation, Staat, Ethnie, Heimat.
In der Diskussion kultureller Funktionalitäten des Rundfunks nimmt vor allem in der älteren Literatur auch das Nationale und Staatliche einen wichtigen Platz ein. Kultur wird hier häufig als ein von abendländischer Tradition und europäischer Geschichte geprägter Sachverhaltskomplex begriffen.[160] Sofern dem Rundfunk zentripetal wirkende Funktionen zugeschrieben werden, geschieht dies daher besonders häufig in Form der Betonung der Verpflichtung des Rundfunks, staatliche oder nationale Symbolik (Nationalhymne, Heimatpflege) - gerade auch mittels künstlerischer Inhalte - zum Ausdruck zu bringen.[161]

---

[154] *T. Vesting*, Prozedurales Rundfunkrecht, 1997, S. 292; *N. Luhmann*, Realität der Massenmedien, 1996, S. 75ff., 120f., 173, 179ff.

[155] Siehe schon oben.; vgl. *H.-J. Giegel*, Kommunikation und Konsens in modernen Gesellschaften, 1992, S. 7.

[156] Vgl. *F. Kübler*, Medienverantwortung als Rechtsproblem, in: W. Hassemer/ W. Hoffmann-Riem/ J. Limbach, Grundrechte und soziale Wirklichkeit, 1982, S. 105ff., 118; *D. Stolte*, Bleibt Fernsehen Fernsehen?, 1997, S. 20.

[157] Vgl. *R. Scheble*, Perspektiven der Grundversorgung, 1994, S. 249

[158] Vgl. *B. Holznagel*, Funktionsauftrag des ZDF, 1999 , S. 43, *T. Oppermann*, Rundfunkgebühren und europäisches Beihilferecht, 1997, S. 87.

[159] Vgl. *M. Eifert*, Konkretisierung des Programmauftrags des öffentlich-rechtlichen Rundfunks, 2002, S. 23f.; *W. Langenbucher*, Braucht eine demokratische Gesellschaft Rundfunk?, MP 1990, 699, 710.

[160] *R. Hartstein/ W.-D. Ring/ J. Kreile*, RuFStV, 2. A., § 18, Rz. 7; vgl. *E. Fuhr/ W. Bosman*, ZDF-StV, 2. A., 1985, § 1 II 4b, aa.

[161] *D. Stolte*, Fernsehen am Wendepunkt, 1992, S. 84; *K. Stern*, Staatsrecht I, 2. A. 1984, S. 219ff., 225 m. N. (Fn. 44); *T. Oppermann*, Deutsche Rundfunkgebühren und Europäisches Beihilferecht, 1997, S. 75ff.

Ein kultureller Auftrag wird ebenfalls in einer Verpflichtung zur *kulturellen Repräsentation nach außen*[162] gesehen, etwa in Form des Programms der Deutschen Welle.
Insbesondere dem ZDF komme ferner ein Auftrag zur gesamtnationalen Integration zu. Während die ARD-Länderanstalten das föderalistische Prinzip "Vielfalt in der Einheit" zu verwirklichen suchten, stünde das ZDF für das Prinzip der "Einheit in der Vielfalt".[163] Eine besondere Verantwortung trage das ZDF dabei etwa für die Integration der neuen Länder.[164]
Ferner wird ein nationaler kultureller Auftrag des öffentlichrechtlichen Rundfunks darin gesehen, gerade das heimische Geistes- und Gesellschaftsleben zu reflektieren[165]. Darin mischt sich die Sorge um Authentizität: Der Rundfunk könne seiner gesellschaftlichen Rolle nur dann gerecht werden, wenn in ihm die Realitäten der hiesigen und nicht vorrangig einer fremden oder gar einer fiktiven Standardkultur zum Ausdruck kämen.[166]
Ferner bestehe ein Teil der kulturellen Verantwortung des Rundfunks auch in einem europäischen und internationalen Integrationsauftrag: So sei der öffentlichrechtliche Rundfunk in besonderem Maße gehalten, einen Überblick über das Weltgeschehen und einen Einblick in die Realität fremder Länder zu geben, sowie im internationalen Rahmen - etwa im Bereich der Produktion - mit anderen Funk- und Filmschaffenden zu kooperieren.[167]
In europäischer Hinsicht wird darüber hinaus ein Auftrag des Rundfunks angenommen, insbesondere solche Werke anzubieten, die die gemeinsame europäische Tradition widerspiegeln. Neben dem sich aus innerstaatlichem deutschen Recht ergebenden Förderauftrag wird hier insbesondere auf einen weitergehenden, eigenständigen Kulturauftrag auf europäischer Ebene hingewiesen, an der Wahrung und Weiterentwicklung des "gemeinsamen kulturellen Erbes" – auch im Hinblick auf ein staatliches Europa - mitzuwirken, insb. mittels eigener, "europäischer" Rundfunksender wie z. B. ARTE.[168]

---

[162] *T. Oppermann/ M. Kilian*, Rechtsgrundsätze der Finanzierung öffentlich-rechtlichen Rundfunks in der dualen Rundfunkverfassung der Bundesrepublik Deutschland, 1989, S. 72.
[163] *B. Holznagel*, Funktionsauftrag des ZDF, 1999, S.40f., 43; Thesen zur Strukturreform des öffentlichrechtlichen Rundfunks der Freistaaten Bayern und Sachsen, MP 1995, 104.
[164] *B. Holznagel*, Funktionsauftrag des ZDF, 1999, S. 41; *C. Holtz-Bacha*, Das fragmentierte Medien-Publikum, in: Aus Politik und Zeitgeschichte B42/97, S. 13ff., 16.
[165] *T. Oppermann/ M. Kilian*, Rechtsgrundsätze der Finanzierung öffentlich-rechtlichen Rundfunks in der dualen Rundfunkverfassung der Bundesrepublik Deutschland, 1989, S. 72; *B. Holznagel*, Funktionsauftrag des ZDF, 1999, S. 127 m. N..; *J. Blumler/ W. Hoffmann-Riem*, Neue Perspektiven für öffentlich-rechtliches Fernsehen in Westeuropa: Herausforderungen und Perspektiven MP 1992, 402, 411.
[166] *W. Hoffmann-Riem*, Tendenzen der Kommerzialisierung im Rundfunksystem, RuF 32, (1984) , S. 32ff., 33f.; *F.-W. v. Sell*, Rundfunk – ein Kulturgut auch in der Zukunft?, epd/Kirche und Rundfunk 1985, Nr. 14/15, S. 17ff., 20.
[167] *B. Holznagel*, Funktionsauftrag des ZDF, 1999 , S. 42, 76.
[168] *P. Selmer/ H. Gersdorf*, Die Finanzierung des öffentlichrechtlichen Rundfunks in der Bu.-Rep. D. auf dem Prüfstand des EG-Beihilferegimes, 1994, S. 59ff., 65.; *T. Oppermann*, ARTE – Ein Experiment in europäischer Kultur, in: A. Randelzhofer/ R. Scholz/ D. Wilke, in: Ge-

6.) Fragmentierung der Gesellschaft.
Die Möglichkeiten zur Verwebung oder Vernetzung der Gesellschaft zu einem Ganzen werden indessen unter den Bedingungen der modernen, „fragmentierten Gesellschaft“[169] zunehmend skeptisch beurteilt.[170] Die Faktizitäten des modernen Pluralismus seien überkommenen Richtigkeits- und Objektivitätsvorstellungen nicht länger zugänglich. - Freilich gebiete die Zersplitterung des Publikums umso mehr des Instituts des öffentlichrechtlichen Rundfunks[171]: Die aus einer vielgestaltigen Summe sozialer Knotenpunkte bestehende "relationale Gesellschaft" mache zur Verwirklichung der Stillung gleichwohl - und umso mehr gegebener - sozial-identitärer Bedürfnisse aber eine kulturell-dezentrale, selbstregulative Rundfunkausgestaltung einzelner gesellschaftlicher kultureller Gruppen erforderlich.

7.) Kohärenzfördernd-funktionale Betrachtungsweise.
Ungleich funktionalistischer hingegen sind jene Überlegungen, welche quasi die mediale Daseinsvorsorge in das Zentrum ihrer Überlegungen stellen[172]. Danach erfüllt Rundfunk vor allem auch einen praktischen Nutzen: Die Massenmedien leisteten als Informationsquelle wichtige Dienste für das Gesellschaftsganze und garantierten nicht zuletzt das gegenseitige Verstehen und das arbeitsteilige Ineinandergreifen der verschiedenen Gesellschaftsteile[173].
Die Erwartung an den öffentlichrechtlichen Rundfunk besteht dabei vor allem in der Gewährleistung journalistischer Infrastruktur[174]. Hierunter lässt sich bereits die Veranstaltung von Wirtschaftswerbung fassen[175] oder auch schlicht die Sicherstellung "audiovisueller Auslandsinformationen" durch ein umfassendes Netz objektiv informierender öffentlichrechtlicher Auslandsstudios und -korrespondenten.[176] – Insgesamt könne allein ein öffentlichrechtlicher Rundfunk im Zeitalter stetig wachsender Informationsfluten als Quelle unabhängiger und glaubwürdiger Information in Betracht kommen und unverzerrte, auf Rationali-

---

dächtnisschrift Eberhard Grabitz, 1995, S. 483ff., 494ff.; *C. Holtz-Bacha*, Das fragmentierte Medien-Publikum.in: Aus Politik und Zeitgeschichte B42/97, S. 13ff., 16.

[169] *K.-H. Ladeur*, Meinungsfreiheit, Ehrenschutz und die Veränderung der Öffentlichkeit in der Massendemokratie, AfP 1993, 531, 536.

[170] Vgl. auch *O. Jarren*, Medien- und Öffentlichkeitswandel im modernen Staat, AfP 1994, 191, 193.

[171] *M. Fromm*, Öffentlichrechtlicher Programmauftrag und Rundfunkföderalismus, 1998, S. 83

[172] Vgl. *M.-L. Kiefer,* Medienökonomik, 2001, S. 18, 29f.

[173] *C. Spallek*, Perspektiven des öffentlichrechtlichen Rundfunks, 2001, S. 6f.; vgl. *C. Holtz-Bacha*, Das fragmentierte Medien-Publikum, in: Aus Politik und Zeitgeschichte B42/97, S. 13ff., 15f.

[174] *F. Kübler*, Kommunikation und Verantwortung, in: Konstanzer Universitätsreden 1973, S. 10.

[175] *P. Niepalla*, Die Grundversorgung durch die öffentlich-rechtlichen Rundfunkanstalten, 1991 , S. 78 m. N.

[176] *W. Langenbucher*, Braucht eine demokratische Gesellschaft Rundfunk?, MP 1990, 699, 705.

tät angelegte Kommunikationsstrukturen garantieren[177]. - Nicht mehr vor allem ein Unter-, sondern vielmehr ein Überangebot an technisch verfügbaren Informationsquellen gebiete bei all dem die Gewährleistung des Instituts des öffentlichrechtlichen Rundfunks.[178] Hierzu gehöre auch die Fähigkeit, als Schrittmacher bei den audiovisuellen Medien insgesamt zu fungieren (Innovationsfunktion)[179], sowie ein qualitativ hochwertiges und gehaltvolles Programmangebot als Konkurrenzangebot zum privaten Rundfunk zu unterbreiten (sog. Vorbildfunktion[180]).

8.) Weitere wirklichkeitsreflektierende und -modifizierende Funktionen.

Nur selten finden sich über die genannten gesellschaftsspezifischen Funktionen hinausreichende Hinweise auf jene vielschichtigeren kulturellen Funktionalitäten, die sich der im Rundfunk und vor allem im – aufgrund seiner Bildhaftigkeit besonders eindringlich wirkenden[181] - Fernsehen gebotenen Summe von "Denkfiguren, Stilvariationen, Erzählstrukturen und geschichtlichen Bezügen, Metaphern und Konnotationen"[182] zuschreiben lässt.

In Anklang an die Fragestellungen der Ästhetik wird nach den Funktionen gefragt, die dem Rundfunk quasi als „Spiegel der Wirklichkeit" zukommen und aufgrund derer das "ästhetische Objekt" Rundfunk "Wirklichkeit erzählend darzustellen" und zum Gegenstand menschlicher Reflexion zu machen vermöge.[183] Insbesondere ästhetisch-emotional wirkenden, künstlerischen Inhalten[184] wird das Potential zugesprochen, dem Rezipienten eine Möglichkeit zur inneren Abkehr („*escape*"[185]) von den Zwängen des Alltags zu bieten.

Dabei komme Rundfunkkommunikation auch eine wirklichkeitsmodifizierende Bedeutung zu: Im Rundfunk werde – oftmals unbewusst - "Wirklichkeit geschaffen, konkretisiert" und nicht zuletzt "verändert." – Es würden Ideale vermittelt, „Wunschbilder vom geglückten Leben" und „Schreckensbilder dessen, was vermieden werden sollte".[186] Tiefergehende Veränderungen von Werten

---

177 *F. Kübler*, Kommunikaton und Verantwortung, in: Konstanzer Universitätsreden 1973, S. 10.

178 z.B. *B. Holznagel*, Funktionsauftrag des ZDF, 1999, S. 38.

179 *J. Blumler/ W. Hoffmann-Riem*, Neue Perspektiven für öffentlich-rechtliches Fernsehen in Westeuropa: Herausforderungen und Perspektiven, MP 1992, 402, 412.

180 *C. Spallek*, Perspektiven des öffentlichrechtlichen Rundfunks, 2001; vgl. *R. Weber/A. Rossnagel/S. Osterwalder/A. Scheuer/S. Wüst*, Kulturquoten im Rundfunk, 2006, S. 271.

181 *F. Bernward*, Kultur und Medien, 1991, S. 33; *C. Spallek*, Perspektiven des öffentlichrechtlichen Rundfunks, 2001, S. 10

182 *H. M. Newcomb/ P. M. Hirsch*, Fernsehen als kulturelles Forum, RuF 1986, 177.

183 *H. M. Newcomb/ P. M. Hirsch*, Fernsehen als kulturelles Forum, RuF 1986, 177; vgl. auch *H. Rossen*, Rundfunkauftrag und Programmforschung.in: U. M. Krüger (Hg.), Programmprofile im dualen Fernsehsystem, 1992, S. 45ff., S. 48; *T. Vesting*, Prozedurales Rundfunkrecht, 1997, S. 292.

184 *T. Vesting*, Prozedurales Rundfunkrecht, 1997, S. 292.

185 *J. Fiske/ J. Hartley*, Reading Television, 1978, 1990, S. 72 m. N.

186 *J. Fiske/ J. Hartley*, Reading Television, 1978, 1990, S. 69; *D. Stolte*, Fernsehen am Wendepunkt, 1992, S. 85.

und Einstellungen manifestierten sich etwa in der Kunst und eröffneten dem Betrachter eine "Meta-Sprache", einen "Zugang zum Verständnis seiner selbst"[187]. Dementsprechend solle das Programm „Vorstellungskraft und Nachdenklichkeit“ stimulieren und zu „Reflexionen über Interessen, Temperamente, Tabus und Präferenzen einladen“.[188] Freilich wird auch hier die Untersuchung häufig von der Sorge um das „Politische“ dominiert[189], etwa das Fernsehen vor allem in seiner Rolle als Reflektor sozialer Wirklichkeiten und gesellschaftlicher Realitäten untersucht.[190]

9.) Rechtliche Grundlagen.

Die verfassungsrechtlichen Grundlagen bleiben bei all dem zumeist im Dunklen.[191] Oftmals wird schlicht auf das Gebot der Sicherung von Meinungsvielfalt des Art. 5 I 2 GG [192] oder für künstlerische Inhalte zusätzlich auf Art. 5 III 1 GG verwiesen. Für Bildungssendungen wird teilweise auf Art. 7 I GG abgestellt, zum Teil werden auch extrakonstitutionelle staatstheoretische Grundlagen angenommen.[193] Als weiterer Aspekt wird vor allem das in den Grundrechten verwurzelte Integrations- und Identitätsbildungsinteresse der individuellen Rezipienten herangezogen.[194]

10.) Resümee.

Ein abschließendes Resümee über den Stand der Literatur erscheint abermals problematisch. Der Kulturbegriff lädt sich auch hier – je nach Prioritätssetzung – mit unterschiedlichen Aspekten von Wesentlichkeiten des menschlichen Lebens auf. Auch insofern lässt sich der Kulturauftrag des öffentlichrechtlichen Rundfunks in der Literatur allenfalls pauschal als die Aufgabe beschreiben, Möglichkeiten menschlicher Leistungserbringungen und menschlichen Miteinanders abzubilden (wobei diese Begriffe dann im Einzelfall unterschiedlich besetzt sind).

---

[187] *H. M. Newcomb/ P. M. Hirsch*, Fernsehen als kulturelles Forum, RuF 1986, 177, 181.

[188] *J. Blumler/ W. Hoffmann-Riem*, Neue Perspektiven für öffentlich-rechtliches Fernsehen in Westeuropa: Herausforderungen und Perspektiven, MP 1992, 402, 410.

[189] Vgl. *W. Langenbucher*, Braucht eine demokratische Gesellschaft Rundfunk?, MP 1990, 699, 704.

[190] *H. M. Newcomb/ P. M. Hirsch*, Fernsehen als kulturelles Forum, RuF 1986, 177, 181ff.

[191] Vgl. nur *U. Steiner*, Zur Kulturförderung durch den öffentlich-rechtlichen Rundfunk, FS Hübner, 1984, S. 799ff., 799, 801f.

[192] *T. Oppermann*, Kulturverwaltungsrecht, 1969, S. 518.

[193] *K. Stern*, Staatsrecht I, 2.A., 1984, S. 219ff, 224f.; vgl. *T. Oppermann*, Kulturverwaltungsrecht, 1969, S. 543ff.

[194] Vgl. *H. Rossen*, Medienfreiheit und Kommunikationstheorie, in: J. Schwardtländer/ E. Riedel (Hg.), Meinungsfreiheit. Bd. 2. Neue Medien und Meinungsfreiheit im nationalen und internationalen Kontext, 1990, S. 113ff., 118; *U. Steiner*, Zur Kulturförderung durch den öffentlich-rechtlichen Rundfunk, FS Hübner, 1984, S. 799ff., 799, 812.; *P. Selmer/ H. Gersdorf*, Die Finanzierung des öffentlichrechtlichen Rundfunks in der Bundesrepublik Deutschland auf dem Prüfstand des EG-Beihilferegimes, 1994, S. 77.

IV. Kapitel: Der verfassungsrechtliche Kulturauftrag des öffentlichrechtlichen Rundfunks.

Wie die Analyse der Rechtsprechung des Bundesverfassungsgerichts sowie die Bestandsaufnahme der Literatur gezeigt hat, ergibt sich ein insgesamt uneinheitliches Bild bezüglich des Kulturauftrags des öffentlichrechtlichen Rundfunks. Der Kulturauftrag mag zwar nun begriffen werden als pauschaler Hinweis auf die Möglichkeiten audiovisueller Technik, menschliches Leben insb. auf bestimmten Gebieten (Bildung, Wissenschaft, Gottesdienst, Kunst) abzubilden (Rechtsprechung.). Er mag auch - mit größtmöglicher Abstraktheit - definiert werden als das (dann unterschiedlich besetzbare) Vermögen des Rundfunks, bestimmten Wesentlichkeiten menschlichen Lebens Ausdruck zu verleihen (Literatur).

Nach wie vor ist somit aber der verfassungsrechtliche Kulturauftrag des öffentlichrechtlichen Rundfunks sowohl seinen konkreten Umrissen, als auch seinen rechtlichen Grundlagen nach unscharf.

Das weitere Vorgehen muss daher das folgende sein: In einer eigenen wertenden Betrachtung ist zu ermitteln, worin die kulturellen Funktionen des Rundfunks bestehen, wobei neben den Ansätzen der Rechtsprechung und Literatur und den allgemeinen Wertungen der Grundgesetzes vor allem geisteswissenschaftliche Erkenntnisse miteinbezogen werden sollen. Dabei wird grundsätzlich von einem sachbereichlich weiten Phänomen auszugehen sein; gleichzeitig soll aber überlegt werden, ob der Bereich des Kulturellen nicht dennoch Gegenstand der Differenzierung hinsichtlich der in ihm wirkenden Faktoren und seiner verschiedenen Manifestationen sein kann. Insofern soll eine Annäherung an den Kulturauftrag des Rundfunks vor allem über Gewichtungen und Prioritätssetzungen hinsichtlich bestimmter einzelner Sendegegenstände versucht werden.

1.) Das Phänomen der Kultur.

Erneut erhebt sich somit zunächst die Frage danach, was unter "Kultur" zu verstehen ist. An früherer Stelle wurde der Begriff bereits in seiner vor allem rechts- und gesellschaftswissenschaftlichen Bedeutung erörtert. Ging es dort jedoch vor allem um den empirischen Gebrauch des Begriffes, muss der Ansatz nunmehr ein anderer sein. Will man ermessen, worin die kulturelle Rolle des Rundfunks besteht, erscheint es zunächst unabdinglich, sich über das Phänomen des "Kulturellen" tiefer reichende Klarheit zu verschaffen. Erst dann ist es möglich, von einer „konsensfähigen“[195] und handhabbaren Begrifflichkeit ausgehend, den Kulturauftrag des öffentlichrechtlichen Rundfunks zu ermitteln.

Wie festgestellt, ist „Kultur“ ein Phänomen, das sich *zumindest auch* in den Kategorien sozialer Systeme abspielt. Insofern lässt sich unter „Kultur“ zuallererst der „überkommene Bestand“ einer menschlichen Gemeinschaft verstehen. – Hierunter fallen dann zunächst die erreichten Ergebnisse der Sachbereiche der „klassischen (hoch-)kulturellen Trias“ Kunst, Wissenschaft (und Bildung) und

---

[195] *H. Bonfadelli/ O. Jarren*, Öffentlicher Rundfunk und Kultur, 1998, S. 5.

Religion[196]. Die neuere, mittlerweile herrschende Auffassung von *Kultur* will freilich gerade unter dem Aspekt von Gemeinschaftlichkeit den Begriff des traditionell Kulturellen erweitert sehen: Die klassischen Systeme Kunst, Religion, aber auch Wissenschaft, stellten gesellschaftliche Wirksysteme dar, die als solche lediglich Ausschnitte des Gesellschaftsganzen seien. Ihre exponierte Stellung erhielten sie dabei zu Unrecht und – so zumindest die neo-marxistische Variante[197] - letztlich als Ausdruck und zwecks Aufrechterhaltung des herrschenden, klerikal-feudalen bzw. kapitalistischen Gesellschaftssystems. Heute ist fast unbestritten und auch bei nicht-marxistischer Lesart Kultur jedenfalls nicht auf Hoch-Kultur beschränkt.[198] Das für die Konstituierung der Gemeinschaft Wesentliche, so die gängige Auffassung, spiele sich genauso in anderen Lebensbereichen ab, die bei der gebotenen *funktionalen Betrachtungsweise*[199] genauso wertvoll und schützenswert seien. Danach ist die Gesamtheit der Lebensgewohnheiten eines bestimmten Volkes oder einer bestimmten Populationsgruppe als Kultur anzusehen.[200] „Kultur“ verbürgt so gesehen vor allem den Bestand einer menschlichen Gemeinschaft durch gemeinsame Fixpunkte und Verhaltensnormen.

Gleichzeitig legt dieser funktionale Ansatz aber auch eine Öffnung des Kulturbegriffes hin zur Betonung der Prozesshaftigkeit von Kultur nahe: Soll eine Gemeinschaft Bestand haben, muss sie der Veränderung zugänglich sein. Insbesondere fällt somit die Pflege sozial-kommunikativer Beziehungen in einem weitesten Sinn ebenfalls unter den Kulturbegriff. Kultur ist so gesehen vor allem auch die Ermöglichung von künftiger Gemeinschaftlichkeit und die Sicherung der Zukunftsfähigkeit einer Gesellschaft; dies geschieht nicht zuletzt mit dem Ziel der *Integration* aller gesellschaftlichen Teile.– Diese gemeinschaftsbezogenen Aspekte beherrschen häufig auch die Ansätze der rechtswissenschaftlichen Überlegungen zu den Funktionalitäten des Rundfunks.[201]

Es stellt sich jedoch die Frage, ob „Kultur“ nicht mehr darstellt, als die durch „Standardisierungen, Kommunikation und Kollektivität“ [202] geprägte Sphäre sozialer Relation. Denn so sehr etwa eine begriffliche Erweiterung der klassischen kulturellen Sachbereiche um für das menschliche Leben ebenfalls wesentliche „Alltags“-Kultur einerseits zutreffen mag, wirft diese Deutung auch eine Reihe von Problemen auf. Im Bereich der gezielten Förderung von Kultur (etwa durch den Staat oder von ihm geschaffene Institutionen) ist dies der so einsetzende Verlust jeder Distinktion zwischen menschlichen Schaffensbereichen wie

---

196 *F. Jaeger/ J. Rüsen* in: dies., Handbuch der Kulturwissenschaften, Band 3, 2004, Einleitung, S. IX; *P. Häberle*, Kulturverfassungsrecht im Bundesstaat, 1980, S. 20.

197 Vgl. *D. Baecker*, Kultur, in: *K. Barck* (Hg.), ÄGB, Band 3, 2001, S. 532 m. N., 544; dagegen etwa: *H. Bloom*, The Western Canon, 1994, S. 23.

198 *G. Püttner*, HdbkWiP IV, 2.A., 1983, S. 220, 222.

199 *W. Neumann-Bechstein*, Fernsehen und Kulturgesellschaft, MP 1990, 77, 80.

200 *A. Uhle*, Freiheitlicher Verfassungsstaat und kulturelle Identität, 2004, S. 10ff. m. N.

201 Vgl. z.B. *K. Katz,* Erfüllt der öffentlichrechtliche Rundfunk seinen Kulturauftrag?, 2003, S. 2-4.

202 *K. Hansen*, Kultur und Kulturwissenschaft, 2. Aufl., 2000, S. 42.

etwa der Kunst gegenüber anderer menschlicher Aktivität.[203] – Zum anderen erscheint der Ansatz aber auch in seiner strengen Gemeinschaftsbezogenheit bedenklich: Indem Kunst und Religion als gesellschaftliche Wirkfaktoren gedeutet werden, beginnt ein hermeneutischer Zirkelschluss, der tendenziell alle übrigen Aspekte der genannten Sachbereiche ausblendet und der einmal induzierten Gemeinschaftsbezogenheit des fraglichen Phänomens unterstellt.[204] - Letztlich bedeutete bei einer solchen Betrachtungsweise „kulturell" wenig mehr als "gemeinschaftlich".
Hierbei drohte aber jener „sachliche" Aspekt[205] von Kultur in Vergessenheit zu geraten, nach dem es vor allem und zunächst bestimmter Inhalte bedarf, die das Potential der Gemeinschaft begründen könnten und ohne die jede Gemeinschaftlichkeit zur bloßen Hülle verkäme: Kultur besteht danach zunächst und vor allem in Formen der Daseinsbewältigung, in der Fähigkeit, „nach Glück zu streben" und sich und seinem Leben einen Sinn zu setzen.[206] Die Frage nach religiöser Kultur etwa ist dabei neben ihren gesellschaftlichen Bezügen zuallererst eine Frage des Sich-In-Bezug-Setzens zu einer höheren Instanz, die den Kern des Sachbereichs begründet. Auch Modelle wie die von *Habermas* oder *Luhmann*, nach denen Größen wie Rationalität oder Transzendentalität das Ergebnis sozialer Relation, von *Diskurs* sind[207], kommen letztlich nicht ohne sachliche Elemente aus: Die *Autopoeisis* der Gesellschaft ist nicht Selbstzweck, sondern geschieht in Richtung *auf etwas hin*, die verschiedenen gesellschaftlichen Teilsysteme Kunst, Religion, Wissenschaft etc. sind Größen, die bestimmte Funktionen erfüllen und nur als solche ihre Substanz erhalten.[208]
Zusammengehörigkeit und Zusammenwirken sind zweifellos wichtige Teilaspekte von Kultur. Dies entbindet jedoch nicht von der Fragestellung danach, *wozu* diese Größen geschaffen und *womit* sie angefüllt und verwirklicht werden. Dies betrifft den Aspekt von Kultur als *menschlicher Leistung* an sich. In seiner ursprünglichen Bedeutung bezeichnete die *cultura* - Ackerbau und Götterverehrung[209] - nicht vor allem das in der Gemeinschaft Erreichte, sondern nach eigenem Selbstverständnis besonders bedeutsame Formen der Lebensbewältigung.[210]

---

[203] Vgl. *H. Bloom*, The Western Canon, 1994, S. 35.
[204] Vgl. *H. Bloom*, The Western Canon, 1994, S. 22ff., 35.
[205] *D. Baecker*, Kultur, in: *K. Barck* (Hg.), ÄGB, Band 3, 2001, S. 517, 520, 524. Dieser Aspekt ist auch in den kollektivistischen Spielarten von Kultur letztlich stets mit enthalten, vgl. *A. Reckwitz*, Brennpunkte einer kulturwissenschaftlichen Interpretation der Kultur, in: F. Jaeger/ J. Rüsen, Handbuch der Kulturwissenschaften., Band 3, 2004, S. 1ff., 4.
[206] *D. Baecker*, Kultur, in: *K. Barck* (Hg.), ÄGB, Band 3, 2001, S. 520; *E. W. Orth*, Was ist und was heißt Kultur?, 2000, S. 244.
[207] *J. Habermas*, Theorie des kommunikativen Handelns, 1981.
[208] z.B. *N. Luhmann*, Die Religion der Gesellschaft, 2000; vgl. auch *M. Berghaus*, Luhmann leicht gemacht, 2003, S. 17f.; vgl. ferner *A. Reckwitz*, Brennpunkte einer kulturwissenschaftlichen Interpretation der Kultur, in: F. Jaeger/ J. Rüsen, Handbuch der Kulturwissenschaften., Band 3, 2004, S. 1ff., 6.
[209] Vgl. *D. Baecker*, Kultur, in: *K. Barck* (Hg.), ÄGB, Band 3, 2001, S. 512f..
[210] Vgl. *A. Reckwitz*, Brennpunkte einer kulturwissenschaftlichen Interpretation der Kultur, in: F. Jaeger/ J. Rüsen, Handbuch der Kulturwissenschaften., Band 3, 2004, S. 1ff., 4.

Insofern besteht Kultur vor allem in geistiger Leistung des Menschen, im Entwerfen, Begreifen und Aneignen eigener Möglichkeiten.[211]
Gleichzeitig wirft dies die Frage nach der Rolle des Individuums auf, da anderenfalls unbeantwortet bliebe, woraus sich Leistung und *Novation*[212] innerhalb des „autopoeitischen Systems" ergeben sollte.[213] Als an einem Kunstwerk etwa wesentlich erscheint vor allem die in ihm verkörperte individuelle Einzelleistung seines Schöpfers.[214] Diese wird zwar stets in gewisser Weise im Fundus des Überlieferten wurzeln, besteht jedoch letztlich in eigener Kreativität und Innovationsfähigkeit des Schaffenden.[215] – Kultur könnte weder entstehen, noch fortgeführt werden, wenn sie nicht von einzelnen Individuen rezipiert und bereichert würde.[216] Ist es dabei für ein Innovation und Dynamik implizierendes Kulturverständnis erforderlich, den produktiven Akt des Individuums mit einzubeziehen, erscheint es namentlich vor dem Hintergrund des modernen, anthropozentrischen Weltbildes nur konsequent, insbesondere auch die individuelle *Rezeptions*leistung mit einzubeziehen. Denn wenngleich Kultur spätestens seit dem beginnenden 20. Jahrhundert vorwiegend in den Dimensionen kollektiver Lebensbewältigung diskutiert wird, liegt auch diesem Ansatz die schlichte Tatsache, dass kollektive Selbstfindung sich stets nur aus der Summe individueller „Kultiviertheiten" konstituieren kann, voraus.[217] *Cultura animi*, Pflege des Geistes, kann naturgemäß zunächst immer nur die eines einzelnen Individuums sein.[218]
Somit ist davon auszugehen, dass neben der gemeinschaftlichen das Phänomen *Kultur* über eine ursprünglichere, „sachliche" Dimension verfügt, die sich zu

---

[211] *Y. Hsu*, Selbstverwirklichungsrecht im pluralistischen Kulturstaat, 2000, S. 41, 166ff., 180; *M.-E. Geis*, Kulturstaat und kulturelle Freiheit, 1990, S. 235.

[212] Vgl. *D. Baecker*, Kultur, in: *K. Barck* (Hg.), ÄGB, Band 3, 2001, S. 517; *C. Friedrich, Semiotik als Gesellschaftslehre,* 1993, S. 10; vgl. auch *N. Luhmann*, Die Gesellschaft der Gesellschaft, 1997, S. 433 (*Evolution* des sozialen Systems Gesellschaft).

[213] Vgl. *A. Nünning/ V. Nünning*, Konzepte der Kulturwissenschaften, 2003, S. 24f; *P. Lang*, Philosophie des Subjekts, in: A. Reckwitz/ H. Sievert, Interpretation, Konstruktion, Kultur, 1999, S. 181ff., 181; *G. Dux*, Historisch-genetische Theorie der Kultur, 2000, S. 478.; *H. Bloom*, The Western Canon, 1994, S. 37.

[214] *Y. Hsu*, Selbstverwirklichungsrecht im pluralistischen Kulturstaat, 2000, S. 173f.

[215] *P. Häberle*, Kulturverfassungsrecht im Bundesstaat, 1980, S. 75.

[216] Dementsprechend enthalten moderne Definitionen von Kultur sowohl einen gemeinschaftlichen, als auch einen geistig-individuellen Aspekt. Vgl. die bei *H. Bonfadelli/ O. Jarren*, Öffentlicher Rundfunk und Kultur, 1998, auf S. 3 zitierte Definition der UNESCO (Herv. Verf.): "Die Strukturen, Ausdrucksformen und Bedingungen des Lebens einer Gesellschaft ***und*** der verschiedenen Arten, mit denen sich das Individuum in dieser Gesellschaft zum Ausdruck bringt und erfüllt."; vgl. hierzu auch *Weber/ Rossnagel/ Osterwalder/ Scheuer/ Wüst*, Kulturquoten im Rundfunk, 2006, S. 93 und die Definition des Europarates, *H. Bonfadelli/ O. Jarren*, Öffentlicher Rundfunk und Kultur, 1998, S. 3.

[217] *A. Reckwitz*, Brennpunkte einer kulturwissenschaftlichen Interpretation der Kultur in: F. Jaeger/ J. Rüsen, Handbuch der Kulturwissenschaften., Band 3, 2004, S. 1ff., 4.

[218] Vgl. *Y. Hsu*, Selbstverwirklichungsrecht im pluralistischen Kulturstaat, 2000, S. 180; vgl. *E. W. Orth*, Was ist und was heißt Kultur?, 2000, S. 237f.; vgl. auch *H. Bloom*, The Western Canon, 1994, S. 36.

allererst auf der Ebene des Individuums abspielt und schlicht in – produktiver oder rezeptiver - *menschlicher Leistung an sich* besteht.[219]
Andererseits besitzen natürlich auch – namentlich - die traditionellen Sachbereiche der Kunst, der Wissenschaft und der Religion zweifellos eine gewichtige gemeinschaftsbezogene Komponente, vollziehen und entfalten sich überhaupt nur in menschlicher Gemeinschaft und werden von den sie umgebenden Faktizitäten geprägt. [220] Zutreffenderweise wird man daher davon auszugehen haben, dass sich die individuell-geistigen und die gemeinschaftsbezogenen Elemente von Kultur nicht trennen lassen, sondern vielmehr in einer einander ergänzenden und komplexen Weise miteinander verwoben sind. Dieses Verhältnis der verschiedenen Dimensionen des Phänomens Kultur zueinander in konsensfähiger Weise einer Erklärung zuzuführen, soll nachstehend versucht werden.

a.) Kultur als menschliche Leistung.
Vielversprechendster Ansatzpunkt hierfür ist naturgemäß die Bedeutung des Begriffes in seiner rudimentärsten und weitesten Bedeutung: Jene, welche zunächst jede menschliche Leistung an sich meint, jede Entwicklung der geistigen Anlagen des Menschen, jegliches Herauswachsen über die ihm bereits von der Natur verliehenen Fähigkeiten[221] bezeichnet. - Diese Gabe, sich über seine naturgegebenen Anlagen zu erheben, ist das wesentlichste Charakteristikum des Menschen; es unterscheidet ihn vom animalischen[222] und macht ihn zum „kulturellen Wesen“.
Ist somit Kultur zunächst schlicht *Veränderung der äußeren und inneren Natur durch menschliche Leistung*[223], fallen unter diesen denkbar weit gefassten Begriff alle nicht genetisch-biologisch gespeicherten Verhaltensweisen. Dies umfasst sowohl äußere Fertigkeiten wie bestimmte Techniken, Verhaltensstrategien etc., als auch den größten Teil des menschlichen Innenlebens. Kultur ist insofern

---

[219] Vgl. *Y. Hsu*, Selbstverwirklichungsrecht im pluralistischen Kulturstaat, 2000, S. 166ff., 180.
[220] *H.-H. Trute*, Die Forschung zwischen grundrechtlicher Freiheit und staatlicher Institutionalisierung: das Wissenschaftsrecht als Recht kooperativer Verwaltungsvorgänge, 1994, S. 8f. für die Wissenschaft.
[221] Vgl. *D. Baecker*, Kultur, in: *K. Barck* (Hg.), ÄGB, Band 3, 2001 S. 515, 521 m. N.; *M.-E. Geis*, Kulturstaat und kulturelle Freiheit, 1990, S. 83; *F. Wefelmeyer*, Kultur und Literatur. Zu ihrem Begriff bei Robert Musil, in: H. Brackert/ ders., Kultur. Bestimmungen im 20. Jahrhundert., 1991, S. 192ff.
S. 200; *E. W. Orth*, Was ist und was heißt Kultur?, 2000, S. 235ff.; *D. Stolte*, Fernsehen am Wendepunkt, 1992, S. 81.
[222] *Y. Hsu*, Selbstverwirklichungsrecht im pluralistischen Kulturstaat, 2000, S. 46; vgl. *D. Baecker*, Kultur, in: *K. Barck* (Hg.), ÄGB, Band 3, 2001, S. 512 mit Nachweis zu *Pufendorf*, De iure naturae et gentium libri octo, 1672; *M.-E. Geis*, Kulturstaat und kulturelle Freiheit, 1990, S. 83; *D. Stolte*, Fernsehen am Wendepunkt, 1992, S. 81.
[223] *K. Hansen*, Kultur und Kulturwissenschaft, 2. Aufl., 2000, S. 15; vgl. *D. Baecker*, Kultur, in: *K. Barck* (Hg.), ÄGB, Band 3, 2001, S. 520; *H.-J. Weiß*, Kultur und Bildung, MP 1992, 733, 734; vgl. noch weitere Nachweise bei *B.Pieroth*, Kultur als juristisches Spiel ohne Grenzen, Der Staat 22 (1983), 394ff.

die Dimension jeder Form der „Welterschließung"[224], jeder praktischen und theoretischen Orientierung.[225] Erfasst werden auf der „inneren" Seite sowohl Werte, Einstellungen, eine differenzierte Emotionalität, sowie die Fähigkeit zu logischem Denken, mithin also nahezu alles, was den Menschen nach seinem modernen Selbstverständnis ausmacht.[226] Kultur umfasst somit jegliche intellektuelle, emotionale, sittliche und faktische Entwicklungs- und Betätigungsmöglichkeit des einzelnen; sie ist damit Voraussetzung und Fundament jeglichen Menschseins an sich.[227]

b.) Kultur als Wechselspiel zwischen Gemeinschaft und Individuum.

Es stellt sich jedoch die Frage, innerhalb welcher Strukturen und Formen sich die entsprechende geistige Entwicklung und Wirklichkeitsformung[228] vollzieht. Unzweifelhaft kann jede geistige Leistung stets nur von einem Individuum ausgehen, eine Personengesamtheit ist zu keiner entsprechenden Handlung fähig.[229] Andererseits bedarf es zur menschlichen Leistung ebenso der menschlichen Gemeinschaft[230]: Zum einen ist eine effektive Leistungserbringung nur als gemeinschaftliche Anstrengung möglich. Kraft der *Potenzierung von Einzelkräften* ist ein überpersonaler Organismus unvergleichlich leistungsfähiger, als es die Summe seiner Teile wäre. - Dies beginnt mit der vereinten Jagd des Frühmenschen und endet bei der hochkomplexen, hochgradig arbeitsteilig organisierten Gesellschaft des 21. Jahrhunderts. Die vielfältigen Aspekte reichen hier von

---

224 Vgl. *D. Stolte*, Fernsehen am Wendepunkt, 1992, S. 110.

225 *E. W. Orth*, Was ist und was heißt Kultur?, 2000, S. 235.

226 Für Kant bestand diese "sachliche" Dimension von Kultur im "Streben nach Glückseligkeit", welche zu definieren er letztlich in die autonome Zwecksetzungsbefugnis des einzelnen gestellt sah, vgl. die Nachweise bei *D. Baecker*, Kultur, in: *K. Barck* (Hg.), ÄGB, Band 3, 2001, S. 517, 520; vgl. auch *M.-E. Geis*, Kulturstaat und kulturelle Freiheit, 1990, S. 84. Kritisch zu jenem, „normativen", bürgerlichen Kuturverständnis *A. Reckwitz*, Brennpunkte einer kulturwissenschaftlichen Interpretation der Kultur, in: F. Jaeger/ J. Rüsen, Handbuch der Kulturwissenschaften, Band 3, 2004, S. 1ff., 4.

227 *F. Wefelmeyer*, Kultur und Literatur. Zu ihrem Begriff bei Robert Musil, in: H. Brackert/ ders., Kultur. Bestimmungen im 20. Jahrhundert., 1991, S. 192ff.; vgl. auch *G. Püttner*, HdbkWiP IV, 2.A., 1983, S. 220.

228 Vgl. *E. W. Orth*, Was ist und was heißt Kultur?, 2000, S. 251m. N.

229 Vgl. *M.-E. Geis*, Kulturstaat und kulturelle Freiheit, 1990, S. 84; *H. Bloom*, The Western Canon, 1994, S. 37; Schulze-Fielitz, in: E. Benda/ W. Maihofer/ H.-J. Vogel, HdbVerfR, 2. Aufl., 1994, § 27, Rz. 17; *H.-H. Trute*, Die Forschung zwischen grundrechtlicher Freiheit und staatlicher Institutionalisierung: das Wissenschaftsrecht als Recht kooperativer Verwaltungsvorgänge, 1994, S. 85.

230 Vgl. allgemein und insb. in Hinblick auf die *staatliche* Gemeinschaft: *R. Zippelius*, Allgemeine Staatslehre, 14. A., 2003, S. 128ff.

Institutionen wie Ehe und Familie[231] als kleinste gesellschaftliche Einheiten bis hinauf auf staatliche Ebene.[232]
Zum anderen bliebe jeder kreative Gedanke, jede Innovationsleistung des einzelnen ohne nennenswerte Wirkungen, wenn sie nicht in eine überindividuelle Personenmehrheit Eingang finden, von dieser bewahrt und an künftige Generationen weitergegeben (*tradiert*) werden könnte. [233] In *kollektiver Überwindung der Zeitlichkeit*[234] wird künftigen Generationen die Entscheidungsfülle ihrer Vorfahren abgenommen und ihnen – häufig in komprimierter, versymbolisierter Form[235] - vorangegangene Erfahrungen und zuvor erworbenes Wissen vermittelt. Auf dem entsprechenden Fundus können diese wiederum ihrerseits aufbauen und neuerliche kulturelle Leistungen erbringen. Ohne ein solches überpersonales, „kulturelles Gedächtnis" wäre kein Fortschritt des Menschen möglich. [236]
Wesentliche Funktion von Kultur ist es dabei, dem Individuum Handlungs- und Verhaltensorientierungen zu geben. Indem eine beschränkte Anzahl bewährter Muster vorgegeben wird, werden langwierige Entscheidungsprozesse verkürzt und –konflikte vermieden ("culture as a tool-kit"[237]). Den entsprechenden Vorgaben kommt dabei nicht zuletzt eine dem einzelnen zugute kommende, lebensvereinfachende und "kräftesparende"[238] Wirkung zu.[239]
Neben der Vermittlung lebenserleichternder wie z. B. technischer Fertigkeiten beinhaltet dies insbesondere die Einbindung in ein feststehendes Wert- und Sinnsystem[240], sowie die Vermittlung von für das Handeln innerhalb eines komplexen sozialen Systems notwendige soziale Kompetenz. Die scheinbare Beschränkung seiner Denk- und Handlungsmöglichkeiten ermöglicht es dem einzelnen Individuum dabei gerade, seine Persönlichkeit frei zu entwickeln und zu

---

[231] *D. Baecker*, Kultur, in: *K. Barck* (Hg.), ÄGB, Band 3, 2001, S. 515; vgl. *D. S. Massey*, The Origin and Role of Emotion in Social Life, in: American Sociological Review, Vol. 67 (2002), Emotion in Social Life, S. 3; vgl. *G. Püttner*, HdbkWiP IV, 2.A.,1983, S. 221.
[232] *H.-J. Weißbach*, Kulturelle und sozialanthropologische Apekte der Netzwerkforschung, in: J. Weyer, Soziale Netzwerke, 2000, S. 255ff., 259.
[233] *K. Hansen*, Kultur und Kulturwissenschaft, 2. Aufl., 2000, S. 47, 158; *E. Benda/ W. Maihofer/ H.-J. Vogel*, HdbVerfR, 2. Aufl., 1994, § 25, Rn. 24; *M.-E. Geis*, Kulturstaat und kulturelle Freiheit, 1990, S. 84.
[234] *K. Hansen*, Kultur und Kulturwissenschaft, 2. Aufl., 2000, S. 158.
[235] sog. *symboling.*
[236] *K. Hansen*, Kultur und Kulturwissenschaft, 2. Aufl., 2000 S. 47, 158; *E. Benda/ W. Maihofer/ H.-J. Vogel*, HdbVerfR, 2. Aufl., 1994, § 25, Rn. 24.
[237] *A. Swidler*, Culture in Action: Symbols and Strategies, in: American Sociological Review 5 (1986), S. 273ff.; *K. Hansen*, Kultur und Kulturwissenschaft, 2. Aufl., 2000, S. 130.
[238] *F. Wefelmeyer*, Kultur und Literatur. Zu ihrem Begriff bei Robert Musil, in: H. Brackert/ ders., Kultur. Bestimmungen im 20. Jahrhundert., 1991, S. 192ff., 198.
[239] Vgl. *D. Baecker*, Kultur, in: *K. Barck* (Hg.), ÄGB, Band 3, 2001, S. 538. - Oft genug mag freilich der tradierte Bestand auch gerade eine richtige Entscheidung verhindern, *D. Baecker*, Kultur, in: *K. Barck* (Hg.), ÄGB, Band 3, 2001, S. 554f.
[240] *K. Hansen*, Kultur und Kulturwissenschaft, 2. Aufl., 2000, S. 134, 138ff., 141.

entfalten und sei es schließlich in Form von - von den Kulturnormen abweichendem - *deviativem* Verhalten.[241]
Gemeinschaftlichkeit als entscheidende Voraussetzung jeder menschlichen Entwicklung bedarf wiederum selbst bestimmter Vorbedingungen. Vereinheitlichungen und *Standardisierungen* im Handeln, in der Kommunikation[242], im Denken, in Werten, selbst im Empfinden, sind Voraussetzungen für das Funktionieren eines sozialen Organismus': Standardisierte Verhaltens- und Kommunikationsformen dienen der notwendigen innersystemischen Verständigung, Konsensbildung und Interaktion (*Kohärenz*[243]). Einheitliche Denk- und Gefühlsstrukturen sowie Gruppenverhaltensweisen (Mythos, Religion, Rituale, Feste, Kult) kommen der Stärkung des Zusammenhaltes der Gemeinschaft (*Kohäsion*[244]) zugute.[245]
Ebenfalls unabdingbar erscheint die Verwirklichung bestimmter gemeinschaftsbezogener, integrativer und versöhnlicher Werte wie Offenheit, Toleranz und Nachsicht, da nur sie dauerhaft ein Miteinander aller Teile einer Gemeinschaft und ein positives Einstehen für dieselbe zu garantieren vermögen.[246]
Somit ist die beschriebene Entwicklung des Menschen von einem fortlaufenden Wechselspiel zweier gegenläufiger Tendenzen beherrscht: Während die Gemeinschaft stabilisierend wirkt, indem sie die Errungenschaften vergangener Generationen bewahrt und so die Funktionsfähigkeit des sozialen Organismus' gewährleistet, stellen die einzelnen Individuen einer Gemeinschaft den jeweils erreichten Status Quo fortlaufend in Frage, indem sie erreichte Ergebnisse relativieren und gemeinschaftliche Konsense anfechten.[247] - Anderenfalls wäre keine menschliche Weiterentwicklung möglich und die stagnierende und zur Adaption an veränderte Umstände unfähige Gemeinschaft letztlich zum Untergang verurteilt.[248] Offenheit für neue Anstöße ist somit wesentliche Voraussetzung von *Kultur*.
Somit lässt sich Kultur sowohl als Produkt wie als Prozess charakterisieren: Als Produkt, was die überkommenen Muster oder *Institutionen* betrifft, die als sol-

---

[241] *K. Hansen*, Kultur und Kulturwissenschaft, 2. Aufl., 2000, S. 59; *G. Püttner*, HdbkWiP IV, 2. A., 1983, S. 221.
[242] Insbesondere im Wege der Zeichenvereinheitlichung.
[243] *K. Hansen*, Kultur und Kulturwissenschaft, 2. Aufl., 2000, S, 247.
[244] *K. Hansen*, Kultur und Kulturwissenschaft, 2. Aufl., 2000, S. 247; *Blanke* in: C. Callies/ M. Ruffert, EUV/EGV, 2. Aufl., 2002, Art. 151 EGV Rz. 3.
[245] *K. Hansen*, Kultur und Kulturwissenschaft, 2. Aufl., 2000, S. 144; *H.-J. Weißbach*, Kulturelle und sozialanthropologische Aspekte der Netzwerkforschung, in: J. Weyer, Soziale Netzwerke, 2000, S. 255ff., 259f.
[246] *G. Püttner*, HdbkWiP IV, 2.A.,1983, S. 221; *G. Reuhl*, Wissenschaftsfreiheit und Kulturstaatsprinzipien, in: Wissenschaftsrecht 1980 (13. Bd.) , S. 237ff., S. 239; vgl. Schulze-Fielitz in: Dreier, 2. A, 2004, Art. 5 I, II, Rz. 47
[247] *E. W. Orth*, Was ist und was heißt Kultur?, 2000, S. 246; vgl. *N. Luhmann*, Die Gesellschaft der Gesellschaft, 1997, S. 588: Kultur als "Inanspruchnahme der Vergangenheit zur Bestimmung des Variationsrahmens der Zukunft".
[248] Vgl. *D. Baecker*, Kultur, in: *K. Barck* (Hg.), ÄGB, Band 3, 2001, S. 548ff.; *G. Püttner*, HdbkWiP IV, 2.A., 1983, S. 221.

che stabilisierend wirken; als Prozess, was die weitere Entwicklung der Gemeinschaft betrifft.

c.) Kultur als Sachbereiche.

Kultur kann dabei grundsätzlich jede beliebige Form annehmen: Kulturelle Entwicklung kann sich in allen erdenklichen Lebensbereichen abspielen, in "Wirtschafts-, Politik-, Erziehungs-, Sport-, Liebes- und Militärkulturen" zum Ausdruck kommen[249]; ebenso setzt sich der *tradierte Bestand*[250] einer Gemeinschaft aus allen erdenklichen Manifestationen menschlichen Lebens zusammen, aus "Gesten, Sprachen und Semantiken, die in Kleidung, Gebrauchsgegenständen und Nahrungsgewohnheiten, in Körperhaltungen und körperlichen Begegnungen, in Wahrnehmungspraktiken" und im "Ausschluss und Marginalisieren" des Vorgenannten bestehen.[251] – Alles ist demnach Kultur und damit allenfalls die Abgrenzung vom in der Natur bereits Vorgefundenen von Interesse.
Will man hingegen nicht die Gesamtheit menschlichen Lebens schlechthin als kulturelles Phänomen ansehen und so den Verlust jeder Distinktion des Begriffes in Kauf nehmen[252], sondern vielmehr eine abgrenzbare und operable Begrifflichkeit bilden, lässt sich nach der kulturellen Bedeutung bestimmter Sachbereiche fragen. - Nach überkommener Ansicht konstituieren die Bereiche der Kunst, der Wissenschaft und Bildung, sowie der Religion den Bereich des "Kulturellen". Die modernere Auffassung verwirft diesen Ansatz freilich häufig mit der Begründung, dass es sich bei den genannten Bereichen um lediglich einige unter vielen sozialen Wirksystemen handele; "Elite-" oder "Hoch-" Kultur – so die Argumentation häufig weiter - diene vor allem dem Aufrechterhalten des gesellschaftlichen Status Quo.[253]
Dies liefe jedoch darauf hinaus, die entsprechenden Bereiche in ihrer Bedeutung zu verkürzen. Zwar mag es sich bei der "affirmierenden Wirkung" (z.B. der Sakralkunst oder der Porträtmalerei) in der Tat um *einen* Aspekt der Beurteilung überkommener Kunstformen handeln. Ebenso mag es verfehlt erscheinen, die Essenz menschlichen Lebens *ausschließlich* in den genannten Bereichen zu suchen.[254] Jedoch wird das Bestreiten einer besonderen Qualität etwa der Kunst

---

[249] *D. Baecker*, Kultur, in: *K. Barck* (Hg.), ÄGB, Band 3, 2001, S. 550.
[250] Vgl. *D. Baecker*, Kultur, in: *K. Barck* (Hg.), ÄGB, Band 3, 2001, S. 514.
[251] *D. Baecker*, Kultur, in: *K. Barck* (Hg.), ÄGB, Band 3, 2001, S. 548.
[252] Vgl. *D. Baecker*, Kultur, in: *K. Barck* (Hg.), ÄGB, Band 3, 2001, S. 550: "Eß-, Schlaf-, Schreib-, Hör-, Einkaufs-, Streit- und Denkkultur" als Bezeichnung für „Selbstverständlichkeiten menschlichen Lebens".
[253] Vgl. *A. Gethmann-Siefert*, Einführung in die Ästhetik, 1995, S. 233; *P. Bürger*, Theorie der Avantgarde, 2. Aufl., 1974, S. 9; *A. Reckwitz*, Brennpunkte einer kulturwissenschaftlichen Interpretation der Kultur in: F. Jaeger/ J. Rüsen, Handbuch der Kulturwissenschaften., Band 3, 2004, S. 1ff., 4f. ; *D. Baecker*, Kultur, in: *K. Barck* (Hg.), ÄGB, Band 3, 2001, S. 532 m. N., 544.
[254] Vgl. *D. Baecker, Kultur, in: K. Barck (Hg.), ÄGB, Band 3, 2001, S.* 513f. - *Baecker* macht hier auf das Phänomen der "Doppelung" einer Kultur aufmerksam, nach der sich das Gemeinschaftsleben in eine offizielle (und oftmals artifizielle) und eine "subversive" (aber unter

gegenüber sonstigen "kulturellen Subsystemen" der besonderen Bedeutung, die die Menschen ihr beimessen, nicht gerecht. Bereits *Schiller* nimmt die schönen Künste für die „Kultivierung" des Menschen in Anspruch.[255] Auch nach *Hegel* kommt der Kunst eine besondere Stellung innerhalb der menschlichen Gemeinschaft zu.[256] Auch die Neo-Marxisten trauen der Kunst die Rolle eines Zugmotors der Gesellschaft, einer *Avantgarde* zu.[257] Es ist, worauf noch genauer zu kommen sein wird, letztlich die besondere Bedeutung, die die Kunst schon auf einer sachlichen, „sinnerfüllenden"[258] Ebene besitzt, welche sie von anderen Sachphänomenen in besonderer Weise unterscheidet und auch auf einer gesellschaftlichen Ebene besonders heraushebt. - Nur die Kunst ist zur *Utopie* fähig und damit zur Überwindung der Befangenheit im Vorhandenen.[259]

Ähnliches gilt für die Wissenschaft als auf Rationalität basierender Auseinandersetzung mit der den Menschen umgebenden Welt. Als intellektuelle Erschließung der im und um den Menschen wirkenden Zusammenhänge versetzt sie diesen in die Lage, sich über das bloße Hinnehmen der um ihn wirkenden Kräfte zu erheben, auf seine Umwelt zu reagieren und diese nicht zuletzt gestaltend zu verändern.[260]

Schließlich lässt sich auch der Religion eine entsprechende exponierte Rolle zuschreiben: Die Religion beinhaltet Lebensäußerungen von besonderer Kraft und Sensibilität.[261] Als auf die Erklärung von Letzt-Zusammenhängen gerichtet (Erschaffung der Welt, Ursprung des Lebens, Fortexistenz nach dem Tod)[262] und somit quasi Fortschreibung der Wissenschaft ins Ungewisse, dient sie dem Menschen ebenfalls zur subjektiven Erschließung seiner Welt.[263] Damit vermittelt sie auch in heutiger Zeit über ihren eigentlichen Wirkbereich hinaus Werte, Verhaltensmaßstäbe und Alltagsvorgaben wie kaum ein anderer Lebensbereich.

Ebenfalls erfasst ist die Bildung als Rezeptions- und Vermittlungsleistung v. a. der vorgenannten Sachbereiche. Sie beinhaltet die wesentlichen Erkenntnisse einer bestimmten Gemeinschaft einschließlich ihrer sozialen Verhaltensnormen und ermöglicht somit sowohl Verständigung und Interaktion, als auch individuelle Erkenntnis und geistige Erweiterung.

Umständen für die breite Bevölkerung relevantere) aufspalten kann, was soziale und kulturelle Dissonanzen innerhalb der Gemeinschaft zur Folge haben kann, S. 513f.

[255] *F. Schiller*, Über die ästhetische Erziehung des Menschen in einer Reihe von Briefen (1795), in: F. Schiller, Werke, Bd. 4, S. 193ff.; *D. Baecker*, Kultur, in: *K. Barck* (Hg.), ÄGB, Band 3, 2001, S. 510, 522.

[256] Vgl. *W. Ullrich*, Kunst, in: Barck (Hg.), ÄGB, Band 3, 2001, S. 559.

[257] *P. Bürger*, Theorie der Avantgarde, 2. Aufl., 1974.

[258] Vgl. *A. Bleckmann*, Staatsorganisationrecht, 1993, Rz. 1582.

[259] Vgl. *F. Wefelmeyer*, Kultur und Literatur. Zu ihrem Begriff bei Robert Musil, in: H. Brackert/ ders., Kultur. Bestimmungen im 20. Jahrhundert., 1991, S. 192ff., 195f., 198.

[260] *B. Losch*, Wissenschaftsfreiheit, 1993, S. 130.

[261] *G. Robbers*, Staat und Religion,VVDStRL 59 , 231, 232.

[262] *D. S. Massey*, The Origin and Role of Emotion in Social Life, in: American Sociological Review, Vol. 67 (2002), S. 9.

[263] *Mager*, in: v. Münch / Kunig, GG, 5. Aufl., 2000, Art. 4 Rz. 1.

Insofern lässt sich die „kulturelle“ Materie vor allem als eine solche der subjektiven Erschließung der Welt, des "Wirklichkeitsgewinns"[264] innerhalb der genannten Sphären, begreifen.[265]

2.) Kultur und Staat.

Lässt sich Kultur in einem wesentlichen Sinne als die Ermöglichung geistiger Leistung des Menschen innerhalb einer Gemeinschaft ansehen, liegt die Frage nahe, welche kulturspezifischen Funktionen dem Staat (als *einer* Form menschlicher Gemeinschaft) (a.) im Allgemeinen zukommen und (b.) ob sich aus den entsprechenden Aufgaben konkrete Aussagen für den speziellen Sachbereich des Rundfunks ableiten lassen.

a.) Die Kulturstaatsidee.

Insbesondere seit dem 19. Jahrhundert wird in der Staatslehre intensiv die Idee vom *Kulturstaat* bzw. ein hieraus folgendes *Kulturstaatsprinzip* diskutiert.
Gedanklicher Ausgangspunkt ist die Kultur in Form ihres Kant'schen, anthropozentrischen Motivs der „Veredelung des Menschen“. Diese erfahre der Mensch vor allem mittels der traditionellen Teilgebiete der Kunst, der Wissenschaft, der Religion[266], sowie der (christlichen) *Ethik*[267] einschließlich des zugrunde liegenden Wertesystems.[268] Sie könne allein im Staat als „Wirklichkeit der sittlichen Idee“[269] (*Hegel*), welcher für „Wert und Würde“ [270] „gesitteten“[271] menschlichen Daseins die Gewähr trage, realisiert werden.
In wohl verkürzter Rezeption jenes *normativ*en [272] Hegel'schen Kultur(staats)konzeptes gehen die frühen Konzeptionen eines – auch bundesrepublikanischen[273] - „Kulturstaates“, hierunter namentlich jene *E. R. Hubers*, dabei von umfangreichen Einflussmöglichkeiten des Staates auf die Kultur aus: Des-

---

[264] *E. W. Orth*, Was ist und was heißt Kultur?, 2000, S. 236, 244-253; *H. Wehrhahn*, Zur gegenwärtigen Rechtslage, in: H. Thieme/ ders., Die Freiheit der Künste und Wissenschaften, 1967, S. 52ff.; *D. Baecker*, Kultur, in: *K. Barck* (Hg.), ÄGB, Band 3, 2001, S. 536.

[265] Vgl. *Y. Hsu*, Selbstverwirklichungsrecht im pluralistischen Kulturstaat, 2000, S. 173f. Für die Wissenschaft: *B. Losch*, Wissenschaftsfreiheit, 1993, S. 130.

[266] *W. Jaeschke*, Politik, Kultur und Philosophie in Preußen, in: O. Pöggeler/ A. Gethmann-Siefert (Hg.), Kunsterfahrung und Kulturpolitik im Berlin Hegels (Hegel-Studien 22), Bonn 1983, S. 29ff., 45f.

[267] Vgl. *M.-E. Geis*, Kulturstaat und kulturelle Freiheit, 1990, S. 91f. m. N.; *J. Kohler*, Lehrbuch der Rechtsphilosophie, 3. Aufl., 1923, S. 3f. (*Sittlichkeit).*

[268] Weiter: *F. Knöpfle*, Grundgedanken der Bayerische Verfassung, 1996, S. 9ff., 15.

[269] *M.-E. Geis*, Kulturstaat und kulturelle Freiheit, 1990, S. 28; *E. R. Huber*, Zur Problematik des Kulturstaats, 1958, S. 28.

[270] *E. R. Huber*, Deutsche Verfassungsgeschichte, Bd. VI, 1981, S. 855; vgl. *M.-E. Geis*, Kulturstaat und kulturelle Freiheit, 1990, S. 21.

[271] *E. R. Huber*, Zur Problematik des Kulturstaats, 1958, S. 15; vgl. *M.-E. Geis*, Kulturstaat und kulturelle Freiheit, 1990, S. 24.

[272] *A. Reckwitz*, Brennpunkte einer kulturwissenschaftlichen Interpretation der Kultur in: F. Jaeger/ J. Rüsen, Handbuch der Kulturwissenschaften., Band 3, 2004, S. 1ff., 4.

[273] *M.-E. Geis*, Kulturstaat und kulturelle Freiheit, 1990, S. 31 m. N.

sen Kompetenzen begännen bei der Definitionsgewalt bezüglich der Unterscheidung von Kultur und Nicht-Kultur[274] sowie der Rangbestimmungskompetenz bezüglich einzelner kultureller – zum Beispiel schulischer – Sachgegenstände[275] und endeten bei einer allumfassenden „Kulturgestaltungsmacht".[276] – Allein der Staat könne den Schutz der Kultur nicht zuletzt vor der Gesellschaft garantieren[277].

Dabei überwiegen insgesamt eindeutig homogenisierende Tendenzen: Zwar wird klargestellt, dass der Staat die Kultur eines Landes nicht etwa nach Belieben diktieren dürfe, sondern als in ihrem „Dienst" stehend seinerseits den kulturellen Faktizitäten unterworfen sei. Dies laufe im Idealfalle auf einen „Schwebezustand" gegenseitiger Gestaltung von Staat und Kultur hinaus.[278] Auch wird die Prozesshaftigkeit von Kultur betont: Kennzeichen der modernen Kultur sei „der Konflikt"[279], der „Vorstoß ins Unerprobte und noch Umstrittene"[280], wofür wiederum auf die „Kräfte der Gesellschaft" und die „Autonomie der Kultur" verwiesen wird und vor staatlichem Handeln geschützte Kultursphären postuliert werden.[281]

Andererseits sei der, die ihn konstituierenden Individuen mit ihren Partikularinteressen in der Bedeutungslosigkeit verschwinden lassende, allein zu einer gerechten und funktionierenden Ordnung fähige und seinerseits auf die Kultur als in ihm wirkendes Ordnungsprinzip angewiesene Staat gehalten[282], in die kulturelle Entwicklung des Landes mit „gärtnerisch pflegender Hand" einzugreifen, um „wildem, unkontrolliertem Wachstum" sowie zu befürchtenden „Kultur-Disharmonien" vorzubeugen.[283] „Kultur" gerät dabei in die Nähe eines Synonyms zur „Nation"[284], an deren Konstituierung sie als Phänomen beteiligt sei

---

[274] *E. R. Huber*, Zur Problematik des Kulturstaats, 1958, S. 15; vgl. *M.-E. Geis*, Kulturstaat und kulturelle Freiheit, 1990, S. 24.

[275] *E. R. Huber*, Zur Problematik des Kulturstaats, 1958, S. 16ff.; vgl. *M.-E. Geis*, Kulturstaat und kulturelle Freiheit, 1990, S. 24f.

[276] *E. R. Huber*, Zur Problematik des Kulturstaats, 1958, 17ff.; *M.-E. Geis*, Kulturstaat und kulturelle Freiheit, 1990, S. 24ff.

[277] Vgl. *M.-E. Geis*, Kulturstaat und kulturelle Freiheit, 1990, S. 117.

[278] *E. R. Huber*, Zur Problematik des Kulturstaats, 1958, S. 22; *M.-E. Geis*, Kulturstaat und kulturelle Freiheit, 1990, S. 27.

[279] *E. R. Huber*, Kulturverfassung, Kulturkrise, Kulturkonflikt, in: ders., Bewahrung und Wandlung, 1975, S. 343ff., 358.

[280] *E. R. Huber*, Zur Problematik des Kulturstaats, 1958, S. 12; vgl. *M.-E. Geis*, Kulturstaat und kulturelle Freiheit, 1990, S. 105ff.

[281] *E. R. Huber*, Zur Problematik des Kulturstaats, 1958, S. 7ff.; ders., Kulturverfassung, Kulturkrise, Kulturkonflikt, in: ders., Bewahrung und Wandlung, 1975, S. 343ff., 352f.

[282] *E. R. Huber*, Zur Problematik des Kulturstaats, 1958, S. 314ff.; *P. Häberle*, Kulturverfassungsrecht im Bundesstaat, 1980, S. 348ff.; vgl. *M.-E. Geis*, Kulturstaat und kulturelle Freiheit, 1990, S. 48ff.,74ff., 68 m. N. mit Bezügen auf *Carl Schmitt*; vgl. auch der mündl. Diskussionsbeitrag von *Leisner*, in VVDStRL 42 , S. 124ff.

[283] *E. R. Huber*, Zur Problematik des Kulturstaats, 1958, S. 17.

[284] *O. Schwencke*, Demokratisierung des kulturellen Lebens, in: H. Hoffmann, Hilmar (Hg.), Perspektiven der kommunalen Kulturpolitik., 1974, S. 59ff., S. 60; vgl. *M.-E. Geis*, Kulturstaat und kulturelle Freiheit, 1990, S. 192 m. w. N.

und an deren Zusammenhalt sie als Sphäre mitzuwirken habe.[285] Die entsprechende Legitimation wird zumeist in einer Melange natur- und gewohnheitsrechtlicher Elemente gesucht, auf *historische Tradition* und „staatsmetaphysische" Begründungsmodelle klassisch idealistischer Prägung (*Fichte*) verwiesen.[286] Zumindest in einer stringenten Deutung läuft sie dabei auf die Verwirklichung einer gottgewollten Ordnung hinaus und ist zumindest insofern nicht mehr aufrechtzuerhalten.[287]
Die entsprechende, in ihren konkreten Aussagen letztlich stets vage bleibende und daher vielgestaltige Auslegungen zulassende Konzeption[288] hat in der Nachkriegsverfassungslehre breite Zustimmung erfahren[289]. Die Rezeption beschränkt sich indessen oftmals darauf, staatliche Einflussnahme auf kulturaffinite Lebenssachverhalte (z.B. Kunstförderung, Denkmalschutz) zu legitimieren.[290]
Das Bundesverfassungsgericht[291] hat sich mit dem Kulturstaatsprinzip lediglich *obiter* und im Sinne einer Indienstnahme des Staates für das geistige Leben innerhalb seiner Gemeinschaft beschäftigt: So sei etwa der *sich als Kulturstaat verstehende Staat* der Förderung und Erhaltung eines freien Kunstlebens[292], sowie dem Schutze und der Förderung einer freien (dort: Hochschul-) Wissenschaft verpflichtet.[293] Offen bleibt indes, ob sich dahinter ein bestimmtes normatives Prinzip verbergen oder die Begrifflichkeit rein deskriptiven Charakter haben und einen bereits unter anderen Gesichtspunkten (etwa aufgrund des Art. 5 III 1 GG) zur Förderung von Kultur verpflichteten Staat bezeichnen soll.[294] Auch wird keinerlei Aussage über mögliche weitere Dimensionen „gelebter Kulturstaatlichkeit" getroffen (z. B. die Auflösung des Konflikts zwischen Tradition und Fortschritt, Inhalte des Sachbereiches Kultur etc.)
Sofern in der jüngeren Literatur Kulturstaatlichkeit nicht in vereinfachter Anlehnung an bundesverfassungsgerichtliche Rechtsprechung schlicht in einer Verpflichtung des Staates zur Förderung kultureller Sachbereiche wie z. B. der Kunst gesehen[295], sondern einer tiefergehenden Diskussion zugeführt wird, wie namentlich in der Arbeit *Geis'* und vor allem dem Werk *Häberles*, hat die traditionelle, zunehmend als zu etatistisch empfundene Kulturstaatskonzeption nach-

---

[285] *E. R. Huber*, Bedeutungswandel der Grundrechte, AöR 62 (1933), S. 1ff., 93; vgl. auch *E. Spranger*, Kultur und Erziehung, 1919, S. 23f.; *M.-E. Geis*, Kulturstaat und kulturelle Freiheit, 1990, S. 101.
[286] vgl. *M.-E. Geis*, Kulturstaat und kulturelle Freiheit, 1990, S. 28f., 48 m. N.
[287] Vgl. *M.-E. Geis*, Kulturstaat und kulturelle Freiheit, 1990, S. 48 m. N.
[288] Vgl. *M.-E. Geis*, Kulturstaat und kulturelle Freiheit, 1990, S. 40.
[289] Vgl. insb. die Nachweise bei *M.-E. Geis*, Kulturstaat und kulturelle Freiheit, 1990, S. 34.
[290] Vgl. hierzu *M.-E. Geis*, Kulturstaat und kulturelle Freiheit, 1990, S. 42ff., 162.
[291] Vgl. hierzu weiter die Untersuchung von *M. Naucke*, Der Kulturbegriff in der Rechtsprechung des Bundesverfassungsgerichts, 2000.
[292] BVerfGE 36, 321, 331.
[293] BVerfGE 35, 79, 114.
[294] BVerfG 36, 321; *U. Steiner*, Kulturauftrag im staatlichen Gemeinwesen, VVDStRL 42 (1984), 13.
[295] *F. Fechner*, Medienrecht, 5. A., 2004, Rn. 56; vgl. *A. Bleckmann*, Staatsorganisationsrecht, 1993, § 14 Rz. 1575.

haltigen Widerspruch und Einschränkungen erfahren: Im Mittelpunkt kulturstaatlicher Ausgestaltung dürfe nicht ein einen Eigenwert beanspruchender Staat bzw. dessen traditionelle Gewährleistungsinstitutionen[296] stehen. Im Mittelpunkt müsse – unter Verweis auf grundgesetzliche Werte wie Demokratie-, Sozialstaatsprinzip[297] und Menschenwürde[298] - vielmehr das Individuum stehen. In Abkehr von der post-hegelianischen, monistischen Tradition, der irrigen Sichtweise von Kultur als Frage nach „Herrschaft" und „Mittelpunkten"[299], wird ein „offenes Kulturkonzept" (*Häberle*)[300] postuliert. Dieses impliziere nicht nur einen weiter gefassten Kulturbegriff.[301] Geboten sei auch eine stärkere Zurückhaltung der staatlichen Hand und eine deutlichere Betonung von Pluralismus und Individualität[302]. Das *kulturelle Erbe* bilde nur eine Dimension des Sachbereichs Kultur, die kulturellen Möglichkeiten der Zukunft die andere, nicht minder wichtige.[303] Als Schutzgut wird somit zutreffend jede menschliche Entwicklung schlechthin, in ihren „individuellen" wie „institutionellen" Ausprägungen, erfasst.[304] Als Rechtgrundlagen werden neben „extrakonstitutionellen" Grundlagen etwa Art. 29 GG[305], die „Summe grundrechtlicher Gewährleistungen"[306] (insbesondere 5 III GG[307], Art. 1 I, III[308] , Art. 7 I [309], Art. 4[310] GG) oder Art. 140 GG genannt.[311]
Indessen sieht sich wohl nicht zuletzt im Zusammenhang mit zunehmender Migration und Reibungspunkten mit fremden Kulturkreisen auch das geschilderte „offene Kulturkonzept" in jüngster Zeit Anfechtungen ausgesetzt: Die um der Verwirklichung des *Staatszieles der Vitalität und Dauerhaftigkeit der freiheitlichen Verfassungsordnung* willen zu stärkende „kulturelle Identität" wird als entscheidende Größe kulturstaatlichen Handelns eingeführt[312]. Gemeinsame

---

[296] *P. Häberle*, Kulturverfassungsrecht im Bundesstaat, 1980, S. 66ff.
[297] *H. Krüger*, Allgemeine Staatslehre, 2. A., 1966, S. 796ff., 806ff.; vgl. *M.-E. Geis*, Kulturstaat und kulturelle Freiheit, 1990, S. 193 m. w. N.
[298] *M.-E. Geis*, Kulturstaat und kulturelle Freiheit, 1990, S. 165ff.
[299] *P. Häberle*, Kulturverfassungsrecht im Bundesstaat, 1980, S. 68.
[300] *P. Häberle*, Kulturverfassungsrecht im Bundesstaat, 1980, S. 14; *P. Häberle*, Kulturpolitik in der Stadt, 1979, S. 34f., 37.
[301] *M.-E. Geis*, Kulturstaat und kulturelle Freiheit, 1990, S. 182ff., 197 m. w. N.
[302] *P. Häberle*, Kulturverfassungsrecht im Bundesstaat, 1980, S. 14f.; *M.-E. Geis*, Kulturstaat und kulturelle Freiheit, 1990, S. 175;
[303] *P. Häberle*, Kulturverfassungsrecht im Bundesstaat, 1980, S. 56.
[304] *P. Häberle*, Kulturverfassungsrecht im Bundesstaat, 1980, S. 19.
[305] *P. Häberle*, Kulturverfassungsrecht im Bundesstaat, 1980, S. 64.
[306] *M.-E. Geis*, Kulturstaat und kulturelle Freiheit, 1990, S. 236.
[307] *M.-E. Geis*, Kulturstaat und kulturelle Freiheit, 1990, S. 233f.; *Pernice* in: Dreier, 2. A., Art. 5 III (Wiss.)Rz. 22f.
[308] *T. Maunz*, Die kulturelle Sicherheit des Bürgers, in: T. Maunz/ H. Nawiasky/ J. Heckel, Staat und Bürger, FS Apelt, 1958, S. 113ff., 115.
[309] *M.-E. Geis*, Kulturstaat und kulturelle Freiheit, 1990, S. 238.
[310] vgl. *Morlok* in: Dreier, 2. A., Art. 4 GG, Rz. 42.
[311] *P. Häberle*, Kulturverfassungsrecht im Bundesstaat, 1980, S. 50.
[312] *A. Uhle*, Freiheitlicher Verfassungsstaat und kulturelle Identität, 2004, S. 10-14, 105ff., 517; ähnlich: *P. Gullo*, Religions- und Ethikunterricht im Kulturstaat, 2003, S. 162f.

Sprache, Religion, Geschichte, Sitten, Institutionen und Wertentscheidungen[313] werden dabei als sich gegenseitig bedingende Teile eines „historischen Ganzen" aufgefasst. Im hiesigen Kulturkreis entstandene Werte wie Bejahung der Würde des Menschen, Gleichberechtigung, Meinungs- und Glaubensfreiheit, aber auch Schutz der (Ein-)Ehe oder des Sonntags als „christlichem Urfeiertag" seien an ihren historischen Kontext gebunden und lediglich Teilelemente einer weiter verstandenen kulturellen Identität.[314] Hieraus folge die für den Staat bestehende Pflicht zur Kooperation mit „identitätsaffirmativen Potenzen" und das Verbot der Förderung „identitätsschwächender" Kräfte.[315]

b.) Rückschlüsse für den Rundfunkbereich.

Konkrete Rückschlüsse aus den Überlegungen zum Kulturstaat auf hoheitliche Aufgaben im Bereich des Rundfunks abzuleiten, erscheint bei all dem problematisch. Denn so sehr die Annahme hoheitlicher Leistungspflichten unter größtmöglicher gestalterischer Zurückhaltung des Staates einerseits grundsätzliche Zustimmung verdient, bleiben sämtliche Überlegungen letztlich ohne konkrete Aussage und gewinnen kaum „normative Kraft"[316]. Bereits der historische Rückblick auf kulturstaatliche Prinzipien weist, wie insbesondere die Untersuchung von *Geis* zeigt, ein uneinheitliches Bild unterschiedlicher Denkansätze auf, deren Grundlagen zum Teil in kirchenstaatlicher[317], teils kantianisch-idealistischer[318] oder hegelianisch-nationalistischer[319] Tradition zu suchen sind. Uneinheitlichkeiten und Unklarheiten bezüglich zu ermittelnder konkreter Rechtsfolgen sind die natürliche Folge. Auch moderne Konzepte wie etwa jenes *Häberles* lassen – wohl bereits nach eigenem Selbstverständnis - kaum konkrete Aussagen zu.[320] Sofern dies nicht bereits Teil der generellen Problematik ist, abstrakte staats- und verfassungstheoretische Überlegungen konkreten Rechtsanwendungen zuzuführen[321], scheitern sie jedenfalls neben der Weite eines in seiner Bedeutung schwankenden oder zu weit gefassten[322] Kulturbegriffes an der Gegensätzlichkeit des zu bewahrenden „Überkommenen" und des fortzuführenden „Neuen": Wenn kulturstaatliche Verantwortung auf eine Formel hinausläuft, die die Aufrechterhaltung bestehender Strukturen im Staat bei und zum Zwecke gleichzeitiger Garantie gemeinschaftlicher, geistiger Entwicklung im Staat meint, wird der in dieser Formel liegende Widerspruch nicht überzeugend dahin aufgelöst, dass sich aus dem entsprechenden Kulturstaatlichkeitskonzept konkre-

[313] *A. Uhle*, Freiheitlicher Verfassungsstaat und kulturelle Identität, 2004, S. 13f.
[314] *A. Uhle*, Freiheitlicher Verfassungsstaat und kulturelle Identität, 2004, S. 510ff.
[315] *A. Uhle*, Freiheitlicher Verfassungsstaat und kulturelle Identität, 2004, S. 518.
[316] *M.-E. Geis*, Kulturstaat und kulturelle Freiheit, 1990, S. 162.
[317] Vgl. *M.-E. Geis*, Kulturstaat und kulturelle Freiheit, 1990, S. 123, 131 m. N.
[318] *M.-E. Geis*, Kulturstaat und kulturelle Freiheit, 1990, S. 126, 136, 148 m. N.
[319] *M.-E. Geis*, Kulturstaat und kulturelle Freiheit, 1990, S. 124, 140 m. N.
[320] Kritisch: *B. Pieroth*, Kultur als juristisches Spiel ohne Grenzen, in: Der Staat 22 (1983), S. 394ff., 402.
[321] *M.-E. Geis*, Kulturstaat und kulturelle Freiheit, 1990, S. 165.
[322] Vgl. *M.-E. Geis*, Kulturstaat und kulturelle Freiheit, 1990, S. 198.

te Aussagen für einzelne Sachverhaltskonstellationen (wie etwa den Rundfunkbereich) ableiten ließen.
Will man Kulturstaatlichkeit als staatsrechtliche Kategorie beibehalten, so taugt sie wohl allenfalls als deskriptives Moment, nach dem der Staat als der Menschenwürde im Sinne geistiger Entwicklung des Menschen und einem entwickelten Gemeinwesen schlechthin verpflichteter Organismus anzusehen ist, wobei die konkreten Begründungsansätze (Grundrechte, Staatsaufgaben im Allgemeinen etc.) variieren. Jedenfalls wird man kein verschiedenen Sphären verpflichtetes kulturstaatliches Gesamtprinzip anzunehmen haben, aus dem sich konkrete Aussagen für variierende Einzelsachbereiche ableiten ließen.[323] „Kulturelle“ staatliche Verpflichtetheit kann somit nur für jeden Lebensgegenstand und Rechtsbereich (hier: der Rundfunk) entsprechend dessen „funktionalen Zuschreibungen“ gesondert ermittelt werden.[324]
Einer Verengung kulturstaatlicher Verantwortlichkeiten auf „identitätsaffirmative“ Inhalte kann dabei unter dem Gesichtspunkt der Sicherstellung künftiger kultureller Entwicklung im Sinne eines *offenen Kulturkonzepts* jedoch nicht zuzustimmen sein. Denn insofern sich die Herstellung von „kultureller Identität“ auf im gesellschaftlichen Diskurs für die Zukunft herzustellende Konsense bezieht, ist der Möglichkeit der Konsensbildung bereits durch eine freiheitliche Verfassungsordnung hinreichend Rechnung getragen. Insofern bedarf es des Rückgriffs auf die zusätzlich eingeführte staatstheoretische Kategorie überhaupt nicht. Vielmehr besteht auf der anderen Seite die Gefahr, dass der geübte Verzicht[325] auf eine Trennung zwischen bestimmten (unstreitig förderungswürdigen) Werten wie Menschenwürdeverwirklichung, Gleichberechtigung etc. auf der einen und sonstigen „Volkscharakteristika“ wie „Religion“, „Sprache“, „Geschichte“, „Sitten“ etc.[326] vor allem dazu führt, vorhandene Gegebenheiten zu perpetuieren und sich letztlich in undifferenzierter Ablehnung gegenüber allem Fremden und schließlich der Innovation schlechthin manifestiert. Allein die Tatsache, dass bestimmte Werte im abendländischen Kulturkreis hervorgebracht worden sind, bedeutet nicht, dass vom hiesigen differente Kulturkreise diesen nicht zugänglich wären. Dies zeigen etwa die Leistungen der Gemeinwesen Japans oder Indiens, die beide zur Verwirklichung demokratischer Staatskonzepte unter Beibehaltung ihrer sonstigen „kulturellen Identität“ gefunden haben. Umgekehrt beweist sich gerade an der europäischen und insbesondere auch der

---

[323] *M.-E. Geis*, Kulturstaat und kulturelle Freiheit, 1990, S. 235ff., 260; *P. Häberle*, Kulturverfassungsrecht im Bundesstaat, 1980, S. 75; so wohl auch *A. Bleckmann*, Staatsorganisationsrecht, 1993, Rz. 1577.

[324] *K. Heinz*, Kultur – Kulturbegriff – Kulturdenkmalbegriff, 1993, S. 137ff.; vgl. *M.-E. Geis*, Kulturstaat und kulturelle Freiheit, 1990, S. 235ff.

[325] „Grundlegende Wertentscheidungen staatlicher Verfasstheit“ und (die viel weiter verstandene) „kulturelle Identität“ werden schlicht gleichgesetzt; siehe nur *A. Uhle*, Freiheitlicher Verfassungsstaat und kulturelle Identität, 2004, S. 17.

[326] *A. Uhle*, Freiheitlicher Verfassungsstaat und kulturelle Identität, 2004, S. 13f., der offenlässt, ob hierunter auch (wie in der von ihm zitierten antiken Quelle) das „Blut“ [sic] einer bestimmten Population (also eine nicht-kulturelle Größe) fallen soll.

deutschen Historie, dass die Verwirklichung eines anthropozentrischen Wertekonzeptes auch in der hiesigen kulturellen Identität längst nicht so tief und selbstverständlich verwurzelt ist, wie unterstellt.[327] So sollte nicht übersehen werden, dass im Gegensatz zu einem Land wie etwa Indien, das auf friedlichem Wege die europäische Fremdherrschaft abgeschüttelt und eigenständig zur Demokratie gefunden hat, zumindest der westliche Teil Deutschlands gewaltsam und erst durch Kräfte von Außen zur Demokratie und Wiederherstellung eines humanen Staatskonzeptes gezwungen werden konnte.

Gleichzeitig bietet gerade der mitteleuropäische Kulturkreis das beste Beispiel dafür, wie sehr eine Kultur auf Fremdeinflüsse angewiesen ist: Die christliche Religion hat ihre Ursprünge im Nahen Osten, das hiesige Rechtssystem und Philosophie gehen auf römische und griechische Einflüsse zurück, das Zahlensystem ist von den Arabern übernommen. – All jene heute Errungenschaften hätten sich zur Zeit ihres erstmaligen Erscheinens ebenfalls als „identitätsschwächende" Einflüsse einstufen lassen.

3.) Der Kulturauftrag des öffentlichrechtlichen Rundfunks nach einzelnen Sachbereichen.

Somit ist zu ermitteln, welche konkreten kulturellen Aufgaben des Staates sich in Bezug auf den öffentlichrechtlichen Rundfunk ergeben.

Dabei wird, wie bereits angesprochen, jeweils stets zunächst zu untersuchen sein, inwieweit den Staat überhaupt eine Gewährleistungspflicht für die verschiedenen Kulturgüter im Rundfunkbereich trifft. Sodann wird zu fragen sein, ob die entsprechende Gewährleistung auch durch einen gebührenfinanzierten, öffentlichrechtlichen Rundfunk zu erfolgen hat.

a.) Vorüberlegung: Leistungsstaatliche Verantwortlichkeit.

Ein wesentlicher Punkt der Überlegungen zu einem staatlichen Leistungsauftrag und mithin des Rundfunks besteht dabei zunächst in der Rolle, der der hoheitlichen Gewalt generell zukommen sollte.

Traditionell-liberalistische Deutung des freiheitlichen Staates (etwa im Sinne eines *Adam Smith*) ist jene einer weitgehend zurückhaltenden Ordnung. Danach ist jede Form eines staatlichen Eingriffs nach Möglichkeit zu vermeiden, der („Nachtwächter"-) Staat vor allem auf die Durchsetzung von Recht und Gesetz und die Landesverteidigung beschränkt.[328] Jene aus dem 19. Jahrhundert stammende Staatskonzeption wurde freilich nach und nach und vor allem in der zweiten Hälfte des 20. Jahrhunderts schließlich praktisch vollständig zugunsten eines immer umfassender werdenden, intervenierenden Leistungsstaates aufgegeben, der nach eigenem Selbstverständnis auch in wirtschaftliche Kreisläufe

[327] Das sich gerade auf deutsche und abendländische Werte berufende „Dritte Reich" ist nur das banalste Beispiel hierfür; die Diktaturen Francos und Mussolinis oder die Französische Jakobinerherrschaft sind weitere.

[328] Vgl. *H. Jarass*, Wirtschaftsverwaltungsrecht, 3. A., 1997, § 1, Rz. 6.

eingreifen konnte und sollte.[329] Angesichts der planerischen wie finanziellen Grenzen, an die staatliche Leistungsfähigkeit zunehmend stößt, ist andererseits spätestens seit den 1980er Jahren wieder eine starke Tendenz des Staates zum Rückzug aus Wirtschaftsabläufen, sowie eine Verantwortungsverlagerung insbesondere im infrastrukturellen Sektor hin zur privaten Wirtschaft zu beobachten (Privatisierungen des Fernmeldewesens, der Bahn etc.). – Mehr und mehr erstarkt erneut die Idee einer Politik eines *Laissez-Faire*, nach der das „freie Spiel der Kräfte" gegenüber jeglicher, als regulierend und paternalistisch empfundener, staatlicher Einflussnahme - quasi einem Naturgesetz folgend - eine Maximierung gemeinschaftlichen Wohlstandes herstelle. Hierfür mag im Bereich einer akteurhaften Beteiligung am reinen Wirtschaftsleben sowohl eine größere Flexibilität und Sachnähe, als auch eine höhere Effizienz (und damit verbundene Wettbewerbsvorteile) privatwirtschaftlich organisierter Unternehmen gegenüber abstrakter staatlicher Planung sprechen. [330]

Andererseits erscheint es auch bereits in ökonomischer Hinsicht unplausibel, dass ein an der Summe von Individualpräferenzen orientierter Markt automatisch dem gesellschaftlichen Gesamtwohl am besten dienen sollte. Außen vor zu bleiben drohen dabei nämlich insbesondere[331] jene (*öffentlichen*) Güter, welche nicht unmittelbar den einzelnen Konsumenten, sondern nur der *Gemeinschaft als solcher* zugute kommen; dies gilt insbesondere für jene öffentliche Güter, welche ihre der Gemeinschaft zugute kommenden Funktionen (in Form sog. *externer Effekte*) erst langfristig und mittelbar entfalten, wie z.B. Bildung oder Infrastruktur.[332] Somit kann die Wahrnehmung entsprechender Aufgaben aber zwingend auch nur von der *Gemeinschaft als solcher* wahrgenommen werden, da nur diese ein Interesse an einer ihrer Realisierung hat.[333]

Dies gilt umso mehr in jenen Bereichen, in denen sich wirtschaftliche und außerwirtschaftliche Sachbereiche überlagern. Es erscheint höchst fragwürdig, dass die Regeln der Ökonomie auch die Ausgestaltung etwa des kulturellen Sektors vorgeben sollten: Die Sphäre der Güterproduktion und des Wirtschaftsaustausches ist nur eine neben anderen menschlichen Leistungssphären. Was als „Erfolg" eines Gemeinwesens anzusehen ist, ergibt sich nicht zuletzt aus dessen eigener Definition, sprich bestimmten Wertungen. Diese können sich etwa – wie im Grundgesetz – auf eine starke Stellung des einzelnen Individuums oder auf ein entwickeltes Geistesleben beziehen.[334] Für die Frage des Funktio-

---

[329] Vgl. *H.* Jarass, Wirtschaftsverwaltungsrecht, 3. A., 1997, § 1, Rz. 9ff.

[330] Vgl. *B. Wigger*, Grundzüge der Finanzwissenschaft, 2004, S. 80f.

[331] Zum Problem der möglichen Fehleinschätzung der eigenen individuellen Präferenzen bei „Erfahrungs-„ und „Vertrauensgütern" vgl. *M.-L. Kiefer*, Medienökonomik, 2001, S. 139.

[332] Vgl. *M.-L. Kiefer*, Medienökonomik, 2001, S. 132ff.; *B. Wigger*, Grundzüge der Finanzwissenschaft, 2004, S. 33f.

[333] Vgl. *P. Nagel*, Marktplatz der Ideen, 2003, S. 185; *H. Gundlach*, Die öffentlichrechtlichen Rundfunkunternehmen zwischen öffentlichem Auftrag und marktwirtschaftlichem Wettbewerb, 1998, S. 61ff.

[334] Vgl. *Hoffmann-Riem*, in: E. Benda/ W. Maihofer/ H.-J. Vogel, HdbVerfR, 2. Aufl., 1994, § 7, Rz. 19; vgl. *M.-L. Kiefer*, Medienökonomik, 2001, S. 129.

nierens des Sachbereiches Rundfunk z.B. liegt es viel näher, statt auf ökonomische Kategorien abzustellen, nach einem vielseitigen Programmangebot und einer umfassenden Berichterstattung zu fragen.[335] - Das wirtschaftliche Funktionieren eines bestimmten Sachbereichs impliziert nicht notwendig seine auch sachliche (ästhetische, intellektuelle etc.) Leistungsfähigkeit.[336]
Gegen eine liberalistische Staatskonzeption spricht im übrigen auch die den Menschen in den Mittelpunkt stellende Konzeption des Grundgesetzes und seiner Grundfreiheiten. Als „frei“ kann nur derjenige gelten, dem eine bestimmte Handlungsmöglichkeit auch real offen steht.[337] Dementsprechend kann man u. a. den Grundrechten ein objektivrechtliches Prinzip entnehmen, nach dem der Staat die potentielle Freiheitsentwicklung seiner Bürger so zu fördern hat, dass die gewährten Freiheiten auch tatsächlich wahrgenommen werden können.[338] Dies gilt grundsätzlich unabhängig davon, ob auch der Staat in seiner Gesamtheit von diesen Fördermaßnahmen profitiert. Zusätzlich lassen sich der Gerechtigkeitsgesichtspunkt (Art. 3 GG) und sozialstaatliche Begründungen heranziehen.[339]
Als Ordnungsmaßstäbe im Bereich des Rundfunks, die der Staat – unter der gebotenen Zurückhaltung[340] - vorgeben kann, kommen bestimmte Sendeinhalte in Frage. Eingebettet in ein grundsätzlich marktorientiertes System lassen sie sich dabei der von *Musgrave* in der Finanzwissenschaft entwickelten Lehre von den *meritorischen Gütern* zuordnen.[341] Danach erfordert der – grundsätzlich funktionierende[342] – freie Markt insbesondere an jenen Stellen Korrekturen, an denen der natürliche Mechanismus von Angebot und Nachfrage insofern versagt, als er bestimmte Interessen unberücksichtigt lässt, die der *Gemeinschaft als solcher* zukommen.[343] Ob und inwiefern den Staat eine Pflicht trifft, mittels des

---

[335] *Hoffmann-Riem* in: E. Benda/ W. Maihofer/ H.-J. Vogel, HdbVerfR, 2. Aufl., 1994, § 7 Rz. 76.

[336] *F. Kübler*, Der „Markt der Meinungen.“, in: Faber, Heiko/ Stein, Ekkehardt (Hg.), Auf einem Dritten Weg, FS Ridder, 1989, S. 119; vgl. auch *H. Schack*, Urheber- und Urhebervertragsrecht, 3. A., 2005, Rz. 5.

[337] *Hoffmann-Riem* in: E. Benda/ W. Maihofer/ H.-J. Vogel, HdbVerfR, 2. Aufl., 1994, § 7, Rz. 1; *Robbers* in: J. Listl/ D. Pirson, HdbStKiR I, 2. A., 1994, S. 867, 876.

[338] *Schulze-Fielitz* in: Dreier, 2. A., 2004, Art. 5 I, II GG, Rz. 218; BVerfGE 7, 198, 204f.; 36, 321, 331.

[339] *v. Campenhausen* in: J. Listl/ D. Pirson, HdbStKiR I, 2. A., 1994, S. 345, 359ff.; *Schulze-Fielitz* in: Dreier, 2. A., 2004, Art. 5 I, II, Rz. 221f.

[340] Zu den notwendigen Freiräumen für innerhalb die der entsprechenden Leistungssphären wirkenden Akteursgemeinschaften und Individuen in ihrem Verhältnis zum Staat und untereinander, vgl. Teil V.

[341] *R. Musgrave*, Finanzen, 6. A., 1994, S. 87ff.; *M.-L. Kiefer*, Medienökonomik, 2001, S. 128ff; vgl. *P. Nagel*, Marktplatz der Ideen, 2003, S. 185.

[342] Zur Unterscheidung zwischen totalem und partiellem Marktversagen, s. *H. Gundlach*, Die öffentlichrechtlichen Rundfunkunternehmen zwischen öffentlichem Auftrag und marktwirtschaftlichem Wettbewerb, 1998, S. 61.

[343] *P. Nagel*, Marktplatz der Ideen, 2003, S. 185; *H. Gundlach*, Die öffentlichrechtlichen Rundfunkunternehmen zwischen öffentlichem Auftrag und marktwirtschaftlichem Wettbewerb, 1998 S. 61.

von ihm auszustattenden öffentlichrechtlichen Rundfunks diese in Form bestimmter, kulturell bedeutsamer Sendeinhalte sicherzustellen, ist Gegenstand der nachfolgenden Erörterungen.

b.) Rundfunk als Bereicherungs- und Ausdrucksmittel des Individuums.

Wie gezeigt, beruht Kultur neben der Gewährleistung von Gemeinschaftlichkeit nicht zuletzt auf individueller Bereicherung sowie der Möglichkeit, den unterschiedlichen individuellen Erfahrungen Ausdruck zu verleihen.

aa. Schutzwürdigkeit.

Diesbezüglich kommt dem Rundfunk – einschließlich der rundfunkähnlichen Kommunikationsdienste – als für die Kommunikationsfreiheiten des Art. 5 I 2 GG wichtigstem Grundrecht eine besonders herausragende Bedeutung zu.[344] Im Gegensatz zu seinen Anfangsjahren hat insbesondere das Fernsehen eine überragende Stellung gegenüber anderen Lebenssachbereichen eingenommen[345]: „Was wir über unsere Gesellschaft, über die Welt, in der wir leben, wissen, wissen wir durch die Massenmedien" (*Luhmann*).[346] Das Medium ist über seine anfängliche, vordergründig berichterstattende Funktion längst hinausgewachsen, es ist zum universalen *Dispositiv* geworden.[347] Dem entspricht es, dass der Gebrauch des Rundfunks von zunehmender Individualisierung geprägt ist.[348] Schon äußerlich hebt eine zunehmende Diversifizierung des Angebots (Zahl der Kanäle, Pay-TV etc.) traditionell kollektive Rezeptionsformen auf. Auch in inhaltlicher Hinsicht folgt aus einer thematischen Erweiterung ein immer enger von der Person des jeweiligen Rezipienten abhängiger Gebrauch.
Als individueller Wahrnehmungsapparat schlechthin vermittelt Rundfunk dem Individuum dabei Denkanstöße und Informationen aller Art (objektive Information ebenso wie Unterhaltendes) und aller Lebensbereiche (neben Politik und Ökonomie des Arbeitslebens, der Freizeit und Erholung, der Werbung[349], der

---

[344] Vgl. *Hoffmann-Riem* in: AK-GG, 2001, Art. 5 I, II Rz. 3, 4, 13f.

[345] Dies spiegelt sich auch in der Rundfunkrechtsprechung des BVerfGs wider: War es in der früheren Rechtsprechung stets der Beitrag zur *(öffentlichen) Meinungsbildung* (BVerfGE 12, 205, 260) so ist es in der 3. Rundfunkentscheidung nun die freie *individuelle und öffentliche* Meinungsbildung, die der Rundfunk zu gewährleisten habe (BVerfGE 57, 295, 319). In den Ausführungen des BVerfG kommt hier ein sich wandelndes Verständnis der Rolle, die der Rundfunk in der modernen Gesellschaft spielt, zum Ausdruck (vgl. noch *A. Hesse*, Zur aktuellen Entwicklung des Rundfunkrechts, BayVBl. 1997, 132, 143; *M. Eifert*, Konkretisierung des Programmauftrags des öffentlich-rechtlichen Rundfunks, 2002, S. 21). - Auch in der 8. Rundfunkentscheidung (BVerfG 90, 60) betont und verstärkt das Gericht abermals die besondere Bedeutung des Rundfunks für das Individuum: Art. 5 I 2 GG diene der der freien individuellen und öffentlichen Meinungsbildung. Diese sei Voraussetzung "sowohl der Persönlichkeitsentfaltung", als auch der demokratischen Ordnung..

[346] *N. Luhmann*, Realität der Massenmedien, 2. A., 1996, S. 151.

[347] Vgl. *K. Hickethier*, Medienwissenschaft, 2003, S. 186, 376.

[348] *K. Hickethier*, Medienwissenschaft, 2003, S. 232.

[349] *H. Gundlach*, Die öffentlichrechtlichen Rundfunkunternehmen zwischen öffentlichem Auftrag und marktwirtschaftlichem Wettbewerb, 1998, S. 66 m. N.

Technik, der Medizin, des Rechts, sowie der klassischen Kulturbereiche Kunst, Wissenschaft und Bildung, der Religion etc.)[350].
Der Rezipient schöpft dabei Gewinn aus Inhalten, die die persönliche Entfaltung im Privat- oder Intimbereich, ebenso wie die soziale Wirklichkeitskonstruktion betreffen. Zu letzterer gehören *in der Bevölkerung akzeptierte Werte, gesellschaftliche Stereotypen, Plausibilitätsstrukturen der Bürger, ebenso wie die Art der von ihnen wahrgenommenen Bedürfnisse.*[351]
Der Rezipient gewinnt somit zum einen seiner Umwelt gegenüber an Souveränität, indem ihn die mediale Erweiterung befähigt, über das Hier und Jetzt und sein unmittelbares Umfeld hinauszuschauen und ihn in seinen individuellen Handlungs- und Denkmöglichkeiten erweitert.[352] Dabei kommt dem einzelnen die Einbindung in das erweiterte Umfeld in sinnstiftender, orientierungserleichternder, sowie Alltagsinteraktion ermöglichender Weise zugute, indem er an die Erkenntnisse und Verhaltensstrategien der Gemeinschaft angebunden wird. Ebenso wie auf rezeptiver Ebene bestehen umfassende Möglichkeiten und Verpflichtungen des Rundfunks, innovative Erkenntnisse und Impulse einzelner in die Gesellschaft zu reflektieren und diese ihrerseits zu bereichern.[353] Rundfunkkommunikation erfüllt somit – zunächst unabhängig von konkreten Inhalten - eine wichtige kulturelle Funktion, indem sie den gedanklichen Austausch zwischen Individuum und Gemeinschaft befördert. Den entsprechenden Interessen umfassender informativer Einbindung der Individuen in die Gemeinschaft entspricht die universale Schutz- und Förderungswirkung des Art. 5 I 2 GG.[354]

bb. Öffentlichrechtlicher Rundfunk.
Zu untersuchen bleibt, ob die entsprechenden Inhalte auch von einem öffentlich-rechtlichen Rundfunk gewährleisten werden müssen.

aaa. Rechtfertigungsbedarf.
Entgegen der neo-liberalen Kritik am Leistungs- und Partizipationsstaat ist dessen Antwort auf das Bedürfnis des Menschen nach Vermittlung einer zivilisatorischen Ordnung kein Dirigismus.[355] Die gewährte bundesrepublikanische Ordnung ist eine freiheitliche und als solche grundsätzlich von staatlicher Zurückhaltung geprägt: Teilweise wird ausdrücklich ein für jegliches staatliche Han-

---

[350] *Hoffmann-Riem* in: AK-GG, 2001, Art. 5 I, II Rz. 10, 11, 148; *Schulze-Fielitz* in: Dreier 2. A., 2004, Art. 5 I, II, Rz. 40; siehe noch *Herzog* in Maunz/ Dürig, Stand: 43. Erg.-Lfg., Feb. 2004, Art. 5 I, II, Rn. 7f., 54 86; *Schmidt-Jortzig* in: J. Isensee/ P. Kirchhof, HStR VI, 2. A., § 141 Rn. 1.
[351] *Hoffmann-Riem* in: AK-GG, 2001, Art. 5 I, II Rz. 11; vgl. BVerfGE 90, 60, 87; 57, 295, 319 sowie Teil II oben.
[352] *K. Hickethier*, Medienwissenschaft, 2003, S. 232f., 235.
[353] Vgl. *M. Kops*, Nachfragemängel, 1996, S. 24.
[354] *Hoffmann-Riem* in: AK-GG, 2001, Art. 5 I,II, Rz. 12; vgl. für Art. 10 I EMRK, *Schulze-Fielitz* in: Dreier, 2. A., 2004, Art. 5 I, II, Rz. 10.
[355] Vgl. z.B. *H. Never*, Meinungsfreiheit, Wettbewerb und Marktversagen im Rundfunk, 2002, S. 134f.

deln geltendes „Subsidiaritätsprinzip“ angenommen, im Rahmen dessen der Staat grundsätzlich erst in jenen Bereichen aktiv werden darf, in dies denen aufgrund einer mangelnden Aufgabenerfüllung durch Individuen bzw. die „Kräfte der Gesellschaft“ erforderlich erscheint.[356] Spätestens dort, wo in Grundrechte eingegriffen wird, besteht für staatliches Handeln ein konkretes Rechtfertigungsbedüfnis.[357]
Rundfunk findet, schon aufgrund der finanziellen Anreize, die seine Veranstaltung bietet, auch ohne den Staat oder von diesem eingeschaltete Dritte statt.[358] Trotz einer generell zurückhaltenden Einschätzung der Rechtsprechung bezüglich des Schutzes privater Unternehmen gegen hoheitliche Konkurrenz aus Art. 12 Abs. 1 GG[359] lässt sich somit zum einen vertreten, dass die Existenz eines öffentlichrechtlichen Rundfunks in das Recht der privaten Rundfunkveranstalter aus Art. 12 GG eingreift.[360] Zumindest lässt sie sich als eine mittelbare Belastung mit ebenfalls gesondertem Rechtfertigungsbedarf ansehen.[361] Darüber hinaus stellt das System des gebührenfinanzierten, öffentlichrechtlichen Rundfunks - unabhängig vom nach wie vor umstrittenen Rechtscharakter[362] der Rundfunkgebühren – eine finanzielle Belastung für den Besitzer eines Rundfunkempfanggeräts und somit den größten Teil der Bevölkerung dar[363], die als solche ebenfalls der Rechtfertigung bedarf.
Vor allem aber übt die Institution des öffentlichrechtlichen Rundfunks maßgeblichen Einfluss auf den Sachbereich der öffentlichen Meinungsbildung und das Kulturgut Rundfunk aus. Zwar muss sich eine teilweise Aufgabenzuweisung an den öffentlichrechtlichen Rundfunk grundsätzlich nicht an den Voraussetzungen, die für einen *Eingriff* in den Normbereich gelten, messen lassen: Die Organisationsregeln über den öffentlichrechtlichen Rundfunk beschränken als sog. Ausgestaltungsgesetze nicht, sondern verwirklichen nach gängiger Auffassung

---

[356] *Th. Oppermann*, Subsidiarität im Sinne des Deutschen Grundgesetzes, in: *K. Nörr/ Th. Oppermann*, Subsidiarität und Wirklichkeit., Tübingen 1997, S. 218ff; *R. Zippelius*, Allgemeine Staatslehre, 14. A., 2003, S. 132f.; a. A.: *R. Stober*, Allgemeines Wirtschaftsverwaltungsrecht, 14. A., Stuttgart 2004, § 12, I 1.

[357] *Th. Oppermann*, Subsidiarität im Sinne des Deutschen Grundgesetzes, in: *K. Nörr/ Th. Oppermann*, Subsidiarität und Wirklichkeit, 1997, S. 218ff., 220.
H. Tilch, Deutsches Rechts-Lexikon, Bd. 3, 1992, „Subsidiaritätsprinzip“.

[358] Die Vereinigten Staaten etwa verlassen sich daher fast ganz auf eine Grobkontrolle der Einhaltung von Minimalstandards inhaltlicher Vielfalt durch die *Federal Communications Commission* (FCC) und damit auf ein - bis auf das bedeutungslose *public television* – fast vollständig außenplurales Modell. – Staatliche Regulierung wird dabei als schädlicher, ja vermessener Versuch gesehen, den öffentlichen Diskurs auf dem *Marketplace of Ideas* beeinflussen oder steuern zu wollen. Man verlässt sich ganz auf eine Politik des *Laissez-faire*; vgl. *P. Nagel*, Marktplatz der Ideen, 2003, S. 40ff.

[359] *H. Jarass*, Wirtschaftsverwaltungsrecht, 3. A., 1997, S. 202f.

[360] *M. Bullinger*, Die Aufgaben des öffentlichen Rundfunks, 1999.

[361] Vgl. *Vesting* in: W. Hahn/ ders., Rundfunkrecht, 2003, Einf., Rz. 53; BVerfGE 101, 361, 389f.

[362] Vgl. *Göhmann* in: W. Hahn/ T. Vesting, Rundfunkrecht, 2003, § 2 RGebStV, Rz. 5.

[363] Vgl. *Libertus* in: W. Hahn/ T. Vesting, Rundfunkrecht, 2003, § 12, Rn. 12ff.

den Schutzbereich des Art. 5 I 2 GG.[364] Andererseits bedarf auch ausgestaltendes staatliches Handeln der gesonderten Begründung: Dies gilt insb. im Rahmen des Art. 5 I 2 GG, der seiner Intention nach jegliche hoheitliche Einflussnahme auf die Massenmedien möglichst vermeiden will. Nicht der Staat soll entscheiden, welche Inhalte die Bürger rezipieren, sondern (staats-)freie und unabhängige Medien sollen ein umfassendes Angebot bieten. – Insofern sind die allgemeinen, großzügigeren Regeln, wie sie für staatliche wirtschaftliche Eigenbetätigung gelten[365], nicht anwendbar. Jegliches, auch das grundrechtsausgestaltende Staatshandeln im Bereich des Art. 5 I 2 GG ist vielmehr nur unter engen Voraussetzungen zulässig.[366] - Für die Presse etwa wäre gegenwärtig kein dem Rundfunk vergleichbares Modell denkbar; dass für den Rundfunk andere Regeln gelten, kann seine Legitimation erst aus den hier geltenden Besonderheiten beziehen.[367]

Dementsprechend haben die öffentlichrechtlichen Rundfunkanstalten Anspruch auf finanzielle Mittelausstattung grundsätzlich nur, soweit dies zur Erfüllung ihrer Aufgaben (also der Sicherstellung der von Art. 5 I 2 GG geforderten medialen (Grund-)Versorgung) erforderlich ist[368].[369]

Eine entsprechende Rechtfertigung kann sich dabei stets nur dadurch ergeben, dass die Funktionsgewährleistung des Mediums Rundfunk, d. h. die Erfüllung des Zuweisungsgehalts des Art. 5 I 2 GG, nur und in verhältnismäßiger Art und Weise mittels des öffentlichrechtlichen Rundfunks gewährleistet werden kann.[370]

bbb. Marktversagen.

Entscheidenste Voraussetzung für die besprochene Funktionserfüllung des Rundfunks ist die Gewährleistung von *Vielfalt*.[371] Dies gilt in gegenständlicher, qualitativer, wie tendenzieller Hinsicht.[372] Bezüglich des letzteren Aspektes kann allein ein öffentlichrechtlicher Rundfunk sicherstellen, dass in der Gesamtheit der angebotenen Inhalte alle politischen Tendenzen zum Ausdruck kom-

---

364 Vgl. *Schulze-Fielitz* in: Dreier, GG, 2. A., 2004, Art. 5 I, II, Rz. 133; vgl. BVerfGE 57, 295, 320; 83, 238, 296; 90, 60, 88.

365 Vgl. hierzu *H. Jarass*, Wirtschaftsverwaltungsrecht, 3. A., 1997, S. 202f.

366 Vgl. Schule-Fielitz in: Dreier, Art. 5 I, II Rn. 127, 215.

367 *Hoffmann-Riem* in: E. Benda/ W. Maihofer/ H.-J. Vogel, HdbVerfR, 2. Aufl., 1994, § 7, Rz. 17.

368 Vgl. BVerfGE 87, 181.

369 In Abgrenzung zu den Funktionserfüllungen des privaten Rundfunks wird somit der dem öffentlichrechtlichen Rundfunk obliegende, verfassungsrechtliche Programmauftrag im Sinne eines Erforderlichkeitskriteriums durch jene Programmbereiche bis zu einem gewissen Grad begrenzt, die bereits von den privaten Rundfunkveranstaltern erfüllt werden können. Ein weiters, hier nicht behandeltes Problemfeld stellt allerdings die sog. Zusatzversorgung dar.

370 *M. Kops*, Nachfragemängel, 1996, S. 21.

371 *Vesting* in: W. Hahn/ T. Vesting, Rundfunkrecht, 2003, Einf Rz. 50.

372 BVerfGE 73, 118, 158; 74, 197, 346; 90, 60, 90; *M. Kops*, Nachfragemängel, 1996, S. 24 m. w. N.; vgl. *T. Vesting*, Prozedurales Rundfunkrecht, 1997, S. 283

men.[373] Obgleich bewusst wahrheitswidrige Berichterstattung die Ausnahme darstellen wird[374], sind Gefährdungen dahin, dass auch vorsätzlich Einfluss auf die geistige Verfasstheit der Gesellschaft genommen werden könnte (Verzerrungs- und Manipulationsgefahr), nicht von der Hand zu weisen.[375] Insbesondere aufgrund der mangelnden Qualitätstransparenz[376] lassen sich durch tendenziöse Auswahl und Aufbereitung der Programminhalte einzelne Beiträge oder das Gesamtprogramm in subtiler Weise in den Dienst spezifischer Interessen stellen.[377]

Entsprechende Entwicklungen aber lassen sich am wirkungsvollsten durch ein aktives Alternativprogrammangebot, statt durch Missbrauchstatbestände verhindern.[378] Sowohl was die Qualität der Programmbeiträge, als auch die Verlässlichkeit des Mediums in Zeiten der Krise angeht, ist eine aktive Mitgestaltung des Kommunikationsangebots durch einen objektiver und umfassender Berichterstattung verpflichteten, pluralistisch ausgestalteten öffentlichrechtlichen Rundfunk jedem anderen Rundfunkmodell überlegen[379].

Demgegenüber kann ein System hoheitlich überwachten, ausschließlich privaten Rundfunks keine echte Tendenzfreiheit und Meinungsvielfalt garantieren. Zur Sicherstellung eines seinen Inhalten wie seiner Tendenz nach umfassenden Rundfunkangebotes ist insb. ein *positives* Angebot bestimmter Inhalte erforderlich.[380] Ein Rundfunkmodell, in dem die privaten Veranstalter etwa mittels eines Systems von Untersagungsverfügungen und Auflagen zu dem erwünschten, umfassenden Programmangebot angehalten würden, könnte jedenfalls keine vergleichbare Wirkung wie das öffentlichrechtliche Rundfunkmodell haben, wenn nicht der organisatorische Überwachungsaufwand unvertretbar hoch ausfallen soll.[381]

---

373 BVerfG 73, 118, 155, 158; 90, 60, 90; *M. Kops*, Nachfragemängel, 1996, S. 25 m. N.

374 Vgl. *H. Gundlach*, Die öffentlichrechtlichen Rundfunkunternehmen zwischen öffentlichem Auftrag und marktwirtschaftlichem Wettbewerb, 1998, S. 72.

375 Mit Beispielen: *K. Hickethier*, Medienwissenschaft, 2003, S. 96f; vgl. ferner *C. Spallek*, Perspektiven des öffentlichrechtlichen Rundfunks, 2001, S. 10. Vgl. auch etwa die Rolle Hugenbergs im Zusammenhang mit dem Aufstieg der Nazis.

376 *J. Heinrich*, Medienökonomie, Band 1, 1994, S. 101ff.; *H. Gundlach*, Die öffentlichrechtlichen Rundfunkunternehmen zwischen öffentlichem Auftrag und marktwirtschaftlichem Wettbewerb, 1998, S. 69.

377 *C. Spallek*, Perspektiven des öffentlichrechtlichen Rundfunks, 2001, S. 10

378 Vgl. *W. Hoffmann-Riem* in E. Benda/ W. Maihofer/ H.-J. Vogel, HdbVerfR, 2. Aufl., 1994, § 7 Rz. 98, 101.

379 Mit der Feststellung des Marktversagens allein ist nämlich noch keine Aussage über die Art und Weise der Kompensation getroffen; zu denken ist etwa an ein Auflagensystem etc., vgl. *H. Gundlach*, Die öffentlichrechtlichen Rundfunkunternehmen zwischen öffentlichem Auftrag und marktwirtschaftlichem Wettbewerb, 1998, S. 59.

380 Vgl. *W. Hoffmann-Riem* in E. Benda/ W. Maihofer/ H.-J. Vogel, HdbVerfR, 2. Aufl., 1994, § 7 Rz. 98, 101.

381 *Hoffmann-Riem* in: E. Benda/ W. Maihofer/ H.-J. Vogel, HdbVerfR, 2. Aufl., 1994, § 7 Rz. 93f.

Dabei ist auch zu berücksichtigen, dass entsprechende Aufsichtsmaßnahmen ihrerseits die subjektivrechtliche Freiheit der Meinungsäußerung der Privaten ebenso wie ihre wirtschaftliche Aktionsfreiheit beeinträchtigten.[382]
Im Übrigen ist davon auszugehen, dass auch in gegenständlicher und qualitativer Hinsicht ein sich selbst überlassener Rundfunkmarkt keine Vielfalt gewährleisten könnte. Ursache hierfür ist – wie vom Bundesverfassungsgericht in mittlerweile ständiger Rechtsprechung betont - die Werbefinanziertheit des privaten Rundfunks. Diese hat zur Folge, dass vor allem jene Programme angeboten werden (können), welche eine möglichst große Zuschauerzahl versprechen.[383] Im Gegensatz zu anderen Medien wie etwa dem Buchsektor – in dem der Erfolg des einen, dem Druck des anderen, weniger massenwirksamen Werkes grundsätzlich nicht entgegensteht - steht der einzelne Beitrag im Rundfunk[384] unter dem steten Druck, den von ihm beanspruchten Sendeplatz gegenüber anderen Beiträgen mit höheren Einschaltquoten rechtfertigen und behaupten zu müssen.[385] Beides führt dazu, dass solche Sendegegenstände, welche nur die Interessen von Minderheiten ansprechen, wie u. a. „hochkulturelle“ Programminhalte, in einer zunehmend auf momentane Aufmerksamkeitserregung hin orientierten Medienlandschaft außen vor bleiben müssen.[386] Verschärft wird diese Problemlage noch dadurch, dass gerade solche Sendegegenstände, welche nur eine kleine Minderheit ansprechen, oft besonders hohe Kosten verursachen (Sinfonieorchester etc.)
Demgegenüber rücken *Aufmerksamkeit* erregende Themen einseitig in den Vordergrund: Hierunter fallen etwa Inhalt und Aufmachung nach „reißerische“ Boulevardthemen und insbesondere gewaltsame Ereignisse und Inhalte, da diese beim Menschen besonders starke Affekte auslösen und daher eine besonders große Aufmerksamkeitswirkung erzielen.[387] Selbst die Darstellung wissenschaftlicher Themen bleibt hiervon nicht unberührt. Neue Programmformate vermischen wissenschaftliche Fakten und Fiktion und erzeugen so Zerrbilder der Wirklichkeit. [388]Zumindest langfristig ist zu befürchten, dass nicht alle Men-

---

[382] Vgl. *Hoffmann-Riem* in: E. Benda/ W. Maihofer/ H.-J. Vogel, HdbVerfR, 2. Aufl., 1994, § 7, Rz. 90. Nicht ohne Grund ist bereits der Gedanke eines „gesellschaftlichen Beirates“ oder ähnlicher Institutionen bei den betroffenen privaten Medienunternehmen auf wenig Resonanz gestoßen.

[383] BVerfGE 73, 118, 155ff.; *Hoffmann-Riem* in: E. Benda/ W. Maihofer/ H.-J. Vogel, HdbVerfR, 2. Aufl., 1994,§ 7, Rz. 79; *K. Hickethier*, Medienwissenschaft, 2003, S. 239.

[384] – nicht zuletzt aufgrund der hohen Produktionskosten -

[385] *Hoffmann-Riem* in: E. Benda/ W. Maihofer/ H.-J. Vogel, HdbVerfR, 2. Aufl., 1994, § 7, Rz. 79.

[386] *G. Franck*, Ökonomie der Aufmerksamkeit, 1998, S. 147ff.

[387] *D. S. Massey*, The Origin and Role of Emotion in Social Life, in: American Sociological Review, Vol. 67 (2002), S. 22; *H. Gundlach*, Die öffentlichrechtlichen Rundfunkunternehmen zwischen öffentlichem Auftrag und marktwirtschaftlichem Wettbewerb, 1998, S. 65.

[388] Hierzu gehören etwa solch hoch-spekulative Fragen danach, wie wohl ein Kampf zwischen einem Dinosaurier und einem „feuerspeienden Drachen“ ausgegangen wäre oder zu welchen Lebensformen die Evolution (möglicherweise) in 10 Mio. Jahren gefunden haben wird.

schen in der Lage sein werden, Realität und Fiktion hinreichend voneinander zu trennen.
Gleichzeitig sind Angebotsverknappungen in jenen Bereichen zu befürchten, wo Rezipienten Informationen zurückweisen, weil diese Unlust auslösen, wie kritische und dissonante Inhalte[389]. Gerade die Auseinandersetzung mit unbequemen, sachlich anspruchsvollen und kontroversen Themen ist jedoch essentieller Teil der Funktionserfüllung des Mediums. Dies gilt namentlich für politisch relevante Inhalte.[390]
Die entsprechenden Probleme würden auch durch eine (möglicherweise mittelfristig bevorstehende) vollständige Verlagerung zu einem System des Pay-TV nicht aus der Welt geschafft.[391] Im Gegenteil: Im Rahmen eines Vollprogrammangebots finanzieren die massenwirksamen Sendeinhalte zu einem gewissen Grad die weniger ertragreichen Programmbestandteile mit. Bei einer Segmentierung der Programmangebote in Form einzelfinanzierter Spartenkanäle besteht jedoch die Gefahr, dass dies die Preise für die Minderheitenkanäle noch in die Höhe treiben würde, was wiederum einen noch kleineren Rezipientenkreis begründen und somit zu einer weiteren Ausdünnung des Angebots führen würde.[392]
Ebenfalls problematisch ist, dass für die Werbeindustrie uninteressante Zielgruppen wie Einkommensschwache oder die – ihre Konsumgewohnheiten nicht mehr ändernde und daher für die Werbeindustrie uninteressante – ältere Bevölkerung bei der Programmgestaltung vernachlässigt werden.[393]
Auch in qualitativer Hinsicht ist ein nach rein wirtschaftlichen Gesichtspunkten ausgerichtetes Mediensystem verfassungsrechtlich bedenklich. Dies gilt vor allem in Hinblick auf die – für den Rezipienten nicht überprüfbare - Einhaltung solcher professioneller journalistischer Standards wie Gründlichkeit der Recherchetätigkeit, Vollständigkeit und Rechtmäßigkeit der Berichterstattung, Bereitschaft, auch differenzierte Themen anzubieten, einschließlich des korrespondierenden Glaubwürdigkeitsgrades der Informationen.[394] - Die marktwirtschaftliche Kalkulation, dass das freie Spiel von Angebot und Nachfrage ein optimales Versorgungsangebot an einem bestimmten Gut herstelle, kann allenfalls dann

---

389 *H. Gundlach*, Die öffentlichrechtlichen Rundfunkunternehmen zwischen öffentlichem Auftrag und marktwirtschaftlichem Wettbewerb, 1998, S. 59.

390 BVerfG 73, 118, 152; 90, 60, 87; *H. Gundlach*, Die öffentlichrechtlichen Rundfunkunternehmen zwischen öffentlichem Auftrag und marktwirtschaftlichem Wettbewerb, 1998, S. 64.

391 So aber wohl *H. Never*, Meinungsfreiheit, Wettbewerb und Marktversagen im Rundfunk, 2002, S. 130.

392 Vgl. *Hoffmann-Riem* in: E. Benda/ W. Maihofer/ H.-J. Vogel, HdbVerfR, 2. Aufl., 1994, § 7, Rz. 85.

393 *Hoffmann-Riem* in: E. Benda/ W. Maihofer/ H.-J. Vogel, HdbVerfR, 2. Aufl., 1994, § 7, Rz. 79.

394 *H. Gundlach*, Die öffentlichrechtlichen Rundfunkunternehmen zwischen öffentlichem Auftrag und marktwirtschaftlichem Wettbewerb, 1998, S. 68, *J. Heinrich*, Medienökonomie, Band 1, 1994, S. 101ff.; vgl. *Hoffmann-Riem* in: E. Benda/ W. Maihofer/ H.-J. Vogel, HdbVerfR, 2. Aufl., 1994 § 7, Rz. 84; vgl. *C. Spallek*, Perspektiven des öffentlichrechtlichen Rundfunks, 2001, S. 11f.

aufgehen, wenn die Konsumenten die Qualität des nachgefragten Gegenstandes zutreffend beurteilen können. Dies ist aber bei dem „Konsumgegenstand Information“ als klassischem *Vertrauensgut* gerade nicht der Fall. Denn um beurteilen zu können, ob er umfassend informiert ist, müsste der Rezipient bereits über umfassendes Meinungsbildungsmaterial verfügen. Dementsprechend sichert die Nachfrage allein aber gerade kein optimales Angebot.[395]

Dies gilt umso mehr unter verschärften Wettbewerbsbedingungen, einem immer unübersichtlicher werdenden Informationsangebot[396], sowie einer vermehrt zu beobachtenden Aufhebung des Grundsatzes der Trennung zwischen wirtschaftlicher Unternehmensleitung und Publizistik.[397] Ein allein dem freien Spiel des Marktes überlassener Rundfunkmarkt birgt somit die Gefahr, zu einer gegenständlich wie qualitativ defizitären Versorgungssituation zu führen und ein insgesamt verzerrtes Bild medialer Wirklichkeit[398] zu erzeugen.

Die dabei entstehenden Defizite wiegen unter anderem deshalb besonders schwer, weil die entsprechenden, vernachlässigten Sendegegenstände für die Rezipienten häufig eine besonders hohe individuelle Bedeutung besitzen.[399] Die Bedeutung der Programminhalte für den Rezipienten, der Grad seines Interesses an den gebotenen Inhalten sowie die Akzeptanz, die die gebotenen Inhalte bei den Zuschauern und Zuhörern finden, bleiben jedoch bei einer rein an Einschaltquoten orientierten Angebotsausrichtung völlig außen vor.[400]

Es stehen in Deutschland auch keine anderen Mechanismen zur Verfügung, die ein vielfältiges, insb. kulturelle Belange berücksichtigendes Angebot verbürgen könnten. Was an hoheitlichem Handeln innerhalb eines bestimmten Sachbereiches erforderlich ist, bemisst sich nach den diesen bestimmenden Faktizitäten. In den USA etwa wird zumindest ein Teil an kultureller Daseinsvorsorge auf freiwilliger Basis durch finanzkräftige Private erbracht. – Die großen Hollywood-Studios beispielsweise produzieren zumindest gelegentlich (qualitativ hochwertige) Filme, bei denen sie von vorneherein davon ausgehen, mit ihnen keinen Gewinn erzielen zu können. Auch andere kulturelle Sektoren (Musik, Theater etc.) profitieren von einer entwickelteren Kultur des Mäzenatentums. Demgegenüber stehen in Deutschland traditionell und dem eigenen Selbstverständnis nach in viel geringerem Maße entsprechende Strukturen zur Verfügung, die zumindest eine teilweise Verantwortungsverlagerung auf den privaten Sektor als wahrscheinlich erscheinen lassen.

Die entsprechenden (durch Nachfragemängel begründeten[401]) *Angebots*mängel im Rundfunkbereich rechtfertigen die gebührenfinanzierte, öffentlichrechtliche Ausgestaltung des Kulturgutes Rundfunk gegenüber einem vollständig markt-

---

395 Vgl. *M.-L. Kiefer*, Medienökonomik, 2001, S. 139.
396 *B. Holznagel*, Funktionsauftrag des ZDF, 1999 , S. 38.
397 Vgl. *Hoffmann-Riem* in: E. Benda/ W. Maihofer/ H.-J. Vogel, HdbVerfR, 2. Aufl., 1994, § 7, Rz. 89.
398 Vgl. *K. Hickethier*, Medienwissenschaft, 2003, S. 34.
399 Vgl. *H. C. Greene*, Entscheidung und Verantwortung, 1970, S. 100f.
400 *K. Hickethier*, Medienwissenschaft, 2003, S. 176f.
401 Wohl anders *M. Kops*, Nachfragemängel, 1996, S. 1ff.

orientierten Modell. Ein von finanziellen Zwängen zumindest partiell freier öffentlichrechtlicher Rundfunk vermag insbesondere positive Qualitätsstandards für das gesamte Mediensystem zu setzen und auf ein innovatives, qualitativ hochwertiges Gesamtprogrammangebot hinzuwirken („Innovations- und Leitbildfunktion").[402]
In Hinsicht auf die Gebührenbelastung ist dabei insbesondere zu berücksichtigen, dass eine finanzielle Belastung der Allgemeinheit (zumindest zu einem hohen Grad) auch bei einem System werbefinanzierten Rundfunks stattfindet: Der zum Betrieb von Rundfunkstationen, Produktionen und Rechteerwerb nötige finanzielle Aufwand wird von den Rundfunkunternehmen (zuzüglich der eigenen Gewinnmarge) auf die bei ihnen werbenden Wirtschaftsunternehmen umgelegt, welche ihre Kosten wiederum in Form höherer Produktpreise auf den Verbraucher übertragen.[403]
Verfassungsrechtliche Grundlage für die Sicherstellung eines entsprechenden Rundfunkangebots ist neben Art. 5 I 2 GG letztlich die Summe der im Grundgesetz enthaltenen Grundrechte, namentlich Art. 1 I, 2 I[404] und 3 I GG.

c.) Kultur als Gemeinschaft.

Menschliche Entwicklung ist ohne eine funktionsfähige Gemeinschaft, die Interaktion und Institutionalisierung ermöglicht, nicht vorstellbar. Wesentliche Voraussetzungen für einen funktionierenden sozialen Organismus sind insbesondere die Verhaltensabstimmung (*Kohärenz*)[405] und der innere geistige Zusammenhalt (*Kohäsion*)[406]. Somit ist zu überlegen, ob dem Staat eine verfassungsrechtliche Pflicht obliegt, ein Angebot bestimmter, dem entsprechenden Zusammenhalt und dem Zusammenwirken der innerstaatlichen Gemeinschaft förderliche Gegenstände mittels eines öffentlichrechtlichen Rundfunks zu gewährleisten.

aa. Innergesellschaftliche Kommunikationsstrukturen.

Dem öffentlichrechtlichen Rundfunk könnte dabei – unabhängig von spezifischen Inhalten - zunächst schon insofern eine kulturelle Rolle zukommen, als dass er schlicht das derzeit wichtigste Kommunikationsmedium darstellt.

aaa. Förderungswürdigkeit.

Als solches versorgt der Rundfunk die Menschen in der Bundesrepublik einheitlich mit Informationen aller Art. Er stellt damit eine gemeinsame Basis rezipierter Medieninhalte in der Bevölkerung her, wodurch innergemeinschaftliche

---

[402] *C. Spallek*, Perspektiven des öffentlichrechtlichen Rundfunks, 2001, S. 84, 92.
[403] *K. Hickethier*, Medien-Aufmerksamkeit, 2002, S. 7.
[404] Vgl. *R. Ricker/ P. Schiwy*, Rundfunkverfassungsrecht, 1997, B 79 m. w. N.
[405] *K. Hansen*, Kultur und Kulturwissenschaft, 2. Aufl., 2000, S, 247.
[406] *K. Hansen*, Kultur und Kulturwissenschaft, 2. Aufl., 2000, S. 247; *Blanke* in: C. Callies/ M. Ruffert, EUV/EGV, 2. Aufl., 2002 Art. 151 EGV Rz. 3.

Interaktionsfähigkeit (*Kohärenz*) sowie innerer Zusammenhalt des Gesellschaftsganzen (*Kohäsion*) gefördert wird. [407]
Dies betrifft zunächst die Formen, in denen Kommunikation selbst stattfindet: Gedanklicher Austausch bedarf der Standardisierung der verwendeten Zeichen und Codes. Hierunter fällt die Sprache im engeren Sinne ebenso wie andere Formen der Codierung (Verhaltensweisen etc.). Indem der Rundfunk eine gemeinsame Rezeptionsbasis herstellt, ermöglicht er die Verständigung über die Standardisierung der zur Kommunikation verwendeten Zeichen.
Einheitliche Kommunikationsformen ermöglichen wiederum innergesellschaftliche Interaktion[408]: Sie befördern sowohl das funktionale Ineinandergreifen der verschiedenen Teile der Gesellschaft, als auch die innergesellschaftliche Konsensbildung über akzeptierte Verhaltensweisen, zu erreichende Ziele etc.[409] Es werden Querverbindungen zwischen gesellschaftlichen Teilbereichen hergestellt, die anderenfalls nicht oder kaum miteinander in Berührung kämen.[410] Randgruppen wird ermöglicht, ihre Anliegen – nicht zuletzt auch mittels Unterhaltungs- und Fiktionssendungen[411] - in die Gesellschaft einzubringen[412] (sog. *Forumsfunktion* [413]). Indem Rundfunk somit integrierend wirkt, kommt ihm nicht zuletzt eine gerechtigkeitsfördernde, ausgleichende und damit auch sozialstaatliche Wirkung zu[414 415].
Gleichzeitig fördert Rundfunk den inneren Zusammenhalt der Gesellschaft (*Kohäsion*[416]): Abstimmungen in Sprache und Verhalten erzeugen ein Gefühl der Zusammengehörigkeit, das sich durch parallele Normen- und Wertbildungen noch verstärkt.[417] Gleiche Rezeptionserlebnisse führen zu gemeinsamen Interessen und Gesprächsthemen und schaffen kommunikative Anknüpfungspunkte.[418]

---

[407] Vgl. BVerfGE 31, 314, 329: „integrierende Funktion fürs Staatsganze".
[408] Vgl. *W. Hoffmann-Riem*, Mediendemokratie als Herausforderung, Der Staat 2003, 193, 199.
[409] Vgl. *K. Hansen*, Kultur und Kulturwissenschaft, 2. Aufl., 2000, S.247; *C. Spallek*, Perspektiven des öffentlichrechtlichen Rundfunks, 2001, S. 6f.; *C. Holtz-Bacha*, Das fragmentierte Medienpublikum, in: Aus Politik und Zeitgeschichte B42/97, S. 13ff., S.15f.; vgl. *W. Hoffmann-Riem*, Mediendemokratie als Herausforderung, Der Staat 2003, S. 199; *H.-J. Giegel*, Kommunikation und Konsens in modernen Gesellschaften, 1992, S. 7, 10; *J. Habermas*, Theorie des kommunikativen Handelns, 1981.
[410] *R. Münch*, Dialektik der Kommunikationsgesellschaft, 1991, S. 15.
[411] *M. Eifert*, Konkretisierung des Programmauftrag des öffentlichrechtlichen Rundfunks, 2002, S. 23f.
[412] *C. Spallek*, Perspektiven des öffentlichrechtlichen Rundfunks, 2001, S. 8; vgl. BVerfGE 12, 205, 262.
[413] *W. LaRoche/ L. Maaßen*, Massenmedien, 1983, S.12.
[414] *Schulze-Fielitz* in: Dreier, GG, 2. A., 2004, Art. 5 I, II, Rz. 51; vgl. *K. Hickethier*, Medienwissenschaft, 2003, S. 294.
[415] Gerade unter diesem Aspekt ist somit eine Vernachlässigung „kulturidentitätsschwächender" (*Uhle*) Programminhalte besonders bedenklich; vgl. *A. Uhle*, Freiheitlicher Verfassungsstaat und kulturelle Identität, 2004, S. 517f.
[416] *K. Hansen*, Kultur und Kulturwissenschaft, 2. Aufl., 2000, S. 247.
[417] *H.-J. Giegel*, Kommunikation und Konsens in modernen Gesellschaften, 1992, S. 10 m. N.
[418] *C. Spallek*, Perspektiven des öffentlichrechtlichen Rundfunks, 2001, S. 8.

Nicht zuletzt wird durch die kommunikative Vernetzung den Menschen die Tatsache ins Bewusstsein gerufen, dass letztlich alle Teile der Gesellschaft eine Schicksalsgemeinschaft bilden; auch dies wirkt sich tendenziell systemstabilisierend aus.[419] – Dem Rundfunk kommt insofern eine bedeutende integrative Funktion zu. Hierunter fällt z. B. auch die Rolle, die der öffentlichrechtliche Rundfunk für die Verwirklichung der „inneren deutschen Einheit“[420] sowie die Einbeziehung von Minderheiten in das Selbstverständnis der Gesellschaft spielen kann.[421]

Daneben dient (Rundfunk-) Kommunikation auch der ständigen Anpassung des „Systems Gesellschaft“ an äußere Veränderungen[422]. Ein funktionierendes Mediensystem ist essentieller Bestandteil der modernen, arbeitsteilig organisierten Gesellschaft, für die es eines auf Konkurrenz und Innovation ausgerichteten Denkens, einer gesteigerten Gegenwartsbeachtung, sowie der Flexibilität und Mobilität bedarf.[423] Neben der auch *tradierenden* Funktion, die der Rundfunk als „Gedächtnis einer Gesellschaft“ (*N. Luhmann*) innehat, ist er somit nicht zuletzt Garant für gesellschaftlichen und zivilisatorischen Wandel.[424]

Der entsprechende Diskurs erfolgt dabei zum Teil im Rahmen klassisch „politischer“ Themen und manifestiert sich als solcher nicht zuletzt in demokratischen Wahlen. Insofern ist auch der traditionelle, „politisch-publizistische“ Auftrag des Rundfunks eine Ausprägung einer umfassenderen, "kulturellen" Versorgungsaufgabe. Dem Rundfunk kommt dabei insbesondere die Aufgabe zu, Öffentlichkeit für aktuelle Themen herzustellen, ein Forum für die Konkurrenz der Meinungen zu bieten und den politischen Entscheidungsträgern als Sprachrohr für die Artikulation zu dienen.[425] Dabei ist er nicht nur bloßes Medium, sondern auch Faktor bei der öffentlichen Meinungsbildung im Rahmen der ihm zukommenden Kritik- und Kontrollfunktion.[426]

Ebenso findet gesellschaftlicher Abgleich und Diskurs jedoch auch in jenen Kategorien statt, welche sich präziser Deskription zu entziehen neigen: Der Gesamtheit von Lebenseinstellungen, Prioritäten, Wertmaßstäben, Ansprechbarkeiten, Akzentuierungen und Tabus,[427] wie sie Ausdruck findet in Verhaltensformen und gegenseitigem Umgang (Sprache, Gesten), Perzeptionsgewohn-

---

[419] *C. Spallek*, Perspektiven des öffentlichrechtlichen Rundfunks, 2001, S. 6; *R. Münch*, Dialektik der Informationsgesellschaft, 1991, S. 19.

[420] *B. Holznagel*, Funktionsauftrag des ZDF, 1999, S. 41; *C. Holtz-Bacha*, Das fragmentierte Medienpublikum, in: Aus Politik und Zeitgeschichte B42/97, S. 13ff., 16; siehe auch die Nachweise in Teil III.

[421] *C. Spallek*, Perspektiven des öffentlichrechtlichen Rundfunks, 2001, S. 8.

[422] *C. Spallek*, Perspektiven des öffentlichrechtlichen Rundfunks, 2001, S. 6.

[423] *K. Hickethier*, Medienwissenschaft, 2003, S. 242.

[424] *C. Spallek*, Perspektiven des öffentlichrechtlichen Rundfunks, 2001, S. 6 m. N.

[425] *C. Spallek*, Perspektiven des öffentlichrechtlichen Rundfunks, 2001, S. 13 m. w. N.; *R. Burkhart*, Kommunikationswissenschaft, 3. A., 1998, S. 380.

[426] BVerfGE 73, 118, 152; *C. Spallek*, Perspektiven des öffentlichrechtlichen Rundfunks, 2001, S. 14.

[427] Vgl. *W. Hoffmann-Riem*, Mediendemokratie als Herausforderung, Der Staat 2003, 193, 222.

heiten, Alltagsausgestaltung und –verfeinerung (Schmuck, Kleidung, Kochrezepte), also jener Vielzahl von Manifestationen spezifischen menschlichen Lebens, welche diesem sein Gesamtgepräge verleiht.[428] Insofern findet zum einen Verständigung über Formen der Lebensbewältigung statt. Darüber hinaus wohnen jedoch fast sämtlichen der genannten „Kristallisationen" einer Kultur neben ihren vordergründigen Funktions- weitere, *Repräsentations*bezüge inne. – Auch scheinbare Banalitäten wie Sprechtempo und -stil, Haarschnitt, Kleidung, Form der Präsentation (etwa Showformate) etc. *sind nicht nur selbst*, sondern *stehen für ein Anderes*[429], sind Zeichen, Hinweise und Stellvertreter, changierende Symbolhaftigkeiten, mit denen menschliches Miteinander aufeinander abgestimmt und mittels derer die gesellschaftliche Gesamtverfasstheit einschließlich ihrer Ziele und Prioritäten definiert wird.[430] Eine wesentliche Funktion des öffentlichrechtlichen Rundfunks liegt darin, den kommunikativen Prozess sozialer Konstruktion von Wirklichkeit auch in den genannten Kategorien zu ermöglichen.[431] Im Gegensatz zur „politisch-publizistischen" Seite des Rundfunks erfolgt der entsprechende Diskurs dabei nicht zuletzt in den Kategorien unterhaltender und fiktiver Inhalte.[432]

bbb. Öffentlichrechtlicher Rundfunk.

Ebenso wie im Bereich der individuellen Bereicherung ist auch hier zunächst pauschale gegenständliche *Vielfalt* entscheidende Größe der entsprechenden Funktionsgewährleistung: Umfassende gesellschaftliche Verständigung kann nur dort funktionieren, wo sämtliche Inhalte in der gesamten Bandbreite ihrer Thematik und Tendenz nach vertreten sind. Die Gewährleistung von Vielfalt gewinnt somit auch auf einer sozial-gesellschaftlichen Ebene eigenständiges Gewicht. Die Gemeinschaft als solche besitzt ein eigenes Interesse an einem möglichst vielfältigen Informationsfluss. – Rundfunk stellt – volkswirtschaftlich gesehen - ein nicht über die Logik des Marktes zu befriedigendes *öffentliches Gut mit externen Effekten* dar.[433] Entsprechende Vielfalt kann nur durch einen öffentlichrechtlichen Rundfunk gewährleistet werden. In qualitativer Hinsicht spricht insbesondere die Gefahr der Manipulation oder der Verzerrung dafür,

---

[428] *I. Hermann*, Kultur- und Bildungsprogramme vor der Notwendigkeit, Reformkonzepte zu finden, in: FUNK-Korrespondenz Nr. 7/ 1987, S. 1ff.; *T. Vesting*, Prozedurales Rundfunkrecht, 1997, S. 293.

[429] *L. Wittgenstein*, Philosophische Untersuchungen, 1871, S. 28; *C. Friedrich, Semiotik als Gesellschaftslehre,* 1993, S. 17.

[430] *C. Friedrich,* Semiotik als Gesellschaftslehre, 1993, S. 17ff., 63, 98ff.

[431] *W. Hoffmann-Riem,* Mediendemokratie als Herausforderung, Der Staat 2003, S. 203, 205.; *J. Blumler*/ *W. Hoffmann-Riem*, Neue Funktionen für öffentlich-rechtliches Fernsehen in Westeuropa: Herausforderungen und Perspektiven, MP 1992, 402, 410; vgl. weiter *H. Newcomb*/ *P. Hirsch*, Fernsehen als kulturelles Forum, RuF 1986, 177; vgl. i.ü. noch die Nachweise in Teil III.

[432] Vgl. *K. Hickethier*, Medienwissenschaft, 2003, S. 214.

[433] *M.-L. Kiefer*, Medienökonomik, 2001, S. 147, 155; *R. Pethig*, Die verfassungsrechtliche Verbürgung von Vielfalt in der Bundesrepublik Deutschland, in: H. Kohl (Hg.), Vielfalt im Rundfunk. Interdisziplinäre und internationale Annäherungen., 1997, S. 39.

eine entsprechende Aufgabenerfüllung durch den öffentlichrechtlichen Rundfunk als verfassungsrechtlich verbürgt anzusehen. Bereits durch geringfügige – möglicherweise gar unbewusste - Änderungen in Arrangement oder Technik kann etwa in fiktionalen Sendungen Einfluss auf die Realitätswahrnehmung der Menschen genommen werden: Personen (-gruppen) können abqualifiziert, Fakten verdreht, bestimmte Werte einseitig in den Vordergrund gestellt werden.[434] Indem sich bestimmter Klischees bedient wird, werden etwa Erwartungshaltungen befriedigt und bestehende Geisteshaltungen verstärkt.[435] Trivialstes Beispiel ist die blonde Heldin und die dunkelhaarige Antagonistin des Hollywood-Films. In einem zunehmend größer werdenden Markt kommt dem öffentlichrechtlichen Rundfunk dabei nicht zuletzt die Funktion zu, für Ausgleich bezüglich der Inhalte zu sorgen und eine Glaubwürdigkeitsinsel zu bieten.[436]
Ferner kann nur mittels eines gebührenfinanzierten öffentlichrechtlichen Rundfunks sichergestellt werden, dass insbesondere auch für die werbende Wirtschaft uninteressante Minderheiten und Randgruppen hinreichend in ihren Anliegen berücksichtigt werden und sich namentlich auch in Fiktions- und Unterhaltungssendungen wiederfinden[437]. Im Bereich der politisch relevanten Themen kann eine verlässliche unabhängige und objektive Berichterstattung sowie eine kontrollierende und meinungsbildende Funktion des Rundfunks nur gewährleistet werden, wenn dieser unabhängig von politischen, wirtschaftlichen oder sonstigen gesellschaftlichen Interessengruppen organisiert ist.[438]
Dabei kommt dem öffentlichrechtlichen Rundfunk nicht zuletzt eine auch beschwichtigende Funktion im gesellschaftlichen Diskurs zu. In einer in dialektischer Entwicklung und im Fluss befindlichen (Informations-) Gesellschaft müssen Eskalationen in der Kommunikation durch verantwortlich handelnde Medien abgemildert werden, um Kommunikationskrisen vorzubeugen.[439] Dies gilt etwa für die Art und Weise, in der Private, insbesondere auch sog. *Personen der Zeitgeschichte*, im Rundfunk dargestellt werden. Voraussetzung einer funktionierenden Berichterstattung ist sowohl unter Rechtmäßigkeits-, als auch Akzeptanzgesichtspunkten, dass sie nicht eskaliert. Eine hemmungslose Zurschaustellung des Privat- und Intimlebens exponierter Vertreter des öffentlichen Lebens aber kann langfristig zur Folge haben, dass sich gerade besonders befähigte Individuen nicht mehr für öffentliche Positionen zur Verfügung stellen. Neben

---

[434] Vgl. *K. Hickethier*, Medienwissenschaft, 2003, S. 190, 198, 239.
[435] Vgl. *K. Hickethier*, Medienwissenschaft, 2003, S. 239.
[436] Vgl. z.B. *F. Kübler*, Kommunikaton und Verantwortung, in: Konstanzer Universitätsreden 1973, S. 10; *B. Holznagel*, Funktionsauftrag des ZDF, 1999, S. 38.
[437] *M. Eifert*, Konkretisierung des Programmauftrag des öffentlichrechtlichen Rundfunks, 2002, S. 23f.; vgl. *W. Langenbucher*, Braucht eine demokratische Gesellschaft öffentlichen Rundfunk?, MP 1990, 699, 709; *D. Stolte*, Fernsehen am Wendepunkt, 1992, S. 78f. - Denn Voraussetzung dafür, innerhalb der Gesellschaft angemessen respektiert zu werden, ist zunächst, überhaupt zur Kenntnis genommen zu werden, vgl. hierzu *G. Britz*, Kulturelle Rechte und Verfassung, 2000, S. 134f., 185f.
[438] *C. Spallek*, Perspektiven des öffentlichrechtlichen Rundfunks, 2001, S. 15.
[439] *R. Münch*, Dialektik der Informationsgesellschaft, 1991, S. 18, 19.

der zivilgerichtlichen Kontrolle[440] obliegt hier nicht zuletzt dem öffentlichrechtlichen Rundfunk die Aufgabe, sich mäßigend und den Achtungsanspruch des einzelnen respektierend in das Kommunikationsgeschehen einzubringen.[441] Hierzu gehört ebenfalls ein Angebot an Zuschauer wie Akteure respektierenden und akzeptable soziale Verhaltensmaßstäbe setzenden Unterhaltungs- und Fiktionssendungen, insbesondere, soweit diese das Alltagsleben der Menschen widerspiegeln. Gerade aus der Interaktion von Serienfiguren leitet der Zuschauer tendenziell eigene Verhaltens- und Wahrnehmungsmaßstäbe ab und gleicht sie denen der Protagonisten an. Eine einseitige Betonung bestimmter, sozial unverträglicher Verhaltensmuster verändert somit auch die gesellschaftliche Realität. („Das Leben kopiert das Fernsehen.") Gerade insofern ist der öffentlichrechtliche Rundfunk gehalten, zumindest *auch* solche Inhalte anzubieten, die ein verantwortungsvolles Miteinander und soziale Normalität vermitteln und ermöglichen.[442]

Hierzu gehört ferner auch die Rolle, die der öffentlichrechtliche Rundfunk bei der verantwortungsvollen und ernsthaften Aufbereitung politischer und gesellschaftlicher Themen spielen kann: Angesichts einer zunehmenden Vordergründigkeit und Boulevardisierung von Politik („Politainment") sowie einer zu beobachtenden „Deprofessionalisierung des klassischen Journalismus"[443] unter den Vorzeichen eines modernen Medienwettbewerbs in den Kategorien einer *Ökonomie der Aufmerksamkeit*[444] ist eine entsprechende Funktionswahrnehmung im Interesse einer verantwortungsvollen Kontrolle der Staatsgewalt geboten.[445] Dies gilt umso mehr angesichts einer gewachsenen Bedeutung des Rundfunks für die Wahrnehmung demokratischer Politik.[446] Teil der Legitimation eines öffentlichrechtlichen Rundfunks ist somit nicht zuletzt die dauerhafte Gewährleistung des in Art. 5 I 2 GG verbürgten, öffentlichen Diskurses im Medium Rundfunk.

bb. Staatliche Symbolik, Verfassung und Repräsentation nach innen.

Eine besonders effiziente Form der Gemeinschaft stellt der Staat dar. Nicht zuletzt aufgrund seiner besonderen Funktionsgewährleistungen (freier Gedankenaustausch, Demokratie, Schutz der Individuen, Rechtsstaatlichkeit und -sicherheit) gilt dies insbesondere für den freiheitlichen, demokratischen Verfassungsstaat Bundesrepublik Deutschland. Der öffentlichrechtliche Rundfunk

[440] Vgl. EGMR NJW 2004, 2647.

[441] Vgl. *Schulze-Fielitz* in: Dreier, 2. A., 2004, Art. 5 I, II, Rz. 50.

[442] Vgl. *K. Hickethier*, Medienwissenschaft, 2003, S. 283.

[443] *Schulze-Fielitz* in: Dreier, 2. A., 2004, Art. 5 I, II, Rz. 49; *W. Schulz/ B. Korte*, Medienprivilegien in der Informationsgesellschaft, in: KritV 84 (2001), S. 113ff., 122ff. .

[444] *G. Franck*, Ökonomie der Aufmerksamkeit, 1998; *K. Hickethier*, Medien-Aufmerksamkeit, in: *ders* / J. K. Bleicher (Hg.), Aufmerksamkeit, Medien und Ökonomie, 2002.

[445] *W. Hoffmann-Riem*, Mediendemokratie als Herausforderung, Der Staat 2003, 195, 206.

[446] Vgl. *W. Hoffmann-Riem*, Mediendemokratie als Herausforderung, Der Staat 2003, 193, 197, 204ff.

könnte somit einen verfassungsrechtlichen Auftrag bezüglich solcher Inhalte innehaben, die diesen Staat bzw. dessen Symbole und Institutionen in den Mittelpunkt stellen. In Frage käme etwa das – eine Zeitlang sehr umstrittene[447] - Abspielen der Nationalhymne zum Sendeschluss, das positive Herausstellen bestimmter Gedenktage (z. B. des Tages der Deutschen Einheit), an die Übertragung von Feiertagsansprachen des Bundespräsidenten und des Bundeskanzlers, sowie von besonderen Feierstunden des Parlaments oder von Staatsbesuchen.[448]

aaa. Förderungswürdigkeit.

In *Symbolen* werden geistig-sittliche Phänomene sichtbar gemacht; in ihnen kommt eine verkörperte Idee fassbar, konzentriert und daher besonders eindringlich zum Ausdruck.[449] Ähnlich *repräsentieren* staatliche Institutionen bestimmte, in ihrer Funktionszuschreibung enthaltene geistige Werte.[450]

Der Staat fasst zu einem gewissen Grad eine Vielzahl einzelner Individuen zu einem größeren Organismus zusammen. Ungeachtet der in ihm bestehenden Gegensätzlichkeiten, sowie der gebotenen Freiräume gesellschaftlichen Lebens von staatlicher Gewalt stellt er eine maßgebliche Größe menschlicher Gemeinschaftlichkeit und eine wesentliche Institution der Konsensfindung dar.

Staatliche Symbolik und Institutionen können dementsprechend Gemeinsamkeit vermitteln und als sichtbare Manifestation des die Individuen überspannenden „größeren Ganzen" die staatlich verfasste Ordnung und die innere Einheit stärken.[451] In individueller Hinsicht vermögen sie dem Bürger ein Gefühl der Sicherheit und des Halts zu geben.[452] Hierdurch mag dieser auch dazu angeregt werden, das Gemeinwesen aktiv mitzugestalten und eigene Vorstellungen und Anstöße in das innergemeinschaftliche Leben einzubringen.[453]

In den staatlichen Symbolen der Bundesrepublik Deutschland kommen zudem vor allem auch bundesrepublikanische Werte wie Demokratiestaatlichkeit und Grundrechtsverwirklichung zum Ausdruck.[454] Sie ermöglichen somit vor allem

---

[447] Vgl. *K. Stern*, Staatsrecht I, 2. A., 1984, § 9, III.3.

[448] Vgl. die Beispiele bei *K. Stern*, Staatsrecht I, 2. A., 1984, § 9, I.2., II.4.5., III.2., der hier allerdings zu Unrecht offenbar Parteien und Verbände zu den staatlichen Institutionen zählt; vgl. noch *Klein*, in: Isensee/Kirchhof HdbStR I, 2. A., 1995, § 17, Rz. 1; *T. Oppermann*, Kulturverwaltungsrecht, 1969, S. 540; vgl. ferner noch *R. Hartstein/ W.-D. Ring/ J. Kreile*, RuFStV, 2. A., 1995, § 18, Rz. 7; vgl. *E. Fuhr/ W. Bosman*, ZDF-StV, 2. A., 1985, § 1 II 4b, aa. sowie die Nachweise in Teil III.

[449] Vgl. *Klein* in: HdbStR, § 17, Rz. 1m. N.

[450] Vgl. *K. Stern*, Staatsrecht I , 2. A., 1984, § 9 I.2.

[451] *Klein* in: J. Isensee/ P. Kirchhof, HdbStR I, § 17, 2. A., 1995, Rz. 1; *T. Oppermann*, Kulturverwaltungsrecht, 1969, S. 538; vgl. *Zuleeg* in: AK-GG, 2001, Präa., Rz.3.

[452] *Schuppert* in: E. Benda/ W. Maihofer/ H.-J. Vogel, HdbVerfR, 2. Aufl., 1994, § 31, Rz. 3; *A. v. Mutius/ T. Friedrich,* Verfassungsentwicklung in den neuen Bundesländern – zwischen Eigenstaatlichkeit und notwendiger Homogenität, in: Staatswissenschaft und Staatspraxis, 1991, S. 244; vgl. auch BVerfGE 87, 181, 204.

[453] Vgl. *Klein* in: J. Isensee/ P. Kirchhof, HdbStR I, § 17, 2. A., 1995 Rz. 1.

[454] *Isensee* in: J. Isensee/ P. Kirchhof, HdbStR I, § 13, 2. A., 1995, Rz. 10.

auch die Identifizierung des Bürgers mit einer gerechten Ordnung.[455] Dem Staat müssen somit das Recht und die Pflicht zukommen, sich darzustellen, um den Bürger für sich zu gewinnen.[456] Entsprechende Symbole und repräsentative Institutionen sind etwa Flagge, Hymne, Bundesverfassungsgericht, Bundestag und -rat, sowie Bundespräsident und Bundeskanzler in ihrer Eigenschaft als Staatsorgane, sowie parallele Landesinstitutionen.
Verfassungsrechtliche Grundlage sind dabei zumindest alle weiteren Staatsziele (Daseinssicherung und Vorsorge; Grundrechtsverwirklichung etc.) und somit die Gesamtheit förderungswürdiger individueller und gemeinschaftlicher Aktivitäten innerhalb des Staates. Auf formaler Ebene lässt sich ein Ausdruck des entsprechenden Auftrags in Art. 22 GG (analog), Art. 38 Abs. 1 Satz 2 GG, der Präambel[457] sowie in Art. 20 I GG finden, in dem neben bestimmten Staatsgrundsätzen die *Staatlichkeit* der Bundesrepublik *an sich* zum Ausdruck kommt.[458]

Dabei ist freilich zu berücksichtigen, dass auch die Zurschaustellung staatlicher Symbolik[459] und Repräsentation nicht unproblematisch ist. Jeder *Symbolisierung* wohnt zwangsläufig eine Reduzierung der Komplexität des codierten Gegenstandes inne, bei der dieser durch die Vordergründigkeit der Darstellung auf seine positiven Aspekte verengt und gleichzeitig bestehende Brüche und Unvollkommenheiten verdeckt werden. Auch werden Symbole wie Nationalhymne oder Fahneneid zumindest in ihrer faktischen Rezeption oftmals einseitig als Symbol staatlicher Autorität verstanden. So sehr mit ihnen zwar einerseits auch der konsequente Schutz individueller Freiheiten verbunden ist, gerät die Betonung hoheitlicher Herrschaftsansprüche und staatlicher Einheit dennoch leicht in die Nähe zum Ruf nach „geistiger Homogenität" (*Carl Schmitt*, 1926[460]) und Konformismus.[461] Die Zurschaustellung staatlicher Symbolik in der Bundesrepublik erfolgt deshalb zu Recht mit Zurückhaltung und keineswegs nur aus „intellektueller Arroganz" oder gar „bewusster Ablehnung der freiheitlich-demokratischen Grundordnung".[462]
Festzuhalten bleibt, dass es grundsätzlich auch und gerade dem freiheitlichen und demokratischen Rechtsstaat obliegt, mittels des Gebrauchs staatlicher Symbolik die Einheit seiner Bürger innerhalb einer gerechten Ordnung zu stärken sowie ihr Vertrauen und ihren Rückhalt für sich zu gewinnen.

---

[455] *Klein* in: J. Isensee/ P. Kirchhof, HdbStR I, § 17, 2. A., 1995, Rz. 1, 6.
[456] *T. Oppermann*, Kulturverwaltungsrecht, 1969, S. 537; *K. Stern*, Staatsrecht I , 2. A., 1984, § 9 III. 1.; vgl. BVerfGE 12, 205, 252.
[457] Vgl. *K. Stern*, Staatsrecht I, 2. A., 1984, § 9 II. 5., III 4.
[458] Vgl. *K. Stern*, Staatsrecht I, 2. A., 1984, § 9 I. 5.
[459] Zur vermehrten Problematik bei ethnischen, insb. nationalen Inhalten, s. u.
[460] Einschließlich „Ausscheidung oder Vernichtung des Heterogenen", *Carl Schmitt*, Die geistesgeschichtliche Lage des heutigen Parlamentarismus., 2. Aufl., 1926, S. 14; vgl. w. N. bei *Zuleeg* in: AK-GG, 2001, Präa., Rz. 16.
[461] Vgl. *Zuleeg* in: AK-GG, 2001, Präa, Rz. 17.
[462] So *Klein* in: J. Isensee/ P. Kirchhof, HdbStR I, § 17, 2. A., 1995, Rz. 6.

bbb. Öffentlichrechtlicher Rundfunk.

Den spezifischen Voraussetzungen von Gemeinschaftlichkeit entsprechen somit bestimmte Sendeinhalte, an denen die *Gemeinschaft* der Menschen *als solche* ein besonders profundes Interesse hat.[463] Insofern wird das Erfordernis der Vielfalt durch die Notwendigkeit ganz spezifischer Inhalte überlagert. Hierunter fallen repräsentative Materien. Diese können nur von der *Gemeinschaft als solcher* in Form des öffentlichrechtlichen Rundfunks gewährleistet werden. [464] Zum einen ist vom privaten Rundfunkmarkt keine entsprechende Tätigkeit zu erwarten. Ferner handelt es sich um eine Tätigkeit mit einem stark hoheitlichen Einschlag, die schon unter dem Gesichtspunkt ihrer verantwortungsvollen und würdigen Wahrnehmung nur durch den Staat bzw. von diesem beauftragte Institutionen wahrgenommen werden kann. Dies rechtfertigt eine entsprechende Aufgabenzuweisung an den öffentlichrechtlichen Rundfunk.

Rechtsgrundlage einer entsprechenden Sendetätigkeit ist auch hier Art. 5 I 2 GG, da dessen Zuweisungsgehalt sämtliche förderungswürdigen, *meritorischen* Sendeinhalte mit einschließt. Daneben tritt das in Art. 20 I GG zum Ausdruck kommende staatliche Interesse am inneren Zusammenhalt des Gemeinwesens. Ferner umfasst die Aufgabe staatlicher Repräsentation nach innen alle übrigen durch den Staat verbürgten Gewährleistungen zumindest mittelbar. Dies sind insbesondere die in Art. 20 I GG enthaltenen Grundsätze, sowie die Summe der im Grundgesetz enthaltenen Grundrechtsverbürgungen.

cc. Nationale Symbolik, Brauchtums- und Heimatpflege.

Gerade in Deutschland ist der Staat als Form menschlicher Gemeinschaft eng mit dem Gedanken der Nation[465] verknüpft. Neben dem Vorbild Frankreichs begann die Zersplitterung „deutscher“ Staaten insbesondere im 19. Jahrhundert zunehmend willkürlich und allein der über die Kultur (vor allem die Sprache) der verschiedenen Volksgruppen definierte Nationalstaat als einzige logische Größe staatlicher Verfasstheit zu erscheinen.[466] „Volk“ und „Kultur“ sind dabei wesentliche Grundelemente der menschlichen Handlungs- und Lebensgemeinschaft Staat[467], welche – nach diesem, objektiven, insb. mitteleuropäischen Kulturverständnis[468] - jenem durch die Verfassung geschaffenen vorausgehen[469]. In Übereinstimmung hiermit ist an eine dem öffentlichrechtlichen Rundfunk obliegende – über die Vermittlung rein staatlicher Symbolik hinausgehende - Aufga-

---

[463] Vgl. *P. Nagel*, Marktplatz der Ideen, 2003, S. 185.

[464] *P. Nagel*, Marktplatz der Ideen, 2003, S. 185.

[465] Zur unterschiedlichen Verwendungsart des Wortes der Nation s. *K. Hansen*, Kultur und Kulturwissenschaft, 2. Aufl., 2000, S. 227. Die hier verwendete ist indessen wohl die gängige.

[466] *Grawert* in: J. Isensee/ P. Kirchhof, HdbStR I, 2. A., 1995,§ 14, Rz. 8.

[467] Vgl. *Grawert* in J. Isensee/ P. Kirchhof, HdbStR I, 2. A., 1995, § 14, Rz. 3, 8, 10ff.; *E.-W. Böckenförde*, Staat, Nation, Europa, 1999, S. 38.

[468] *E.-W. Böckenförde*, Staat, Nation, Europa, 1999, S. 34ff.

[469] Hierzu insb. *Isensee* in: ders./ P. Kirchhof, HdbStR I, 2. A., 1995, § 13, Rz. 1ff.; vgl. noch ausführlich *A. Wallrabenstein*, Das Verfassungsrecht der Staatsangehörigkeit, 1999, S. 131ff.

be zu denken, mittels bestimmter Inhalte den „nationalen“ Willens- und Handlungsverband zu stärken.

aaa. Förderungswürdigkeit.

Wie ausgeführt bedarf eine Gemeinschaft der internen Abstimmungen im Verhalten (*Kohärenz*) und des Gefühls der inneren Zusammengehörigkeit (*Kohäsion*). Auch der Staat muss daher ein Interesse an Stärkung des Zusammengehörigkeitsgefühls, der gegenseitigen Verbundenheit, sowie der Möglichkeit zur Verständigung unter den in ihm lebenden Individuen haben. Hierfür spielen die Kommunikationsstrukturen und -inhalte innerhalb eines Landes eine entscheidende Rolle: Der Staat hat ein vitales Interesse an Herstellung interner Abstimmungen einschließlich der dazu erforderlichen Kommunikationsstrukturen, sowie an der Darstellung der die Gemeinschaft repräsentierenden Symbolen. Problematisch ist dabei weniger das *Ob*, als vielmehr das *Wie* einer entsprechenden staatlichen Aufgabe.

(1) Historische Anknüpfung.

Eine Möglichkeit, den entsprechenden Sendeauftrag auszufüllen könnte darin bestehen, an einen historisch überkommenen Bestand anzuknüpfen und auf Inhalte abzustellen, die das traditionell „Eigentümliche gerade des deutschen Volkes“[470] widerspiegeln. Dies wären etwa bestimmte gemeinschaftliche *Symbole* wie z. B. die Nationalhymne oder schlicht die Summe der die „deutsche“ Ethnie konstituierender Lebensformen. Dabei müsste nicht allein (Deutsch-) „Nationales“ erfasst sein, sondern die entsprechende Aufgabe könnte sich ebenso auf einzelne Bundesländer als eigenständige, sich auf lokalerer Ebene gründende Entitäten erstrecken, sowie auf typisch deutsche Regionalkulturen (Schwaben, Franken etc.). Hierzu hätten insbesondere Sendeinhalte der Brauchtums- und Heimatpflege wie z. B. folkloristisches Liedgut, Sendungen, die regionale Akzente pflegen und zum Teil auch der Sport (Bundesliga, „Nationalelf“, Olympiade) zu zählen. [471]

Der Betonung des gemeinsamen Erbes der Menschen eines Gemeinverbandes wird man grundsätzlich eine vereinigende Wirkung zuzusprechen haben: Die Rezeption von bestimmte Traditionen widerspiegelnden Inhalten stärkt das Zusammengehörigkeitsgefühl, wirkt sich stabilisierend aus[472] und fördert die Interaktion. Die entsprechenden Inhalte reflektieren einen wichtigen Aspekt des Lebens der einzelnen Menschen. Das in der entsprechenden Gemeinschaft verwurzelte Individuum findet sich in den gebotenen Ausdrucksformen wieder und erlebt Affirmation und soziale Einbindung. Den entsprechenden Inhalten kommt somit eine wichtige identitätsstiftende und Halt und Orientierung gebende Funktion zu. Insofern verdient der Gedanke der Vermittlung individueller „kultureller

[470] Vgl. *Isensee* in: ders./ P. Kirchhof, HdbStR I, , 2. A., 1995, § 13 Rz.118.

[471] Vgl. BVerfGE 74, 297, 327; 83, 238, 243f., 301f.; 87, 181, 204; *D. Dörr*, Sport im Fernsehen, 2000, S. 40ff., 42ff., vgl. hierzu auch bereits die Nachweise in Teil III.

[472] *K. Hansen*, Kultur und Kulturwissenschaft, 2. A., 2000, S. 88.

Identität" auch unter dem Gesichtspunkt des Schutzes der freien Persönlichkeitsentfaltung (Art. 2 I GG) durchaus Zustimmung.
Es stellt sich aber die Frage, ob nicht über die Betonung der Mehrheits-Ethnien hinaus noch weitere im Gebiet der Bundesrepublik vorkommende Ethnien Berücksichtigung finden müssen. Denn die Vorstellung, allein den historischen Bestand an Lebensäußerungen einer Gemeinschaft berücksichtigen zu wollen, erscheint bedenklich: Zum einen ist zu berücksichtigen, dass den entsprechenden Inhalten keineswegs nur eine vereinigende Wirkung innewohnt. Die Betonung von Gemeinsamkeit hat stets auch einen ausgrenzenden Effekt[473]: Zum einen für Minderheiten wie Ausländer oder Deutsche ausländischer Herkunft[474], zum anderen für solche Angehörigen der heimischen Volksgruppe, die nicht (oder nicht *so*) die kulturelle Gemeinschaft mit anderen suchen.
Ferner besteht die Gefahr, dass durch das übermäßige Betonen des Hergebrachten künftige kulturelle Entwicklung blockiert wird. Die kulturellen Prägungen einzelner Länder oder Völker sind nicht durch von Natur vorgegebene Umstände ein für allemal festgeschrieben[475], sondern den Veränderlichkeiten der Geschichte unterworfen. Als Reaktion auf veränderte äußere und innere Umstände, etwa auf Migration oder geistige Innovation[476], sind die entsprechenden Adaptionen nicht zuletzt Voraussetzung für den dauerhaften Bestand der Gemeinschaft. Einen Schutz der Tradition um ihrer selbst willen darf es daher nicht geben. Vielmehr muss die dauerhaft bestandsfähige Gemeinschaft – und damit auch der Staat - in der Lage sein, sich in seinen gesellschaftlichen und kulturellen Grundlegungen auch gewandelten Umständen anzupassen. Erst recht muss darüber hinaus eine freiheitliche, die Rechte aller in einem bestimmten Gemeinwesen lebenden Menschen gleichermaßen respektierende Verfassung für neue Entwicklungen (Migration), Einstellungen und Lebensmanifestationen offen sein. Bei der Herstellung von Gemeinsamkeit wäre es daher verfehlt, allein auf den traditionellen Fundus einer bestimmten (Mehrheits-) Ethnie abstellen zu wollen.[477] Kulturelle Fremdeinflüsse gefährden nicht vor allem, sondern sie bereichern eine Kultur[478]. Somit erscheint es insbesondere geboten, auch die kulturellen Leistungen von Minderheiten – nicht zuletzt als Symbol für geistige Offenheit und Innovationsfähigkeit des Gemeinwesens insgesamt - zu berücksichtigen.[479]

---

[473] Vgl. *E.-W. Böckenförde*, Staat, Nation, Europa, 1999, S. 53.
[474] *Zuleeg* in: AK-GG, 2001, Präa, Rz. 17.
[475] *K. Hansen*, Kultur und Kulturwissenschaft, 2. Aufl., 2000, S. 206, 220ff.; *Zuleeg* in: AK-GG, 2001, Präa, Rz. 17; *E.-W. Böckenförde*, Staat, Nation, Europa, 1999, S. 54 u. 37, Fn. 10; vgl. *Grawert* in: J. Isensee/ P. Kirchhof, HdbStrR I, 2. A., 1995, § 14, Rz. 8.
[476] *E.-W. Böckenförde*, Staat, Nation, Europa, 1999, S 54.
[477] So aber wohl *A. Uhle*, Freiheitlicher Verfassungsstaat und kulturelle Identität, 2004, S. 517.
[478] „Schismogenese", vgl. *D. Baecker*, Kultur, in: *K. Barck* (Hg.), ÄGB, Band 3, 2001, S. 533ff.
[479] Vgl. *Zuleeg* in: AK-GG, 2001, Präa, Rz.17.

(2) Gegenwartsanknüpfung.

Auch unter dem Gesichtspunkt des alltäglichen Zusammenlebens erscheint es überzeugender, nicht an jene Charakteristika anzuknüpfen, welche das „(deutsche) Volk" in vergangenen Zeiten ausgemacht haben, sondern an die momentan innerhalb Deutschlands lebende, reale Bevölkerung. Der Anteil der Bevölkerungsteile mit Migrationshintergrund ist in den letzten Jahrzehnten stetig angewachsen. Er macht heute einen beträchtlichen Teil der in Deutschland lebenden Bevölkerung aus: Es leben gegenwärtig etwa 7,3 Millionen Ausländer legal in der Bundesrepublik. Hinzukommen deutsche Staatsangehörige mit zumindest teilweise ausländischem Hintergrund. Danach ist mindestens jeder zehnte in Deutschland Ansässige (und potentielle Fernsehzuschauer) ausländischer Herkunft.[480] Andere Schätzungen sprechen von 15 % und mehr. Insbesondere angesichts dieser Zahlen ist davon auszugehen, dass ohne eine bewusstere Miteinbeziehung dieser (rasch wachsenden) Bevölkerungsteile dauerhaft kein systemischer Zusammenhalt der (auf die Akzeptanz aller ihrer Teile angewiesenen) Gesellschaft[481] gewährleistet werden kann. – Die entsprechenden Inhalte müssen somit sowohl den überkommenen Bestand typisch deutschen (natürlich ohnehin auch: bayrischen, rheinländischen etc.) Lebens, als auch solche (ursprünglich) „fremder" Ethnien umfassen.

Auch die grundsätzliche Förderungswürdigkeit des überpersonalen Organismus „Nation" im Sinne eines durch eine konkrete Population und Territorialität definierten Staates wird dadurch keineswegs aufgehoben: Kulturelle Eigenständigkeit vermag plurale Gruppenanliegen zu verwirklichen und bereichert die Gemeinschaft der Welt. Sie ist die legitime Interessenwahrung einer - zwar ihrer Zusammensetzung nach grundsätzlich offenen, aber dennoch in gegenseitiger Verbundenheit agierenden – mit einem bestimmten identifizierbaren Erdteil verbundenen Interaktionsgemeinschaft[482]. - Bei diesem Verständnis beziehen Größen wie *Nation* und *Patriotismus* ihre Legitimation vor allem aus der Leistung einer lokalen Gemeinschaft, ein friedliches und fruchtbares Miteinander unter der hierfür notwendigen Wahrung individueller Freiräume zu vollbringen.

(3) Gegenargument: Das Homogenitätserfordernis.

Anders könnte freilich zu urteilen sein, wenn man eine bestimmte Summe objektiver Übereinstimmungen unter den Angehörigen eines bestimmten Volkes im Sinne einer gemeinsamen Geschichte, Religion oder Abstammung für erforderlich hielte, um einen *kohärenten* und *kohäsiven* Gemeinverband zu konstituieren.[483]

---

[480] Vgl. DIE ZEIT Nr. 14 vom 25. März 2004, S. 52.

[481] *E.-W. Böckenförde*, Staat, Nation, Europa, 1999, S. 38.

[482] *F.-X. Kaufmann*, Diskurse über Staatsaufgaben, in: D. Grimm, Staatsaufgaben, 1994, S. 36.

[483] Vgl. die Nachweise bei *E.-W. Böckenförde*, Staat, Nation, Europa, 1999, S. 34; *A. Wallrabenstein*, Das Verfassungsrecht der Staatsangehörigkeit, 1999, S. 135; vgl. auch BVerfGE 85, 155, 186.

Hiergegen spricht jedoch, dass es mehr als ein Beispiel für (auch demokratische und liberale) Staaten gibt, in denen mehrere Ethnien miteinander in gemeinsamer Verbundenheit leben, welche sich selbst allen objektiven Ungleichheiten zum Trotz als „nationale Einheit" empfinden (z.B. die Schweiz, Belgien, Indien).
Umgekehrt gibt es auch Beispiele für Volksgruppen, die sich äußerlich nur wenig von anderen Völkern unterscheiden, sich selbst aber diesen gegenüber als äußerst different empfinden (Wallonen und Franzosen, US-Amerikaner und englischsprachige Kanadier). Plausibler erscheint es demnach, mit dem - insb. in Westeuropa und den Vereinigten Staaten verbreiteteren – *politisch-voluntativen* Nationalstaatskonzept statt auf objektive Kriterien allein auf das subjektive Zusammengehörigkeitsgefühl als Grundlage einer Nation abzustellen.[484] Zwar mag auch dieses von Ähnlichkeiten in Denk- und Handlungsstrukturen nicht unbeeinflusst bleiben.[485] Entscheidender dürfte aber sein, darauf abzustellen, ob die entsprechenden Individuen eine Möglichkeit sehen, mit den Mitgliedern der jeweils „anderen" Gruppe(n) dauerhaft zusammenzuleben. Als hierfür wesentlich ausschlaggebend wird zunächst schlicht gegenseitige Vertrautheit sein, vor allem aber der Grad, in dem das „Anders-Sein" als Normalität empfunden wird.[486] Entscheidend muss es somit zunächst sein, gegenseitiges Kennen und damit Vertrauen zu ermöglichen, um auf diese Weise den verschiedenen Gruppen die Möglichkeit eines toleranten Miteinanders vor Augen zu führen. Hierfür erforderlich ist die offene und umfassende Kommunikation zwischen den verschiedenen Gruppen.[487]
Zwar legen mannigfaltige Beispiele missglückten ethnischen Zusammenlebens auch – und gerade – miteinander vertrauter Volksgruppen die Frage nahe, ob Vertrautheit allein ausreicht, um das zur Bildung einer gemeinsamen Nation nötige Vertrauen zu schaffen. So werden die entsprechenden Beispiele gerne als Beleg dafür herangezogen, dass eben (was in der Regel nicht näher expliziert wird) ethnisch zu sehr differierende Volksgruppen nicht miteinander harmonieren könnten.[488] - Indessen lassen sich dauerhaft bürgerkriegsähnliche Zustände nicht ohne weiteres mit der Herausbildung einer pluralen Gesellschaft innerhalb einer freiheitlichen und rechtsstaatlichen Ordnung vergleichen. Die entsprechenden Konflikte finden in einer oft jahrhundertelang und bewusst geschürten, aggressionsgeladenen Atmosphäre statt, die als einziges Korrektiv für Übergriffe der einen Gruppe das Mittel der Gewaltanwendung durch die andere Gruppe

[484] *K. Hansen*, Kultur und Kulturwissenschaft, 2. Aufl., 2000, S. 225f.; *H. Seton-Watson*, An Equiry into the Origin of Nations and the Politics of Nationalism., 1977, S. 5.; *B. Anderson*, Imagined Communities: Reflections on the Origin and Spread of Nationalism, 1983; vgl. ferner die Nachweise bei *A. Wallrabenstein*, Das Verfassungsrecht der Staatsangehörigkeit, 1999, S. 135, sowie *E.-W. Böckenförde*, Staat, Nation, Europa, 1999, S. 34f., 37.
[485] *E.-W. Böckenförde*, Staat, Nation, Europa, 1999, S. 43.
[486] *K. Hansen*, Kultur und Kulturwissenschaft, 2. Aufl., 2000, S. 228, 233.
[487] *Schulze-Fielitz* in: Dreier, 2. A., 2004, Art. 5 I, II, Rz. 47.
[488] Vgl. dementgegen *G. Schlee*, Einleitung, in: A. Horstmann/ G. Schlee, Integration durch Verschiedenheit, 2001, S. 17ff., 21ff.

kennt. Demgegenüber findet in einer funktionierenden rechtsstaatlichen Ordnung Kontrolle durch den Staat und die für alle geltenden, allgemeinen Gesetze statt. Verhaltensabstimmung im Sinne von *Kohärenz* wird hier vor allem dadurch bewirkt, dass allgemeinverbindliche Grundsätze aufgestellt werden, die die gegenseitigen Interessen bereits weitestgehend ausgleichen.[489] Es ist gerade das besondere Verdienst und der Vorzug der modernen, rechtsstaatlichen Demokratie, dass sie gegenüber der „tribalen Urgesellschaft" mit einem geringeren Maß an Homogenität auskommt.[490]

Als Verbürgung individueller und kollektiver kultureller Entwicklungsmöglichkeiten verfügt sie auch über hinreichend kohäsives Potential: Nationaler Zusammenhalt entsteht nicht zufällig. Kultur besteht weniger in gemeinschaftlichen Fixpunkten und Verhaltensübereinstimmungen, als vielmehr in bestimmten Inhalten. So geschieht auch Nationenbildung in aller Regel nicht um ihrer selbst willen, sondern lädt sich auf mit „höheren" Absichten, mit Werten wie Freiheit von Beherrschung durch eine fremde Macht oder eine beherrschende Klasse.[491] Als entsprechenden Wert enthält eine freiheitliche und demokratische Grundordnung als universales Gerechtigkeitskonzept das Angebot und die Gewähr, interne Funktions- und Zukunftsfähigkeit mit einem Maximum an individueller Freiheit zu verbinden. Der Blick in andere Teile der Welt zeigt, dass das entsprechende Wertegerüst keine Selbstverständlichkeit darstellt. Dies gilt umso mehr, als dass es nach seinem aktuellen und hiesigen Verständnis von „Freiheitlichkeit" nicht nur die theoretische, sondern eben auch die faktische individuelle Verwirklichungsmöglichkeit mit einschließt. Hieraus bezieht jener „nationale" Ordnungserhalt seine anthropozentrische Legitimation, welche in ihrer Dimension weit über schlichten „Verfassungspatriotismus" hinausgeht: Kern jener Ordnung ist die Ermöglichung von individuellem Freiheitsgebrauch und damit die Förderung individueller wie kollektiver menschlicher Entwicklung. In einer freiheitlichen und offenen Gesellschaft manifestiert sich diese in einer auf mannigfaltige Einflüsse zurückgehenden Kultur. Diese ist *in ihrer Pluralität* letztlich homogen und insofern eben nicht „*multi*kulturell". Ihre verschiedenen ethnischen Akzente sind vielmehr das Symbol ihrer Freiheitlichkeit. Die scheinbare Gegensätzlichkeit von Liberalismus und Kommunitarismus hebt sich dabei auf: Zusammenhalt findet nicht *trotz*, sondern gerade *aufgrund* einer auf Pluralismus gegründeten und damit jedem einzelnen gerecht werdenden Ordnung statt. Ebenso ergibt sich der Rückhalt für jene staatliche Ordnung beim Bürger, gerade weil es ihm die Möglichkeit gibt, die ihn ansprechende Lebensweise zu pflegen und mit anderen zu teilen.

Seinen Ausdruck findet der entsprechende Gedanke in einem an den Staat gerichteten Auftrag, jene Einheit in Vielfalt zu fördern und insbesondere den Symbol- und Lebenswelten seiner verschiedenen ethnischen Gruppen Ausdruck zu

---

489 Vgl. *E.-W. Böckenförde*, Staat, Nation, Europa, 1999, S. 211f.; vgl. *Zuleeg* in: AK-GG, 2001, Präa., Rz. 19 m. N.

490 *Zuleeg* in: AK-GG, 2001, Präa., Rz. 19.

491 *E.-W. Böckenförde*, Staat, Nation, Europa, 1999, S.39.

verleihen. Auf diese Weise wird zum einen geistige Entwicklung gefördert; zum anderen werden die im Staat versammelten Individuen und Gruppen einer gemeinsamen (Über-) Identität[492] zugeführt.[493]
Dementsprechend sind auch die kulturellen Belange von Minderheiten verstärkt und in einem gesamtintegrativen Kontext, d.h. nicht nur als Spartenprogramm für Minderheiten, zu berücksichtigen.[494] Zu Recht sieht daher etwa der § 4 Abs. 3 WDR-G vor, dass im Programm insbesondere den Belangen von Menschen mit Migrationshintergrund Rechnung zu tragen ist.
Der Rang, der den jeweiligen Programmen bzw. –anteilen einzuräumen ist, hat sich dabei einerseits an der zahlenmäßigen Bedeutung der entsprechenden Gruppe, andererseits aber auch an Faktoren wie bisherigen Informationsdefiziten oder der Bedeutung für die hiesige Mehrheitskultur zu orientieren.

bbb. Öffentlichrechtlicher Rundfunk.
Der entsprechende Auftrag kann nur durch einen öffentlichrechtlichen Rundfunk wahrgenommen werden. Zwar spielt sich der entsprechende Kommunikationsprozess in gewissem Maße auch im kommerziellen Rundfunk ab. Es ist jedoch davon auszugehen, dass es den privaten Veranstaltern letztlich an Anreizen fehlt, um an einem entsprechenden Prozess unter - den in der Regel ausschlaggebenden - wirtschaftlichen Gesichtspunkten in erhöhtem Maße interessiert zu sein. Gerade Minderheiten stellen eine für kommerzielle Interessen relativ uninteressante und mithin tendenziell vernachlässigbare Zielgruppe dar. Hingegen hat die Gemeinschaft insgesamt ein hohes Interesse an Integration und gemeinsamer Identitätsbildung. Diese kann daher zuverlässig nur der öffentlichrechtliche Rundfunk wahrnehmen. Dementsprechend muss ein „nationaler" Auftrag des öffentlichrechtlichen Rundfunks letztlich darin bestehen, den innerhalb seines nationalen Raumes vorkommenden Ethnien sowohl die Möglichkeit zur Identifikation und Identitätsbildung zu geben, als auch die entsprechenden Inhalte dem übrigen Teil der Bevölkerung zu vermitteln, um gegenseitige Vertrautheit und wechselseitiges Verständnis - als Voraussetzung jeder Gemeinschaftlichkeit[495] - zu befördern und die so verstandene „nationale" Einheit zu stärken.
Die entsprechenden Rechtsgrundlagen finden sich damit neben Art. 5 I 2 GG in Art. 1 I und 2 I GG (Identitätsstiftung und Orientierungsvermittlung), als auch in Art. 20 I GG und letztlich in der Summe verfassungsrechtlich verbürgter Gewährleistungen und staatlicher Aufgaben insgesamt.

---

[492] Vgl. zum Phänomen der „Meta-Identität" s. *G. Schlee*, Einleitung, in: A. Horstmann/ G. Schlee, Integration durch Verschiedenheit, 2001, S. 17ff., 18f.
[493] Vgl. *Schulze-Fielitz* in: Dreier, 2. A., 2004, Art. 5 I, II, Rz. 47.; vgl. BVerfGE 31, 314, 329: „integrierende Funktion für das Staatsganze".
[494] Vgl. *H. Kresse*, Grundversorgung und integrative Pluralismussicherung, ZUM 1995, 178, 182 m. N.; *M.-L. Kiefer*, Gebührenindexierung und neue Modelle für Werbelimits, MP 1993, 46, 53 m. N.; vgl. *K. Hickethier*, Medienwissenschaft, 2003, S. 298.
[495] *K. Hansen*, Kultur und Kulturwissenschaft, 2. Aufl., 2000, S. 228, 233.

dd. Europa.

In Hinblick auf die in der Präambel und Art. 23 I 1 GG grundgesetzlich verbürgte Integration Deutschlands in den Prozess der Europäischen Einigung kommt ferner ein Auftrag des öffentlichrechtlichen Rundfunks in Betracht, den Aufbau eines vereinten Europas zu fördern.[496] Insbesondere in Hinblick auf eine wirksame dauerhafte Gewährleistung der staatlichen Ordnung einschließlich ihrer Gewährleistungen besteht – nicht zuletzt in Hinblick auf äußere, auch wirtschaftliche Erfordernisse – das Recht und die Pflicht einer jeden staatlichen Gemeinschaft, sich aktuellen Entwicklungen anzupassen und auf sich wandelnde Umweltbedingungen zu reagieren. Dabei ist ihr grundsätzlich auch zuzubilligen, ihre Kompetenzen oder einen Teil hiervon auf andere, überstaatliche Institutionen zu übertragen (vgl. Art. 23, 24 GG). - Obgleich die konkreten Umrisse der Ausgestaltung des Europäischen Einigungsprozesses noch zu konkretisierende, politische Fragen darstellen, stellt die grundsätzliche Integration Deutschlands in einen Europäischen Einigungsprozess jedenfalls ein allgemein anerkanntes Ziel dar: Es hat sowohl in die grundgesetzliche Präambel, als auch in Art. 23 GG Eingang gefunden und ist darüber hinaus erklärte Handlungsmaxime aller großen Parteien. Somit handelt es sich bei der Förderung der europäischen Integration der Bundesrepublik Deutschland um ein allgemein anerkanntes gemeinschaftliches Ziel der staatlichen Adaption an eine höhere staatliche Ordnung. Darüber hinaus ist der Prozess der europäischen Einigung nicht etwa nur ein bloßes Zweckbündnis, sondern erfolgt vor dem Hintergrund der, auch aufgrund deutscher Verantwortlichkeit von Kriegen und Konflikten geprägten, europäischen Geschichte. Er ist neben allen wirtschafts- und machtpolitischen Aspekten vor allem und zunächst Mittel zum dauerhaften Friedenserhalt. - *Nicht* erforderlich ist bei all dem naturgemäß, dass der entsprechende Prozess von allen Teilen der Bevölkerung vorbehaltlos gewollt ist. Somit ist davon auszugehen, dass der Staat versuchen kann und soll, die Argumente der Gegner des entsprechenden Prozesses zu entkräften und den Unentschlossenen von seiner Notwendigkeit zu überzeugen.[497]

Ein entsprechender Auftrag fällt somit auch in den Kulturauftrag des öffentlichrechtlichen Rundfunks.[498] Zu denken ist in Analogie zum Sendeauftrag bezüglich inländischer staatlicher und „nationaler“ Sendegegenstände vor allem an Gegenstände und Ereignisse mit symbolhaftem und repräsentativem Charakter,

---

[496] Vgl. *P. Selmer/ H. Gersdorf*, Die Finanzierung des öffentlichrechtlichen Rundfunks in der Bundesrepublik Deutschland auf dem Prüfstand des EG-Beihilferegimes, 1994, S. 59ff., 65; *T. Oppermann*, ARTE – Ein Experiment in europäischer Kultur, in: A. Randelzhofer/ R. Scholz/ D. Wilke, GS Grabitz, 1995, S. 483ff., 494ff.; *C. Holtz-Bacha*, Das fragmentierte Medienpublikum, in: Aus Politik und Zeitgeschichte B42/97, S. 13ff., 16.

[497] Insb. wurde jeder Prozess kultureller Veränderung stets getragen und vorangetrieben von einer geistig oder politisch führenden Schicht, vgl. *E.-W. Böckenförde*, 1999, Staat, Nation, Euopa, 1999, S. 42f.; *E. Hobsbawm*, Nationen und Nationalismus. Mythos und Realität seit 1780, 1991, S. 50.

[498] *D. Dörr*, Die verfassungsrechtliche Stellung der Deutschen Welle, 1998, S. 56.

europäische Geschichte, Aufklärung über anstehende Reformen, sowie über das Geschehen in anderen EU-Staaten.
Der entsprechende Auftrag kann zuverlässig auch nur durch einen öffentlich-rechtlichen Rundfunk wahrgenommen werden. Die entsprechenden Rechtsgrundlagen finden sich neben Art. 5 I 2 GG in der Präambel des Grundgesetzes, in Art. 23 I 1 und Art. 20 I GG, sowie den Grundrechten (insb. Art. 1 I und 2 I GG).

ee. Förderung des Friedens und der Völkerverständigung.

Jede (staatliche) Gemeinschaft muss zwangsläufig zu anderen Gemeinschaften in Beziehung treten. Die Präambel des Grundgesetzes stellt klar, dass der einzig gangbare Weg deutscher Auslandsbeziehungen jener eines friedlichen Miteinanders der Völker sein kann.[499] Dies folgt auch bereits aus Art. 1 I GG, der es gegenüber dem in- wie ausländischen Soldaten verbietet, sein Leben für staatliche Machtinteressen zu opfern.
Mittel der Friedensförderung und der Völkerverständigung ist die Pflege internationaler Beziehungen und insbesondere der internationalen Kommunikation.[500] Nur dort, wo zwischen Menschen verschiedener Länder und Kulturkreise offene Kommunikation stattfindet, besteht die Möglichkeit des friedlichen und fruchtbaren Zusammenlebens. - Insofern gilt für die „eine" Kultur Menschheit nichts anderes als für das Zusammenleben innerhalb eines Staates oder eines bestimmten Kulturkreises.
Ein Teil des Kulturauftrages des öffentlichrechtlichen Rundfunks muss somit darin bestehen, über ausländische fremde Kulturen zu berichten und in seinen Programmen auf Friedenserhalt und Völkerverständigung hinzuwirken[501]. Nur durch umfassende Information über fremde Kulturkreise können Vorurteile abgebaut und Verständnis insbesondere für deren in Deutschland lebende Angehörige gefördert werden. Nicht zuletzt profitiert auch das hiesige Gemeinwesen von der Konfrontation mit fremden Einflüssen: Diese verleihen hiesigen Verhaltens- und Denkmustern neue Impulse und tragen dazu bei, das Überkommene zu überdenken. Konkret kommen insbesondere im Ausland erfolgreiche fiktionale Programme in Frage, um dortiges Leben anschaulich im Inland darzustellen und neue Anstöße zu vermitteln. – Insbesondere auf diesem Gebiet besitzt der öffentlichrechtliche Rundfunk noch großes Entwicklungspotential.
Ein entsprechender Sendeauftrag kann zuverlässig nur vom öffentlichrechtlichen Rundfunk ausgefüllt werden. Dies folgt sowohl aus der zu befürchtenden defizitären Versorgungssituation eines sich selbst überlassenen Rundfunkmarktes, als auch an dem besonderen Interesse des Staates an einer objektiven, umfassenden und verantwortungsvollen Programmpräsentation.
Rechtsgrundlagen sind Art. 5 I 2 GG, Art. 1 I und 2 I GG, sowie Art. 20 I GG.

---

[499] *Zuleeg* in: AK-GG, 2001, Präa. Rz. 26.
[500] Vgl. zur Präsentation des eigenen Gemeinwesens im Ausland die Ausführungen zur Deutschen Welle unten.
[501] BVerfGE 83, 238, 243f., 301f.; vgl. *Zuleeg* in: AK-GG, 2001, Präa., Rz. 26.

ff. Repräsentation nach Außen.

Für jede Gemeinschaft besteht ein Bedürfnis nach Schutz und Wahrung der eigenen Interessen nach außen. Als Mittel hierzu bietet sich im modernen Medienzeitalter der Rundfunk und nicht zuletzt das Fernsehen an. Seit dem Jahr 1992 nimmt die *Deutsche Welle*[502] die Aufgabe der Verbreitung von Hörfunk und Fernsehen im Ausland wahr, deren Sendeauftrag gem. § 4 DWG darin besteht, *Deutschland als europäisch gewachsene Kulturnation und freiheitlich verfassten demokratischen Rechtsstaat verständlich zu machen.* Insbesondere *soll deutschen und anderen Sichtweisen zu wesentlichen Themen, vor allem der Politik, Kultur und Wirtschaft sowohl in Europa wie in anderen Kontinenten ein Forum* gegeben werden, *mit dem Ziel das Verständnis und den Austausch der Kulturen und Völker zu fördern. Die DW fördert dabei insbesondere die deutsche Sprache*[503].

Bei dem entsprechenden Programm handelt es sich seit dem Jahr 1999 zumindest im Bereich des Fernsehens im Wesentlichen um einen reinen Informationskanal mit Sendungen auf Deutsch, Englisch und Spanisch. Vor diesem Zeitpunkt wurden insb. auch Unterhaltungsprogramme angeboten.[504] Es stellt sich die Frage nach dem verfassungsrechtlichen Auftrag des Staates, ein entsprechendes Auslandsprogramm sicherzustellen, sowie nach dessen Umfang.

aaa. Förderungswürdigkeit.

Entsprechend dem Interesse und der Notwendigkeit jeder staatlichen Gemeinschaft, mit anderen Gemeinschaften Verkehr zu pflegen, ihnen gegenüber einheitlich aufzutreten und die eigenen Interessen durchzusetzen, hat der Staat das Recht und die verfassungsrechtliche Pflicht, die entsprechende Aufgabe möglichst wirkungsvoll wahrzunehmen.

Kompetenzrechtlich entspricht dem die Kompetenz des Bundes in Art. 73 Nr. 1 GG, auswärtige Gewalt auszuüben. Als sog. „Dritte Säule" stellt die auswärtige Kulturpolitik[505] einen essentiellen Teil der Außenpolitik der Bundesrepublik

---

[502] Sie wird i. d. R. nicht zum klassischen „öffentlichrechtlichen Rundfunk" gezählt, sondern nimmt eine Sonderstellung ein, da sie z. B. aus Steuermitteln finanziert wird, vgl. *R. Ricker/ P. Schiwy*, Rundfunkverfassungsrecht, 1997, D 11. Ihre Funktion als Außenrepräsentant der Bundesrepublik rechtfertigt es aber, sie im Rahmen dieser Untersuchung als Teil des öffentlichrechtlichen Rundfunks zu behandeln. - Auch ihren Organisationsstrukturen nach gleicht die Deutsche Welle im Wesentlichen den übrigen öffentlichrechtlichen Rundfunkanstalten; insbesondere besitzt sie einen Rundfunk- und einen Verwaltungsrat. Zur Finanzierung und im Allgemeinen siehe noch insb. *D. Dörr*, Die verfassungsrechtliche Stellung der Deutschen Welle, 1998, S. 45ff. vgl. *R. Hartstein*, Die Finanzierungsgarantie des Bundes für die Deutsche Welle, 1999 , S. 74f.

[503] Deutsche Welle Gesetz i. F. Bek. v. 11. Jan. 2005, BGBl. I 2005, S. 90; vgl. zum Auftrag der DW noch: *R. Hartstein*, Die Finanzierungsgarantie des Bundes für die Deutsche Welle, 1999, S. 101ff.; *D. Dörr*, Die verfassungsrechtliche Stellung der Deutschen Welle, 1998, S. 51ff., 54ff.

[504] *O. Zöllner*, Images of Germany and Its International Television, in: Deutsche Welle (Hg.), An Essential Link With Audiences Worldwide, 2002, S. 151.

[505] *V. Znined-Brand*, Deutsche und französische auswärtige Kulturpolitik, 1999, S. 21.

Deutschland dar. Seine kulturellen Eigenheiten sind wesentliches Aushängeschild eines Landes. Die Vermittlung seiner Errungenschaften fördert Wohlwollen und Verständnis in der Welt und bereitet dadurch nicht zuletzt auch wirtschaftliche Kontakte und globalpolitische Einflussmöglichkeiten vor.[506] Hinzu tritt das natürliche Interesse des Staates, den Kontakt zu – nicht zuletzt auch Repräsentanten Deutschlands darstellenden - Ausgewanderten oder (heutzutage häufiger) zeitweise von Deutschland getrennten lebenden deutschen Staatsangehörigen aufrechtzuerhalten.[507]
Die entsprechende, durch den Bund zu erfolgende[508] Aufgabe lässt sich besonders wirkungsvoll mit den Mitteln des Rundfunks durchführen[509]. Grundlage einer entsprechenden Tätigkeit ist somit nicht etwa die Sendetätigkeit *für* das Ausland. Es kann grundsätzlich nicht die Aufgabe des deutschen Staates sein, die Welt mit Rundfunk zu versorgen.[510] Rechtsgrundlage ist vielmehr vor allem das in Art. 20 I GG zum Ausdruck kommende natürliche Bestands- und Erhaltungsinteresse der Bundesrepublik Deutschland einschließlich der von ihrer Grundordnung geschützten Rechtsgüter. Hierunter fallen insbesondere der Schutz der Bürger- und Menschenrechte, Demokratiestaatlichkeit, die freie Meinungsbildung, die Verpflichtetheit gegenüber einem friedlichen Miteinander der Völker, aber auch die spezifischen Interessen der gerade hier ansässigen menschlichen Gemeinschaft.
In programmgestalterischer Hinsicht kommt einem entsprechenden Auslandsrundfunk zunächst die Pflicht zu, möglichst umfassend über die Bundesrepublik Deutschland und Europa zu informieren. Entsprechend dem Ziel nationaler Interessenswahrung in einem internationalen Kontext können dabei die Vorzüge der Bundesrepublik als erfolgreiches, in Prosperität und Freiheitlichkeit gedeihendes Gemeinwesen in den Vordergrund gestellt werden. Andererseits dürfen aber auch keine Unwahrheiten berichtet oder die Realitäten in der Bundesrepublik verzerrt dargestellt werden[511]. Hierzu zwingt zum einen das – auch im Auslandsbezug zumindest *negativ*rechtliche Wirkung entfaltende – Grundrecht der Meinungs- und Informationsfreiheit[512]. Schon unter Glaubwürdigkeitsaspekten dient ferner die wahrheitsgemäße Berichterstattung langfristig den eigenen Interessen am besten. Im Übrigen ist davon auszugehen, dass als auf Seiten der Gerechtigkeit stehender Kraft die Durchsetzung der Wahrheit auch und gerade in

---

[506] *N. Werz*, Auswärtige Kulturpolitik: Kontinuität oder Wandel, in: Außenpolitik 43 (1992), S. 246f.; *V. Znined-Brand*, Deutsche und französische auswärtige Kulturpolitik, 1999, S. 20.
[507] *V. Znined-Brand*, Deutsche und französische auswärtige Kulturpolitik, 1999, S. 20.
[508] *V. Znined-Brand*, Deutsche und französische auswärtige Kulturpolitik, 1999, S. 21.
[509] Vgl. *R. Hartstein*, Die Finanzierungsgarantie des Bundes für die Deutsche Welle, 1999 , S. 109; *T. Oppermann*/ *M. Kilian*, Rechtsgrundsätze der Finanzierung öffentlich-rechtlichen Rundfunks in der dualen Rundfunkverfassung der Bundesrepublik Deutschland, 1989, S. 72.
[510] *R. Hartstein*, Die Finanzierungsgarantie des Bundes für die Deutsche Welle, 1999, S. 54 m. N.
[511] Vgl. § 5 DW-G.
[512] *R. Hartstein*, Die Finanzierungsgarantie des Bundes für die Deutsche Welle, 1999, S. 54; *D. Dörr*, Die verfassungsrechtliche Stellung der DW, 1998, S. 37.

einem internationalen Rahmen den Interessen der Bundesrepublik nur förderlich sein kann. „Propaganda“ jeglicher Art scheidet daher für einen öffentlichrechtlichen Auslandsrundfunk aus.
Neben Berichten aus Deutschland und Europa, sowie der Darstellung des deutsch-europäischen Blickwinkels, beinhaltet der Sendeauftrag eines Auslandsrundfunks daher (wie im neuen DW-Gesetz nun ausdrücklich vorgesehen) nicht zuletzt auch eine umfassende Berichterstattung *aus* aller Welt. Der DW kommt somit insbesondere die Aufgabe zu, eine international ausgewogene Meinungsarena mitzugestalten und namentlich darauf hinzuwirken, in einseitig und propagandistisch fehlinformierten Teilen der Welt objektiv und umfassend über das allgemeine Weltgeschehen zu berichten.[513]
In Bezug auf den Auftrag nationaler Repräsentation müssen auch (und insb. klassische) kulturelle Sendegegenstände wieder verstärkt Berücksichtigung finden: Etwa die Errungenschaften deutscher Wissenschaft, Kunst und Bildungsmaterie, da nur so wirksam ein umfassendes und positives Bild Deutschlands vermittelt werden kann. Zu denken ist hier insbesondere an jene kulturellen Errungenschaften, für die Deutschland in aller Welt berühmt ist, wie deutsche Philosophie und Naturwissenschaft, sowie die dem deutschen Kulturkreis entstammende klassische Musik. Wissenschaftliche und musische Inhalte können – neben ihrem individuell bereichernden Potential - in besonderem Maße der positiven Darstellung des deutschen Gemeinwesens und damit letztlich auch des in ihm verwirklichten anthropozentrischen Staatskonzeptes dienen. Gerade in Hinblick auf wirtschaftlich weniger entwickelte Staaten ist hier nicht zuletzt das landessprachliche Radio von nicht zu unterschätzender Bedeutung.
Ferner zu denken ist auch an zumindest vereinzelte fiktive (Fernseh-) Inhalte deutscher Provenienz, wie im Heimatland erfolgreich gelaufene Krimis oder Serien. Insbesondere in Hinblick auf drohende Konflikte mit der Dritten Welt („clash of civilisations“) vermögen Inhalte, die die hier lebenden Menschen mit ihren Alltagssorgen und Lebensnöten zeigen, deutsch-europäischen Interessen unter Umständen wirksamer zu dienen, als Beiträge mit einem reinen, häufig als distanziert empfundenen Informationscharakter.[514]

bbb. Öffentlichrechtlicher Rundfunk.

Dass diese verfassungsrechtlich gebotene Aufgabe durch einen öffentlichrechtlichen Rundfunk zu gewährleisten ist, folgt bereits aus dem hoheitlichen Charakter der Sendetätigkeit. Die Einführung eines internationalen deutschen Pay-TV-Kanals ist demgegenüber nicht dazu geeignet, dem inländischen Interesse an umfassender (auch künstlerisch-musische, wissenschaftliche und bildende Inhalte beinhaltender) Repräsentation im Ausland umfassend zu genügen, da davon

[513] Zu Informationsdefiziten i. Allg. und insb. den Möglichkeiten des Internet vgl. *M. Behmer/ B. Trapp*, More connected?, in: H.-H. Brosius (Hg.), Kommunikation über Grenzen und Kulturen, 2000 , S. 187ff.
[514] *O. Zöllner*, Images of Germany and Its International Television, in: Deutsche Welle (Hg.), An Essential Link With Audiences Worldwide, 2002, S. 156f.

auszugehen ist, dass das entgeltliche Angebot vor allem von Auslandsdeutschen angenommen wird, während gerade die Sympathien des Uninformierten und Deutschland neutral gegenüber Stehenden für das hiesige Gemeinwesen gewonnen werden sollen.
Rechtsgrundlage ist das natürliche Bestands- und Selbsterhaltungsinteresse des Staates, das etwa in Art. 20 I GG[515] seinen fassbaren Ausdruck findet und dabei die Summe förderungswürdiger Staatsziele mit umfasst.

gg. Sozial-integrative Werte.
Insofern *Kultur* das Zusammenleben in der Gemeinschaft mit anderen bezeichnet, ist sie auch ein Begriff, der als Synonym für bestimmte soziale Werte steht. Die Verinnerlichung bestimmter Leitmaximen im menschlichen Handeln wie z.B. Nachsicht, Toleranz, Respektierung des anderen (insb. seiner Rechte wie Meinungsfreiheit, Gleichheit)[516], aber auch die Betonung familiärer Bindungen als Basis des Heranwachsens künftiger Generationen, sind für ein Gemeinwesen besonders bedeutende Werte.[517] Sie sind Kern jeder freiheitlichen Ordnung, da sie das Zusammenleben, die Prozesshaftigkeit und den Bestand menschlicher Kultur verbürgen. Sie sind insofern universale Werte, die sich sowohl der Relativierung als auch der Vereinnahmung entziehen müssen. Sie sind weder einer bestimmten Menschengruppe zu eigen, noch auf diese beschränkt, sondern essentielle Bestandteile jeder den Menschen und seine Entfaltungsmöglichkeiten achtenden Grundordnung. Ebenso ist auch der freiheitliche, demokratische Rechtsstaat verpflichtet, sich gegenüber ihn bedrohenden Anfeindungen schon aufgrund der in ihm verkörperten anthropozentrischen Gewährleistungen entschlossen und aktiv zur Wehr zu setzen. Im Bereich des Rundfunks gilt dies im Sinne eines positiven, bestimmte Inhalte verbürgenden Programmangebots.
Ein entsprechendes Angebot ist auch nicht in ausreichendem Maße von einem sich selbst überlassenen Rundfunkmarkt zu erwarten; es kann lediglich von einem öffentlichrechtlichen Rundfunk gewährleistet werden.
Rechtsgrundlagen sind neben Art. 5 I 2 GG insbesondere die Grundrechte, hierunter vor allem Art. 1 I, 2 I und 3 I GG, sowie Art. 20 I GG.

hh. Schutz der natürlichen Lebensgrundlagen.
Die menschliche Gemeinschaft ist darauf angewiesen, mit ihren natürlichen Ressourcen hauszuhalten, um ihre Lebensgrundlagen nicht auf Dauer zu zerstören.[518] Ebenfalls ein Aspekt des Schutzes des Mitmenschen und Element der gegenseitigen Rücksichtnahme in der – nicht zuletzt zeitlichen - Gemeinschaft ist somit der Umweltschutz. Es gehört zu den Eckpfeilern menschlicher Zivilisa-

---

[515] arg. („...staat").
[516] Vgl. *Schultze-Fielitz* in: Dreier, 2. A., 2004, Art. 5 I, II GG, Rz. 47.
[517] Vgl. Hoffmann-Riem in: AK-GG, 2001, Art. 5 I, II, Rz. 15f.; vgl. auch die Nachweise in Teil III.
[518] *G. Püttner*, HdbkWiP IV, 2.A.,1983, S. 221; *H. Metzner*, Bleibt die Erde bewohnbar? in: L. Bossle, Deutschland als Kulturstaat, 1993, S. 371ff.

tion, die Lebensgrundlagen künftiger Generationen zu sichern und zu schützen. Dies folgt zum einen aus den Rechten der – bereits in den Schutzbereich des Grundgesetzes einbezogenen – noch ungeborenen Individuen, als auch aus den legitimen Interessen der jetzigen Elterngeneration am Schutz ihrer Kinder und Kindeskinder. Dementsprechend wurde der Gedanke des Schutzes der natürlichen Lebensgrundlagen nachträglich als Art. 20 a ins deutsche Grundgesetz inkorporiert.
Das entsprechende Bewusstsein zu fördern und zu verstärken, fällt somit als überragende Gemeinaufgabe ebenfalls unter den verfassungsrechtlichen Kulturauftrag des öffentlichrechtlichen Rundfunks.
Rechtsgrundlagen sind auch hier neben Art. 5 I 2 GG insbesondere die Art. 1 I GG, 2 I GG, die Summe aller übrigen Grundrechte, sowie Art. 20 I und Art. 20 a GG.

d.) Klassischer Kulturbereich.
Nach den bisherigen Untersuchungen sind nunmehr zwei wesentliche Dimensionen des Kulturauftrags des öffentlichrechtlichen Rundfunks erfasst: Dieser soll sowohl solche Inhalte anbieten, die dem Individuum geistige Erweiterungs- und Ausdrucksmöglichkeiten bieten, als auch solche, die die einzelnen Individuen im Staat zu einer Gemeinschaft verbinden, sowie diese stärken und stützen.
Entwicklung und geistige Erweiterung des Menschen findet jedoch *zumindest nicht in gleichem Maße* in allen Lebenssachbereichen statt. Als *zumindest besonders ausschlaggebend* für individuelle wie gemeinschaftliche geistige Entfaltung des Menschen lassen sich die „traditionellen", „hoch"-kulturellen Sachbereiche Kunst, Wissenschaft und Bildung, sowie die Religion ansehen. Ihr Herausgreifen als Sphären geistiger Orientierung des Menschen gegenüber ebenfalls bedeutsamen Sachbereichen wie „Technik", „Recht" oder „Medizin" ist dabei keineswegs willkürlich. Vielmehr kommt den genannten Bereichen eine besondere Qualität menschlicher Wirkenskraft zu, welche es rechtfertigt, allen Nivellierungen und Öffnungen des Bereiches des Kulturellen zum Trotz von einer besonderen Bedeutung der entsprechenden Sachbereiche für *die Kultivierung des Menschen* auszugehen.

aa. Wissenschaft und Bildung.
Traditioneller Bestandteil des Sachbereiches der Kultur ist die Materie der *Wissenschaft und Bildung.*[519]

aaa. Wissenschaft als Teil der Bildung.
Daher verdient der wissenschaftliche Sachbereich auch unter dem Aspekt des Kulturauftrages des öffentlichrechtlichen Rundfunks besondere Aufmerksamkeit.[520]

[519] Vgl. Pernice in: Dreier, 2. A., 2004, Art. 5 III (Wissenschaft), Rz. 22f.
[520] Vgl. *H.-J. Weiß*, Kultur und Bildung, MP 1992, 733, 737; *T. Oppermann*, Kulturverwaltungsrecht, 1969, S. 513f. m. N.; i. ü. s. noch die Ausführungen in Teil III.

(1) Förderungswürdigkeit.

Aufgabe des Rundfunks im wissenschaftlichen Bereich muss von vornherein vor allem eine bildende[521] sein. „Echte“ Wissenschaft besteht auf der einen Seite in Forschung, auf der anderen in (universitärer) Lehre.[522] Es kann aber nicht vorrangige Aufgabe des Rundfunks sein, selbst aktiv Forschung zu betreiben oder Programme auf universitärem Niveau anzubieten. Seine Aufgabe muss sich vielmehr grundsätzlich auf die allgemeinverständliche Vermittlung von Inhalten aus der Wissenschaft beschränken.

Gegenstand der Wissenschaft als „Suche nach Wahrheit“[523] ist das Bemühen um die rationale Erklärung der in der Welt wirkenden Zusammenhänge.[524] In Abgrenzung zur Religion als „Reich des Glaubens“, des Unbeweis- und – beobachtbaren handelt es sich um eine Erklärung der Wirklichkeit, die einem - zumindest momentane Geltung beanspruchenden[525] - experimentellen oder logischen Beweis zugänglich ist.[526] Im Gegensatz zur religiösen Wirklichkeitserschließung beinhaltet die Wissenschaft daher grundsätzlich kein Unsicherheitselement, keinen Bereich, der allein der subjektiven Einschätzung des einzelnen überlassen bleibt.[527]

Letztlich fließend sind dabei die Übergänge zum Bereich allgemeiner objektiver Information, dem es an jenem Abstraktheitskriterium der Wissenschaft mangelt, welches man als Erfordernis der Professionalität der Erklärungsversuche beschreiben könnte.[528] Festzuhalten soll hier zunächst lediglich sein, dass *Wissenschaft* - auch nach ihrem maßgeblichen eigenen Verständnis[529] - jedenfalls ein gewisses Maß an Leistungshöhe und Abstraktheit voraussetzt, welches sie etwa gegenüber anderen Sachbereichen wie der Technik etc. dahin unterscheidet, dass es ihr um die Beantwortung grundsätzlicher Fragen und nicht um die Lösung bestimmter konkreter Aufgaben oder um nützliche Alltagsinformation geht.[530]

---

[521] Vgl. *B. Losch*, Wissenschaftsfreiheit, 1993, S. 130.

[522] BVerfGE 35, 879, 113; Schulze-Fielitz in: E. Benda/ W. Maihofer/ H.-J. Vogel, HdbVerfR, 2. Aufl., 1994, § 27, Rz. 2.

[523] *Pernice* in: Dreier, 2. A., 2004, Art. 5 III Rz. 4.

[524] Vgl. *Pernice* in: Dreier, 2. Auf., 2004, Art. 5 Rz. 13, 22; E. Benda/ W. Maihofer/ H.-J. Vogel, HdbVerfR, 2. Aufl., 1994, § 27, Rz. 2; zum Problem der Definitionseingrenzung siehe etwa *H.-H. Trute*, Die Forschung zwischen grundrechtlicher Freiheit und staatlicher Institutionalisierung, 1994, S. 62ff.

[525] Zur immerwährenden Reversibilität von Wissenschaft insb. nach *Popper*, s. *H.-H. Trute*, Die Forschung zwischen grundrechtlicher Freiheit und staatlicher Institutionalisierung, 1994, S. 68ff.

[526] Vgl. *Pernice* in: Dreier, 2. A., 2004, Art. 5, Rz. 23.

[527] Vgl. *C. D. Classen*, Wissenschaftsfreiheit außerhalb der Hochschule, 1994, S. 78.

[528] Vgl. *H.-H. Trute*, Die Forschung zwischen grundrechtlicher Freiheit und staatlicher Institutionalisierung, 1994, S. 116.

[529] *H.-H. Trute*, Die Forschung zwischen grundrechtlicher Freiheit und staatlicher Institutionalisierung, 1994, S. 82f., 122.

[530] Vgl. BVerfGE 35, 79, 113; *H.-H. Trute*, Die Forschung zwischen grundrechtlicher Freiheit und staatlicher Institutionalisierung, 1994, S. 113ff., 115ff., 126f.

Die Wissenschaftsfreiheit ist als Freiheitsrecht in Art. 5 III 1 GG verbürgt. Entsprechend den Ausführungen zu den Aufgaben des Leistungsstaats könnte sich hieraus eine Verpflichtung des Staates und mithin des öffentlichrechtlichen Rundfunks ableiten, ein Angebot wissenschaftlicher Inhalte sicherzustellen. Entscheidend für die Beurteilung eines entsprechenden Auftrages sind die Funktionen, die wissenschaftlich-bildenden Inhalten zukommen.

Wie Kunst und Religion stellt die Wissenschaft ein universales Menschheitsphänomen, einen „menschlichen Ursprungsvorgang" an sich dar[531]: Es ist eine typische Eigenschaft des Menschen, die um ihn existierende Welt in ihren Abläufen und Kausalitäten verstehen zu wollen.[532] Die Befriedigung jenes Verlangens des Menschen nach plausiblen Erklärungen über die in der Welt herrschenden Kausalitäten korrespondiert damit einem seiner elementarsten Grundbedürfnisse als sinnsuchendem Wesen. Als intellektuelle Wirklichkeitskonstruktion und Mittel zur Selbstentfaltung[533] entspricht sie seinem Streben, sich gegenüber dem „ausschließlich kausal determinierten Triebwesen", zu seiner Umwelt geistig in Bezug zu setzen und so die Voraussetzung zu schaffen, diese nicht zuletzt auch gestaltend zu verändern.[534] Sie ist damit Grundvoraussetzung für den *autonomen*, „gesitteten" (*Fichte*)[535] Menschen[536], welcher einen wesentlichen Aspekt seines Menschseins und damit auch seiner Menschenwürde aus jener Fähigkeit bezieht, seine Welt intellektuell zu erfassen und nach eigenem Belieben zu gestalten. Eines Menschen *un*würdig wäre es umgekehrt, ihm die Gewinnung von Einsichten über sich und die Welt zu verwehren.

Eine staatliche Pflicht, den entsprechenden Prozess der Erkenntnisgewinnung zu schützen und zu fördern, folgt damit neben Art. 5 III 1 GG aus dem anthropozentrischen Gehalt des Grundgesetzes und somit aus Art. 1 I GG.[537]

An diese grundsätzliche Förderung des Menschen als einsichtiges, verstehendes Wesen lässt sich nicht zuletzt die Hoffnung knüpfen, dass das an Übung des eigenen Intellekts gewöhnte und in seine Urteilskraft Zutrauen besitzende Individuum auch in gesellschaftlicher und sozialer Hinsicht selbständig und eigenverantwortlich handeln werde.[538] Von der Menge verantwortlicher und von Einsehen geprägter Individuen aber hängt auch das Schicksal der Gesellschaft als

---

[531] Vgl. *Pernice* in: Dreier, 2. A., 2004, Art. 5, Rz. 13.

[532] *K. Hansen*, Kultur und Kulturwissenschaft, 2. A., 2000, S. 44.

[533] *C. D. Classen*, Wissenschaftsfreiheit außerhalb der Hochschule, 1994, S. 1.

[534] *Schulze-Fielitz* in: E. Benda/ W. Maihofer/ H.-J. Vogel, HdbVerfR, 2. Aufl., 1994, §27, Rz. 1; *Y. Hsu*, Selbstverwirklichungsrecht im pluralistischen Kulturstaat, 2000, S. 81f.

[535] *J. G. Fichte*, Über die Bestimmung des Gelehrten, 1910, S. 42; vgl. Denninger in: AK, 2. Aufl., Art. 5 III Rz. 2.

[536] *T. Dickert*, Naturwissenschaft und Forschungsfreiheit, 1991, S. 262.

[537] *Pernice* in: Dreier, 2. A., 2004, Art. 5 III, Rz. 13; *Y. Hsu*, Selbstverwirklichungsrecht im pluralistischen Kulturstaat, 2000, S. 81f.; *B. Losch*, Wissenschaftsfreiheit, 1993, S. 129f.

[538] *Schulze-Fielitz* in: E. Benda/ W. Maihofer/ H.-J. Vogel, HdbVerfR, 2. Aufl., 1994, § 27, Rz. 1; vgl. BVerwG, NVwZ 1987, 681, 682; *Y. Hsu*, Selbstverwirklichungsrecht im pluralistischen Kulturstaat, 2000, S. 44.

Ganzes ab.[539] Die umfassende Fähigkeit zur zutreffenden Wirklichkeitserfassung lässt sich somit nicht zuletzt als elementare Voraussetzung von Gerechtigkeit und Friedenswahrung ansehen.[540]
Die entsprechenden Inhalte wirken sich zudem orientierungs- und auch im Alltag handlungserleichternd aus.[541] Die gemeinschaftliche Rezeption schafft eine gemeinsame Wissensbasis der Menschen und erhöht damit deren Interaktionsmöglichkeiten. Auch der Grad an innerem Zusammenhalt einer Gemeinschaft wird durch gemeinsame Interessen, Gesprächsthemen und Problemgewärtigungen erhöht.[542] Als Symbol eines freiheitlichen Gemeinwesens steht die Förderung einer unabhängigen Wissenschaft für Toleranz und Offenheit an sich.[543]
Ein funktionierendes Wissenschafts*leben* ist ferner nur möglich, wenn wissenschaftliche Materie von der breiten Bevölkerung mitgetragen und in Ansätzen verstanden wird. [544] Nur in einem sie begünstigenden Gesamtklima kann Wissenschaft florieren.[545] Auch hier gebietet es insbesondere das Interesse künftiger Generationen, sie fördernd zu unterstützen und in das Bewusstsein der Bevölkerung zu transportieren.[546] Insofern umfasst ein wissenschaftlich-bildendes Rundfunkangebot in seinen Funktionalitäten alle Förderaspekte *der Wissenschaft* im Generellen zumindest mittelbar: Wissenschaftliche Forschung ermöglicht technische und gesellschaftliche[547] Innovation und ist Grundlage jeglichen zivilisatorischen Fortschritts[548]. Sie ist eine wesentliche Grundlage des modernen sozialökonomischen Wohlfahrtstaates[549] und nicht zuletzt auch Ausdruck des Zutrauens in die Zukunft. All dies gilt umso mehr in einem Klima zunehmenden internationalen Wirtschaftswettstreits, welcher die Sicherstellung der nationalen wissenschaftlichen Wettbewerbsfähigkeit auch um der dauerhaften Gewährleistung aller übriger als richtig empfundener Werte gebietet.[550]

---

539 *Schulze-Fielitz* in: E. Benda/ W. Maihofer/ H.-J. Vogel, HdbVerfR, 2. Aufl., 1994, § 27, Rz. 1; *B. Losch*, Wissenschaftsfreiheit, 1993, S. 128.
540 *B. Losch*, Wissenschaftsfreiheit, 1993, S. 128.
541 *Schulze-Fielitz* in E. Benda/ W. Maihofer/ H.-J. Vogel, HdbVerfR, 2. Aufl., 1994, §27, Rz. 1.
542 Vgl. *Schulze-Fielitz* in E. Benda/ W. Maihofer/ H.-J. Vogel, HdbVerfR, 2. Aufl., 1994, §27, Rz. 1.
543 *B. Losch*, Wissenschaftsfreiheit, 1993, S. 128.
544 Vgl. *H. Gerber*, Das Recht der wissenschaftlichen Hochschulen in der jüngsten Rechtsentwicklung. Band II: Anmerkungen, 1965, S. 121, Anm. 331.
545 *T. Dickert*, Naturwissenschaft und Forschungsfreiheit, 1991, S. 263.
546 *T. Dickert*, Naturwissenschaft und Forschungsfreiheit, 1991, S. 262.
547 *C. D. Classen*, Wissenschaftsfreiheit außerhalb der Hochschule, 1994, S. 3; *B. Losch*, Wissenschaftsfreiheit, 1993, S. 129.
548 *Pernice* in: Dreier, 2. A., 2004, Art. 5 III, Rz. 13.
549 *Pernice* in: Dreier, 2. A., 2004, Art. 5 II, Rz. 13; *C. D. Classen*, Wissenschaftsfreiheit außerhalb der Hochschule, 1994, S. 1; s. zu allem auch noch *T. Dickert*, Naturwissenschaft und Forschungsfreiheit, 1991, S. 263.
550 Vgl. *Schulze-Fielitz* in: E. Benda/ W. Maihofer/ H.-J. Vogel, HdbVerfR, 2. Aufl., 1994, §27, Rz. 19f.; *T. Dickert*, Naturwissenschaft und Forschungsfreiheit, 1991, S. 263m. N.

Dabei ermöglicht ein breiter Eingang der Wissenschaft in die Bevölkerung nicht zuletzt die informierte und alle Teile mit einbeziehende gesellschaftliche Diskussion *über* Wissenschaft und insbesondere die Grenzen des ethisch Vertretbaren.[551] Denn so fragwürdig das Ansinnen einer „demokratischen“ Wissenschaft im Sinne einer sachlichen Lenkung der „Suche nach Wahrheit“ sowohl angesichts ihrer freiheitlichen Verbürgungen wie auch Voraussetzungen erscheint[552], ist es doch ebenso unzweifelhaft geboten, gesellschaftliche Konsense sowohl über Schwerpunktbildung und finanzielle Mittelverwendung, als auch über die ethische Vertretbarkeit der praktischen Ziele einer letztlich auch als gesellschaftlich-zivilisatorischen Gesamtanstrengung zu verstehenden Wissenschaft herzustellen.[553]

(2) Öffentlichrechtlicher Rundfunk.

Es erscheint auch geboten, ein entsprechendes Angebot durch den öffentlich-rechtlichen Rundfunk wahrzunehmen.[554] Sowohl die Gefahr der inhaltlichen Ausdünnung, als auch die Gefahr der Manipulation gebieten eine entsprechende hoheitliche Tätigkeit. Letzterer Aspekt gewinnt insbesondere im Zusammenhang mit der gesellschaftlichen Diskussion *über* Wissenschaft an Bedeutung. Gerade aufgrund der vermeintlichen Objektivität von Wissenschaft, der mangelnden Überprüfbarkeit ihrer Ergebnisse durch den Laien und der damit einhergehenden Gefahr der Tendenziosität, verfügen wissenschaftliche Inhalte über ein gesteigertes Potential zur subtilen und daher besonders gefährlichen Manipulation der öffentlichen Meinung. Es besteht daher die Gefahr, dass interessengeleitete „Wahrheiten“ zur Grundlage von eben jenen Interessen dienlichen Entscheidungen gemacht werden.

Rechtsgrundlage ist neben Art. 5 I 2 GG insbesondere Art. 5 III 1 GG, sowie Art. 1 I GG. Verstärkend wirken sich insb. Art. 2 I GG, 3 I GG, sowie Art. 20 I GG (Sozialstaatsprinzip) aus.

bbb. Bildung.

Neben wissenschaftlichen fallen unter die Bildung insbesondere solche Inhalte, welche ein möglichst weit gefasstes Verständnis der Welt in der vom sozialen Umfeld geteilten Form ermöglichen.[555] Erfasst sind damit insb. klassisch „schulische“ und allgemeinbildende Themen wie (Landes-) Geschichte, Sprache(n), Politik und Staatsorganisation, Länderkunde, Technik, Biologie, Gesellschaftli-

---

[551] *Pernice* in: Dreier, 2. A., 2004, Art. 5 III, Rz. 4.

[552] Vgl. *H.-H. Trute*, Die Forschung zwischen grundrechtlicher Freiheit und staatlicher Institutionalisierung, 1994, S. 4f.

[553] Vgl. *Schulze-Fielitz* in E. Benda/ W. Maihofer/ H.-J. Vogel, HdbVerfR, 2. Aufl., 1994, §27, Rz. 12ff.; *T. Dickert*, Naturwissenschaft und Forschungsfreiheit, 1991, S. 263, 265; vgl. BVerfGE 12, 45, 51; 28, 175, 189.

[554] Vgl. BVerfGE 31, 314, 326; 83, 238, 243f., 301f.

[555] Allgemein zum Bildungsauftrag siehe insb. *T. Oppermann*, Kulturverwaltungsrecht, 1969, S. 513; vgl. auch *M. Bullinger*, Wege zu einem Funktionsauftrag, 1999, S. 93f.- "kulturelle Bildung", sowie die weiteren Nachweise in Teil III.

ches etc., auf denen sowohl die Bewältigung des Alltags,[556] aber auch insbesondere die bessere Erfassung der übrigen Kulturbereiche aufbauen kann. [557]
Hieran lässt sich die Hoffnung anknüpfen, dass mit der entsprechenden Wissensvermittlung auch die Ausbildung einer entwickelten Persönlichkeit [558] einhergehen werde: Bildung erweitert den geistigen Horizont und schafft damit die Möglichkeit, über die eigenen unmittelbaren Interessen hinauszuschauen; sie fördert und ermöglicht damit auch die Fähigkeit zur Mitmenschlichkeit.[559] Unter einen weiten Bildungsbegriff fällt somit auch die Fähigkeit zum rücksichtsvollen Umgang mit anderen Menschen[560]. Zumindest was Heranwachsende angeht, schließt Bildung daher einen gezielten Erziehungsauftrag und insbesondere die Aufgabe mit ein, das einzelne Kind zu einem verantwortlich handelnden Mitglied der Gemeinschaft heranzubilden.[561] Bildung besteht insofern auch in der Verinnerlichung bestimmter sozial-integrativer Werte.
Als entsprechende Rechtsgrundlage kann zunächst Art. 1 I GG (i. V. m. Art. 2 I GG) herangezogen werden: Indem Bildung intellektuelle und faktische (insb. soziale) Orientierung ermöglicht, entspricht ihre Förderung einer Grundgesetzkonzeption, in deren Mittelpunkt die Heranbildung des verantwortlich handelnden und sittlich autonomen Menschen steht. Sie findet Rückhalt in Art. 1 GG, sowie in Art. 2 I GG. Ferner können insbesondere Art. 12, 7 sowie 5 III GG herangezogen werden.[562]
Zumindest verstärkend tritt das Sozialstaatsprinzip hinzu, das einen entsprechenden Förderauftrag insbesondere gegenüber dem begründet, der aufgrund seiner sozialen Lebensumstände keinen oder nur eingeschränkten selbständigen Gebrauch von seinen Freiheitsrechten machen kann.

---

[556] Vgl. *F.-R. Jach*, Kommunitarismus, Liberalismus und Bürgergesellschaft im Bildungswesen, in: ders./ S. Jenkner (Hg.), 50 Jahre Grundgesetz und Schulverfassung, 2000, S. 77ff., 87

[557] *L. Reuter*, Das Recht auf Bildung in der deutschen Bildungsgeschichte seit 1945, in: Jach, Frank-Rüdiger/ Jenkner, Siegfried, 50 Jahre Grundgesetz und Schulverfassung, 2000, S. 17ff. , 32.

[558] *F.-R. Jach*, Kommunitarismus, Liberalismus und Bürgergesellschaft im Bildungswesen, in: ders./ S. Jenkner (Hg.), 50 Jahre Grundgesetz und Schulverfassung, 2000, S. 78; BVerfGE 34, 165, 188; vgl. Staatslexikon Görres-Gesellschaft (Hg.), Band 1, 7. Aufl., 1995, Bildung I. 3.

[559] *A. Köpcke-Duttler*, Zum Recht auf Bildung in interkulturellem Licht, in: F.-R. Jach/ Jenkner, Siegfried, 50 Jahre Grundgesetz und Schulverfassung, 2000, S. 91ff. m. N.

[560] *F.-R. Jach*, Kommunitarismus, Liberalismus und Bürgergesellschaft im Bildungswesen, in: ders./ S. Jenkner (Hg.), 50 Jahre Grundgesetz und Schulverfassung, 2000, S. 78; BVerfG NJW 1982, 250; BVerfGE 30, 1, 20; 56, 37, 49; 65, 1, 44; Staatslexikon Görres-Gesellschaft (Hg.), Band 1, 7. Aufl., 1995, Bildung, I. 6.

[561] BVerfGE 47, 46, 72; *F.-R. Jach*, Kommunitarismus, Liberalismus und Bürgergesellschaft im Bildungswesen, in: ders./ S. Jenkner (Hg.), 50 Jahre Grundgesetz und Schulverfassung, 2000, S. 77.

[562] *L. Reuter*, Das Recht auf Bildung in der deutschen Bildungsgeschichte seit 1945, in: Jach, Frank-Rüdiger/ Jenkner, Siegfried, 50 Jahre Grundgesetz und Schulverfassung, 2000, S. 17ff., S. 19 m. N.

Geschichtlichen Bildungsinhalten kommt zudem eine identitätsstiftende und sozial einbindende Wirkung zu. Ferner ist auch im Bereich der Bildung ein diese begünstigendes Gesamtklima im Sinnes eines durchgehenden Bildungsgrades der Bevölkerung erforderlich, welches vor allem der Rundfunk garantieren kann.
Hinzu kommt die vereinigende und interaktionsfördernde Wirkung eines hohen allgemeinen Bildungsniveaus der Bevölkerung.[563] Insbesondere vermag Rundfunk auch einer Wissenskluft in der Bevölkerung zwischen einer bevorteilten Informationselite und übrigen Bevölkerungsteilen vermeiden bzw. schließen helfen.[564] Auch die demokratische Gesellschaft profitiert vom toleranten, mündigen und verantwortungsvollen Bürger.[565]
All dies gilt insbesondere für den Bereich der Kinder- und Jugendbildung, wie sie etwa durch den *Kinderkanal* erfolgt: Die heranwachsenden Rezipienten sind in besonderem Maße auf Hilfe zur intellektuellen wie emotionalen Heranreifung zu geistig-sittlich autonomen Individuen angewiesen, da sie selbst die Bedeutung von Bildung nicht beurteilen können, Versäumnisse aber praktisch irreparabel sind und daher besonders schwer wiegen. Insbesondere ist davon auszugehen, dass auch die Art und Weise des Gebrauchs von Medien bereits in frühester Jugend geprägt wird.[566] Eine Gewöhnung an gehaltvolle Inhalte kann somit am besten im Kindesalter erfolgen.
Die Wahrnehmung einer bildenden und erzieherischen Funktion durch den Rundfunk erscheint dabei auch deshalb geboten, weil die Schwächung traditioneller Instanzen auch die Familie betrifft. Gefühle der Haltlosigkeit und der Desorientierung sind bei der modernen 1- oder 2-Kind-Kernfamilie sehr viel ausgeprägter als bei der Großfamilie noch des frühen 20. Jahrhunderts.[567] Dies gebietet in besonderem Maße eines „positiven Jugendschutzes" mittels eines staatlichen Bildungsangebots im Rundfunk und insbesondere im Fernsehen.[568] Dies gilt nicht zuletzt, da gerade Kinder und Jugendliche über dieses Medium besonders gut erreichbar sind. Aufgabe muss es dabei auch sein, auf Gefährdungen von Kindern und Jugendlichen durch das Fernsehen hinzuweisen und die erziehenden Eltern zum verantwortungsvollen Umgang mit dem Medium anzuhalten.[569]

---

[563] Vgl. *F.-R. Jach*, Kommunitarismus, Liberalismus und Bürgergesellschaft im Bildungswesen, in: ders./ S. Jenkner (Hg.), 50 Jahre Grundgesetz und Schulverfassung, 2000, S. 79.
[564] *C. Spallek*, Perspektiven des öffentlichrechtlichen Rundfunks, 2001, S. 93; *M. Fromm*, Öffentlichrechtlicher Programmauftrag und Rundfunkföderalismus, 1998, S. 74f.; *H. Rosenbauer*, Massenmedium für die Demokratie: Ein starker öffentlich-rechtlicher Rundfunk sichert Meinungsfreiheit, in: R. Scharping, (Hg.), Demokratische Medien, Der Mensch im Mittelpunkt, S. 72ff., 78.
[565] *F.-R. Jach*, Kommunitarismus, Liberalismus und Bürgergesellschaft im Bildungswesen, in: ders./ S. Jenkner (Hg.), 50 Jahre Grundgesetz und Schulverfassung, 2000, S. 88; vgl. *T. Vesting*, Prozedurales Rundfunkrecht, 1997, S. 293.
[566] Vgl. *K. Hickethier*, Medienwissenschaft, 2003, S. 281.
[567] Vgl. *T. Vesting*, Prozedurales Rundfunkrecht, 1997, S. 365.
[568] *T. Vesting*, Prozedurales Rundfunkrecht, 1997, S. 376.
[569] *D. Stolte*, Fernsehen am Wendepunkt, 1992, S. 99f.

Wie sämtliche Kultur ist auch die Bildung von einer notwendigen Balance von institutionellen wie innovativen Aspekten beherrscht. Aufgrund ihrer starken Orientierung am Überkommenen und allgemein Akzeptierten, sowie ihrer Zielrichtung auf die gesamte Breite der Bevölkerung nimmt sie dabei eine besonders kritische Stellung zwischen den Fronten von Kommunitarismus und Liberalismus, zwischen individuellen Freiheiten und der Betonung gesellschaftlicher Institutionen ein.[570] Anzubieten ist das Überkommene ebenso wie das Innovative. Insgesamt haben bei der Bildung jedoch Inhalte im Vordergrund zu stehen, die – entsprechend der freiheitlichen Konzeption des Grundgesetzes – weniger abgeschlossene Denksysteme und Vorgaben vermitteln, als vielmehr einen umfassenden *aktiven* Freiheitsgebrauch ermöglichen. Im Zentrum eines entsprechenden Bildungsauftrags muss daher die Vermittlung von Wissen zum Zwecke eigenständiger weiterer persönlicher Entwicklung und geistiger Entfaltung stehen. Ebenso wenig wie etwa im schulischen Bereich kann es somit eine Rückkehr zur vornehmlichen Vermittlung überkommener Wissensbestände nicht geben. Im Mittelpunkt muss vielmehr die Ausbildung der geistigen Anlagen des Individuums mit dem Ziel selbständiger geistiger Tätigkeit stehen. - Dies setzt freilich zunächst Wissensvermittlung als Grundlage eigenständigen Denkens voraus.
Entsprechende, neben Art. 5 I 2 GG insbesondere durch Art. 5 III 1 GG, sowie Art. 1 I GG, Art. 2 I GG, 3 I GG und Art. 20 I GG gebotene Programminhalte sind auch nur vom öffentlichrechtlichen Rundfunk in hinreichender Qualität zu erwarten.[571]

ccc. Insbesondere: Die Sprache.

Zu den entsprechenden Wissensinhalten gehört insbesondere auch das Kommunikationsmittel Sprache. Auf einer entwickelten Sprache baut praktisch jede andere menschliche Tätigkeit, jegliches sinnvolle Handeln auf: Zum einen, weil sie komplexe Sachverhalte und Zusammenhänge zu symbolischen Gedankeneinheiten (*mind tools*) zusammenfasst und damit weitergehende, komplexere Gedankenoperationen ermöglicht.[572] Sie ist somit Voraussetzung jeder geistigen Tätigkeit, jeder rezeptiven und innovativen Beschäftigung mit geistigen Inhalten.
Zum anderen ist sie schlicht Kommunikationsmittel und als solche unabdingbar für die Verständigung innerhalb eines sozialen Systems.[573] Sie ist Vorbedingung für soziale Interaktion und Konsensbildung in einer Gemeinschaft und somit letztlich Grundbedingung für die Respektierung der Rechte des anderen. Ob-

[570] *F.-R. Jach*, Kommunitarismus, Liberalismus und Bürgergesellschaft im Bildungswesen, in: ders./ S. Jenkner (Hg.), 50 Jahre Grundgesetz und Schulverfassung, 2000, S. 84.
[571] BVerfGE 31, 314, 326; 83, 238, 243f., 301f.
[572] *K. Hickethier*, Medienwissenschaft, 2003, S. 13; *D. S. Massey*, The Origin and Role of Emotion in Social Life, in: American Sociological Review, Vol. 67 (2002), S. 9;. „Language thus allow humans … the invention of... 'mind tools': categories of thought that facilitate other mental operations."
[573] *H.-J. Giegel*, Kommunikation und Konsens in modernen Gesellschaften, 1992, S 10.

gleich - ausgehend von einem Kulturkonzept, das vor allem die kulturellen Entwicklungs*möglichkeiten* zum Gegenstand hat – im Zusammenhang mit kulturellen Sachverhalten grundsätzlich keine Verengung auf eine bestimmte Ethnie erfolgen sollte, erscheint unter diesem Aspekt die deutsche Sprache als besonders förderungswürdig. Für eine gemeinsame Verständigungsbasis innerhalb der Bundesrepublik kommt allein sie in Frage.[574]

Dem Rundfunk kommt als bedeutendstem Massenmedium eine besondere Bedeutung und Verantwortung für die Entwicklung der Sprache einer Gemeinschaft zu, indem er der Sprachvereinheitlichung[575] und –entwicklung und damit der vermehrten Möglichkeit zur Verständigung innerhalb der Gesellschaft dient. Relevanz gewinnt der öffentlichrechtliche Rundfunk vor allem in Hinsicht auf die linguale Qualität der angebotenen Programme. Dem öffentlichrechtlichen Rundfunk kommt hier die besondere Verantwortlichkeit zu, sich einer Sprache zu bedienen und diese zu fördern, die einerseits gesellschaftliche Wirklichkeit transparent und für den einzelnen verstehbar werden lässt, andererseits aber auch in ihrer Differenziertheit und Präzision der Komplexität der Welt gerecht wird.[576] Diesbezüglich lässt der private Rundfunk Defizite oberhalb einer bestimmten Qualitätsschwelle befürchten; gerade die entwickelte Sprache aber dient der auch qualitativ höherwertigen Verständigung.

Ferner ist es für eine breite Verständigungsbasis innerhalb der Bevölkerung erforderlich, dass – unabhängig von ihrer Staatsangehörigkeit - auch Einwohner Deutschlands mit ausländischem Hintergrund über hinreichende Kenntnisse der deutschen Sprache verfügen. Hierfür bedarf es spezieller Sprachbildungsangebote. Dem öffentlichrechtlichen Rundfunk kommt hier eine besondere Bedeutung zu, da die Vermittlung der deutschen Sprache an Nicht-Muttersprachler mittels Sprachbildungsangeboten nicht vom privaten Rundfunk zu erwarten ist. Ein entsprechendes Angebot kann daher nur durch ihn als Sachwalter öffentlichen Interesses erfolgen.[577]

bb. Religion, kirchliches Fernsehen.

Der Religion kam als klassischem kulturellen Sachbereich[578] in der Menschheitsgeschichte als lange Zeit wichtigster das Leben der Menschen bestimmender Kraft eine überragende Bedeutung zu: Insbesondere das christliche Europa war in seinem Selbstverständnis und seiner Wirklichkeit eine religiös bestimmte Gesellschaft. Weltliche Herrscher leiteten ihre Macht von Gottes Gnade ab, der Papst als höchste kirchliche Instanz besaß trotz formeller Trennung des Weltlichen vom Kirchlichen bedeutendes politisches Gewicht.[579] Auch in heutiger Zeit

---

[574] Vgl. aber *Zuleeg* in: AK-GG, 2001, Präa., Rz. 18.

[575] Dabei auch regionale Dialekte nicht zu vernachlässigen, fällt unter den Auftrag des Rundfunks, Brauchtums- und Heimatpflege zu betreiben und so individuelle kulturelle Identität zu vermitteln.

[576] *D. Stolte*, Fernsehen am Wendepunkt, 1992, S. 109f.

[577] Vgl. *P. Nagel*, Marktplatz der Ideen, 2003, S. 185f.

[578] Vgl. die Nachweise oben sowie *Morlok* in: Dreier, 2. A., 2004, Art. 4 GG, Rz. 42.

[579] *Morlok* in: Dreier, 2. A., 2004, Art. 4 Rz.1ff.

spielt die Religion trotz zunehmender Säkularisierung eine wichtige Rolle für das Leben und Selbstverständnis weiter Teile der Bevölkerung. Dies gilt auch für einen großen Teil der in Deutschland lebenden Migranten.

aaa. Einführendes zur Religionsfreiheit.

Maßgebend für den Schutz der *Freiheit der Religion* ist zunächst Art. 4 GG.[580] Gegenstand der Religion ist die – typischerweise in der Gemeinschaft mit anderen praktizierte – Gottesverehrung.[581] Religion beinhaltet dabei auf der einen, inneren Seite den Glauben als innere Einstellung zu einer höheren Macht, auf der anderen, äußeren Seite eine bestimmte Form, die diese im Handeln annimmt und so zur Entfaltung gelangt[582] (Art. 4 II GG). Insbesondere für letzteren Aspekt spielen die Glaubensgemeinschaften eine wichtige Rolle. Trotz konkreter Machteinbußen und Zweifeln an den kirchlichen Institutionen kommt diesen eine exponierte Stellung innerhalb des Sachbereiches der Religion zu.[583] Formalrechtlich äußert sich dies, als dass das Grundgesetz mit seinem Art. 140 die aus Weimarer Zeiten überkommenen Religionsgesellschaftsgarantien inkorporiert hat. Als Garant und Wächter des Glaubens sind diese im Wege des gemäßigten Trennungsprinzips einerseits von staatlicher Macht separiert, andererseits in bestimmte staatliche Institutionen (nicht zuletzt die Rundfunkräte) integriert und dort berücksichtigt.[584]
War Religion in ihrer kulturstaatlichen Dimension früher fast ganz auf die zentrale Bedeutung der Kirche fixiert, verstellt dieser staatskirchenrechtliche Aspekt zunehmend den Blick für aktuelle Problematiken, bei denen die religiösen Entfaltungsmöglichkeiten des Individuums im Mittelpunkt stehen.[585] Religion lässt sich zunehmend und auch in ihren objektiven Manifestationen nur noch in ihrer konkreten Gelebtheit (und damit in ihrem gesellschaftlichen Kontext) beurteilen.[586] - Was Religion ist und welche Regeln sie dem Gläubigen auferlegt, ist zunehmend vom Selbstverständnis des einzelnen abhängig. Die – weniger korporativ als das Christentum ausgestaltete - Verfasstheit des Islam etwa verdeutlicht dies nur.[587]

bbb. Förderungswürdigkeit.

Als traditionelles Freiheitsrecht bedingt die Religionsfreiheit zunächst Zurückhaltung und Neutralität des Staates: Indem dieser eine autonome Sphäre garan-

---

580 *Morlok* in: Dreier, 2. A., 2004, Art. 4, Rz. 31, 30.

581 Vgl. *G. Robbers*, Staat und Religion, VVDStRL 59 (2000), 231, 235.

582 *G. Robbers*, Staat und Religion, VVDStRL 59 (2000), 231, 237.

583 *Mikat* in: E. Benda/ W. Maihofer/ H.-J. Vogel, HdbVerfR, 2. Aufl., 1994, § 29, Rz. 1.

584 *M. Heckel*, Die Kirchen unter dem Grundgesetz, VVDStRL 26 (1968), 5, 27.

585 *G. Robbers*, Staat und Religion, VVDStRL 59 (2000), 231, 232; vgl. auch schon *M. Heckel*, Die Kirchen unter dem Grundgesetz, VVDStRL 26 (1968), 5, 10.

586 Vgl. *G. Robbers*, Staat und Religion, VVDStRL 59 (2000), 231, 232f.

587 Anders als bei den großen christlichen Kirchen existieren im Islam nicht im selben Maße allgemein verbindliche Instanzen, s. *N. Janz*/ *S. Rademacher*, Islam und Religionsfreiheit, NVwZ 1999, 706, 710.

tiert und diese kirchlichen Institutionen überlässt, schafft er die wesentlichste Voraussetzung für freie Religionsausübung.
Andererseits ist die grundgesetzliche Konzeption auch keine laizistische: Der Staat ist zur Konfessionsneutralität und Respektierung religiöser Freiräume verpflichtet, steht der Religion aber grundsätzlich wohlwollend gegenüber. Ähnlich wie bei Art. 5 III GG enthält Art. 4 GG dementsprechend eine *positive Grundentscheidung*[588], die die staatliche Gewalt dazu ermächtigt und verpflichtet, religiöse Betätigung zu ermöglichen und zu fördern. Ein religionsbezogener Auftrag des öffentlichrechtlichen Rundfunks lässt sich daher auf einer formalen Ebene zunächst in den entsprechenden Artikeln i. V. m. einer leistungsrechtlichen, „grundrechtsaktivierenden" Staatsaufgabe sehen[589]. Ähnlich sieht ein Teil der Literatur die richtigen Ansätze in sozialstaatlichen Kategorien.[590]
Entscheidende Grundlage für die Beurteilung einer Förderungspflicht für den Bereich des Glaubens und der Religion einschließlich seiner Akzentuierungen muss jedoch auch hier die hinter den entsprechenden Verbürgungen stehende Ratio sein[591]. Somit stellt sich die Frage nach den Funktionen, die der geschützte Sachbereich erfüllt.

(1) Glaube.
Innersten Kern jeder Religion stellt der *Glaube* dar. Die Herausbildung einer individuellen religiösen Glaubensvorstellung ist das Kernelement jeder religiösen Betätigung.[592]
Bei der Frage, worin dieser innerste Kernbereich von Religiosität besteht, ausschließlich christlich-abendländische Glaubensvorstellungen zugrunde zu legen, erscheint in Übereinstimmung mit der heute ganz herrschenden Meinung verfehlt.[593] Als Element der individuellen Persönlichkeitsbildung und damit auch bereits ohne die ausdrückliche Anerkennung in Art. 4 GG als schützenswertes Gut, lässt sich beim Glauben als „innerstem Menschenrecht" nicht zwischen

---

[588] Vgl. BVerfGE 41, 29, 52; *C. Pagels*, Schutz und Förderungsaspekte der Religionsfreiheit, 1999, S. 102 m. N.
[589] Vgl. *J. Isensee*, Die Finanzquellen der Kirchen im deutschen Staatskirchenrecht, JuS 1980, 94, 96; vgl. *C. Pagels*, Schutz und Förderungsaspekte der Religionsfreiheit, 1999, S. 105m. w. N.; *P. Häberle*, Hans-Jochen Brauns: Staatsleistungen an die Kirchen und ihre Ablösung, AöR 97 (1972), 325, 327.
[590] Vgl. BVerfGE 33, 303, 330; *C. Pagels*, Schutz und Förderungsaspekte der Religionsfreiheit, 1999, S. 104 m. N.; *Robbers* in: J. Listl/ D. Pirson, HdbStKiR I, 2. A., 1994, S. 867, 876f.; *C. Pagels*, Schutz und Förderungsaspekte der Religionsfreiheit, 1999, S. 104 m. N.
[591] *C. Pagels*, Schutz und Förderungsaspekte der Religionsfreiheit, 1999, S. 88; *Morlok* in: Dreier, 2. A., 2004, Art. 137 WRV, Rz. 74; *Robbers* in: J. Listl/ D. Pirson, HdbStKiR I, 2. A., 1994, S. 880; *M. Heckel*, Die Kirchen unter dem Grundgesetz, VVDStRL 26 (1968), 5, 38, 40.
[592] *Morlok* in: Dreier, 2. A., 2004, Art. 4, Rz. 57f., 59.
[593] *C. Pagels*, Schutz und Förderungsaspekte der Religionsfreiheit, 1999, S. 51; vgl. aber noch BVerfGE 12, 1.

verschiedenen Glaubensrichtungen differenzieren.[594] Hierfür ergeben sich weder Anhaltspunkte aus Art. 4 GG, noch der Konzeption der Grundgesetzes. Glaube kann daher nicht allein im Glauben an einen christlichen oder personalisierten Gott bestehen.

Es stellt sich somit die Frage, was für das Phänomen des Glaubens wesentlich ist. Bereits der Wortsinn des Begriffes gibt einen Teil der Antwort: Etwas zu *glauben*, ist nicht dasselbe, wie es zu wissen; es impliziert Ungewissheit.[595] Glaube im religiösen Sinne bezieht sich dabei auf einen Bereich, der sich bereits *per se* jeglicher Gewissheit entzieht, da er zwangsläufig außerhalb des menschlich Beweis- oder überhaupt *Beobachtbaren* [596] steht.

Es ist jedoch zweifelhaft, ob hiermit das Phänomen des Glaubens bereits vollständig erfasst ist. Ließe man es hierbei bewenden, wäre auch der Glaube an „Geister“ oder „magische Kräfte“ etc. unter religiösen „Glauben“ subsumierbar.[597] Hinzutreten muss daher wohl noch ein weiteres Element: In allen *Weltreligionen* existieren übereinstimmend universale religiöse Erfahrungen, die über das bloße Für-Wahr-Halten bestimmter übernatürlicher Größen hinausreichen. Hierunter fallen etwa das Empfinden von *Heiligkeit*, einer *Einheit aller Dinge*, von *Schuld*, *Überwinden von Leid*, *Moralität* oder der *Ehrfurcht vor dem Schönen*[598]. Die entsprechenden Phänomene lassen sich nur auf die Existenz einer weiteren Größe zurückführen: Als diese lässt sich ein im Bereich des Unerschließbaren vorhandener *universaler Sinnzusammenhang*[599] ansehen, welcher eine Letzterklärung sämtlicher in der Welt wirkenden Kräfte beinhaltet und dabei auch die menschliche Existenz mit einbezieht.[600] So lässt sich etwa *Schuld* als Diskrepanz zwischen persönlichem Handeln und den moralischen Anforderungen einer höheren Macht interpretieren, *Heiligkeit* und *Ehrfurcht vor der Schönheit* als das Ergebnis ihrer Offenbarwerdung etc.

Glaube beinhaltet somit immer die Vorstellung über ein nicht beweisbares oder rational erschließbares universales Sinnprinzip. Dieses kann – wie in Judentum, Christentum oder im Islam - einen personalen, aktiv lenkenden Gott mit ein-

---

[594] *M. Borowski*, Der Grundrechtsschutz des religiösen Selbstverständnisses, in A. Haratsch/ N. Janz u.a. (Hg.), Religion und Weltanschauung im säkulären Staat, 2001, S. 66.

[595] *H. J. Sandkühler*, Europäische Enzyklopädie Bd. 2, 1990, S. 456.

[596] *N. Luhmann*, Die Religion der Gesellschaft, 2000, S. 35:„Sinnformen werden als religiös erlebt, wenn ihr Sinn zurückverweist auf die Einheit der Differenz von beobachtbar und unbeobachtbar und *dafür* eine Form findet.“; vgl. auch *H. J. Sandkühler*, Europäische Enzyklopädie, Bd. 2, 1990, S. 456.

[597] Vgl. *H. J. Sandkühler*, Europäische Enzyklopädie Bd. 4, 1990, S. 102.

[598] *I. G. Barbour*, Wissenschaft und Glaube, 2003, S. 159f.

[599] *H. J. Sandkühler*, Europäische Enzyklopädie Bd. 4, 1990, S. 103.

[600] Vgl. *C. Pagels*, Schutz und Förderungsaspekte der Religionsfreiheit, 1999, S. 88.; *C. D. Classen*, Religionsfreiheit und Staatskirchenrecht in der Grundrechtsordnung, 2003, S. 22; *Mager* in: v. Münch/ Kunig, 5. A., 2001, Art. 4, Rz. 1, 16 („Sinnsystem“); vgl. *N. Luhmann*, Die Religion der Gesellschaft, 2000, S. 127f.; vgl. *M. Borowski*, Der Grundrechtsschutz des religiösen Selbstverständnisses, in A. Haratsch/ N. Janz u.a. (Hg.), Religion und Weltanschauung im säkulären Staat, 2001, S. 51f., 65.

schließen oder lediglich eine abstrakte Urkraft sein (wie etwa im Hinayana-Buddhismus).[601]

(2) Funktionen des Glaubens.

Traditioneller Ansatz- und Legitimationspunkt für staatliche Förderung von Religion ist ihre Bedeutung als sittliche Grundlage der Gemeinschaft.[602] Interpretiert man Glaube als Vorstellung von einer höheren, sinntragenden Ordnung, so kann man individuelle Religiosität – etwa mit *Durckheim* oder *Simmel*[603] - durchaus vor allem als Ermöglichung von Moral und von Mitmenschlichkeit betrachten. Der Glaube an eine höhere Macht lässt sich somit auch als Grundlage für ein konsensgetragenes Zusammenleben und als Mittel zur Machtbegrenzung interpretieren. Man mag ihn somit als universelle Schranke des Machbaren zugunsten i. w. S. „humanitärer", also den Mitmenschen in den Mittelpunkt stellender Erwägungen verstehen.[604]

Indessen sind Zweifel angebracht, ob dies tatsächlich einen Hauptaspekt des Glaubens darstellt. Zwar mögen sich zumindest innerhalb einer Glaubensgemeinschaft in der Tat zunächst gewisse Solidarisierungseffekte einstellen. Insbesondere der Respekt vor einem „Schöpfer aller Dinge" legt es nahe, auch das Mitgeschöpf und die Rechte anderer zu respektieren.[605] Die Empirik belegt jedoch, dass dies in der Regel spätestens dort an seine Grenzen stößt, wo es um Toleranz gegenüber den Angehörigen einer anderen Religion, oder auch nur gegenüber dem „Abweichler" innerhalb des eigenen Bekenntnisses geht. - Religion stellt somit zugleich eine Konfliktquelle ersten Ranges dar.[606] Es ist daher zweifelhaft, ob es sich bei der Verwirklichung sozialer oder ethischer Werte jedenfalls um einen Hauptaspekt von Religion handeln kann.

Auch der Nutzen von Religion als Mittel zur Machtbegrenzung erscheint zumindest zweifelhaft: Denn jedes menschliche Handeln kann sich begründungstechnisch auch stets (und gerade) auf einen religiösen Imperativ zurückziehen.

Überzeugender könnte es daher erscheinen, den Schwerpunkt der Funktionen der Glaubensbildung beim Individuum zu suchen: Glaubensgewinnung stellt einen Erweiterungsakt der subjektiven Welt des Gläubigen dar. Die im Glauben enthaltenen Erklärungen über die in der Welt wirkenden Kräfte und Kausalitäten verändern und erweitern die vom Gläubigen empfundene Realität[607] und be-

---

[601] *M. Buchberger* (Begr.)/ *W. Kasper* (Hg.), Lexikon für Theologie und Kirche, Bd. 4, 3. A., 1995, 667, 668. - Nicht der Glaubensfreiheit unterfällt daher die - rein negierende - glaubensfeindliche (pure Welt-) Anschauung, a. A.: *Kannengießer* in: Schmidt-Bleibtreu/ Klein, 9. A., 1999, Art. 4, Rz. 1a.

[602] Vgl. Parl. Rat, Drs. Nr. 321; vgl. *Morlok* in: Dreier, Art. 140, 2. A., 2004, Rz. 12.

[603] Vgl. *V. Krech*, Religionssoziologie, 1999, S. 8ff., 12ff., 14.

[604] *Morlok* in: Dreier, 2. A., 2004, Art. 4, Rz. 46.

[605] Vgl. *Link* in: J. Listl/ D. Pirson, HdbStKiR II, 2. A., 1995, S. 260.

[606] *N. Luhmann*, Die Religion der Gesellschaft, 2000, S. 120.

[607] *D. S. Massey*, The Origin and Role of Emotion in Social Life, in: American Sociological Review, Vol. 67 (2002), S. 9.

gründen und variieren insbesondere sein Wertesystem[608]. Als Erweiterung seiner individuellen inneren Verfasstheit ist daher mit dem Glauben eines Menschen ein wesentlicher Kernbereich seiner individuellen inneren Entfaltung und eigenverantwortlichen Autonomiebildung betroffen. Glaube ermöglicht ein würdiges Menschsein im Sinne eines Individuums, das seine persönlichen Möglichkeiten, sich und seine Welt umfassend zu begreifen und zu erfahren, voll ausschöpft. - Der glaubende Mensch *bestimmt* sich (im Gegensatz zum *natur*bestimmten animalischen Wesen) *selbst* und gelangt damit vor sich zu eigenem Wert und eigener Würde. Unter diesem Aspekt ist die Verwirklichung im Glauben somit vom Schutzbereich des Art. 1 I GG erfasst.[609]

Indem der Mensch sich ferner in ein übergeordnetes Prinzip integriert, bereichert er seine Welt um eine Rückbezüge erlaubende Größe: Er erscheint nunmehr vor sich selbst als ein akzeptiertes und legitimes Element dieser Welt. Damit es gelingt ihm, seine eigene Existenz in eine von einer höheren, allumfassenden Macht getragene, gewollte Ordnung einzufügen und so um einen über den bloßen Selbstzweck des Lebens an sich hinausgehenden Sinn zu bereichern.[610] Seine eigene Existenz mit einer derartigen „transzendenten Zweitwertung" (*Luhmann*) belegt zu sehen, ermöglicht dem Gläubigen dabei eine gesteigerte Selbstakzeptanz eigenen Erlebens und Handelns, die abermals dem Menschenwürdegehalt des Art. 1 GG entspricht: Sie ermöglicht ihm ein Verständnis der eigenen Existenz in einer Form, welche einen eigenen Wert beanspruchen kann, sich von einer Beurteilung als bloßem „zufälligen" Ereignis abhebt[611] und damit einen wesentlichen Teil menschlichen Eigenwerts begründet.

Damit impliziert sind weitere Funktionen, die dem psychischen und physischen Wohlergehen des Menschen und damit seinen Grundrechten korrespondieren: Dies ist insbesondere das trost- und kraftspendende Potential des Glaubens, seine Fähigkeit, Ängste (insb. vor dem Jenseitigen) zu besänftigen, Geborgenheit zu geben, Leid zu lindern und Hoffnung (und sei es nur auf ein besseres Leben im Jenseits) zu geben.[612]

(3) Natur und Funktion von Religion.

Wie bereits angesprochen, tritt zur bloßen Glaubensvorstellung in der Regel ein soziales Element. Glaube wird in aller Regel[613] in Form eines bestimmten Be-

---

[608] *D. S. Massey*, The Origin and Role of Emotion in Social Life, in: American Sociological Review, Vol. 67 (2002), S. 9.; vgl. auch *Morlok* in: Dreier, 2. A., 2004, Art. 4, Rz. 20, 21.

[609] BVerfGE 33, 23, 28f; *M. Borowski*, Der Grundrechtsschutz des religiösen Selbstverständnisses, in A. Haratsch/ N. Janz u.a. (Hg.), Religion und Weltanschauung im säkulären Staat, 2001, S. 59f.;

[610] *N. Luhmann*, Die Religion der Gesellschaft, 2000, S. 128; *Morlok* in: Dreier, 2. A., 2004, Art. 4, Rz. 27.

[611] Vgl. *M. Borowski*, Der Grundrechtsschutz des religiösen Selbstverständnisses, in A. Haratsch/ N. Janz u.a. (Hg.), Religion und Weltanschauung im säkulären Staat, 2001, S. 52.

[612] Vgl. *N. Luhmann*, Die Religion der Gesellschaft, 2000, S. 120.

[613] Zwar soll Glaube i. S. v. Art. 4 GG nach zumindest weit verbreiteter Auffassung nur insofern geschützt sein, als er in einen größeren Rahmen eingebunden ist: Es wird eine gewisse

kenntnisses mit anderen geteilt. Überpersonale Instanzen stellen sowohl die jeweiligen Glaubensgemeinschaften, als auch insbesondere die christlichen Kirchen dar, die ein gegenüber den anderen Religionen verfestigteres Bild aufweisen.
Als wesentlicher Sphäre, in der Glaube stattfindet, lässt sich der Kirche (oder auch der bloßen Glaubensgemeinschaft) zunächst ein affirmierender Effekt zuschreiben: Der Gläubige erfährt dadurch, dass er seine Weltdeutung mit anderen teilt, eine ungemeine Bestätigung.[614] – Durch die Massenhaftigkeit seines Auftretens verdichtet sich der Glaube an eine höhere Macht zur subjektiv empfundenen Realität.
Gleichzeitig gewährleistet Gemeinschaftlichkeit des Glaubens dessen Bestand und Weiterentwicklung: Als Religion ist der Glaube in bestimmte Sinnkomplexe eingebunden, die sich in Form bestimmter Lehren, Schriften (Bibel, Koran), Riten, Kleidungsvorschriften etc. manifestieren. Diese (insb. zeitliche) Gemeinschaftlichkeit ermöglicht Tradierung, aber vor allem auch Weiterentwicklung, sowie Diversifizierung und Strukturierung des Glaubens.[615] - Nur der entwickelte Glaube vermag unterschiedliche religiöse Bedürfnisse zu befriedigen und auf die Vielfältigkeiten unterschiedlicher Sinnfragen komplexe und systemkonsistente Antworten zu geben.[616] Zugleich dient die Strukturierung der leichteren Erfassbarkeit des Glaubens: Nur hinreichend konkretisiert kann die im Bereich des Unbestimmten liegende Idee auch für breite Kreise zur überzeugenden Gewissheit werden. Mittel hierzu sind Liturgie und Kult, die zu gestalten und zu bewahren ebenfalls einen wichtigen Aufgabenbereich der Kirchen darstellt.[617]
Bei all dem hat Religion nicht zuletzt auch eine soziale Dimension: Religiöse Gemeinschaftlichkeit stellt jedenfalls auch eine Form der Geselligkeit dar und fördert den Aufbau sozialer Beziehungen, etwa zwischen den Mitgliedern der örtlichen Gemeinde oder der Familie (Gemeinsamkeit beim Kirchenbesuch, Abendmahl, Gebet etc.).[618] Nicht zuletzt besitzt Religion dabei eine strukturierende Funktion für das Leben des einzelnen; auch insofern kommt ihr eine haltgebende und stabilisierende Funktion zu.
Religion beinhaltet aber auch im größeren, gesellschaftlichen Kontext bedeutendes kohäsions- und kohärenzförderndes, Potential[619]: Gleiche Werte und Be-

---

Verfestigtheit in Form des *gemeinsamen Glaubens* eines sozialen Verbands gefordert, die sich auch äußerlich manifestiert, wie z.B. in bestimmten Kulthandlungen und festen Institutionen, vgl. *Morlok* in: Dreier, 2. A., 2004, Art. 4, Rz. 42f.. Dieser Auffassung ist zumindest zuzugeben, dass ein gewisses Maß an institutionalisierter Verfestigung schon – und zumal im Gerichtsalltag – aus Plausibilitätsgründen unerläßlich erscheint, *Mager* in: v. Münch/ Kunig, 5. A., 2001, Art. 4, Rz. 16.

[614] *R. Schlögl*, Glaube und Religion in der Säkularisierung, 1995, S. 138.

[615] *Morlok* in: Dreier, 2. A.,. 2004, Art. 137 WRV, Rz. 47.

[616] *Morlok* in: Dreier, 2. A., 2004, Art. 137 WRV, Rz. 73.

[617] *Morlok* in: Dreier, 2. A., 2004, Art. 137 WRV, Rz. 47; BVerfG NJW 1980, 1041 m. Anm. *Weber*.

[618] Vgl. *Morlok* in: Dreier, 2. A., 2004, Art. 137 WRV, Rz. 73, Art. 139 WRV, Rz. 10.

[619] *Morlok* in: Dreier, 2. A., 2004, Art. 139 WRV, Rz. 10.

zugspunkte stärken das Zusammenhörigkeitsgefühl und die Interaktionsfähigkeit. Auch die Bezüge der Religion zur „Kultur“ im weiteren Sinne, zu Kunst, Geschichte, Politik und Werten, lassen sich als bedeutende sekundäre Funktionen festhalten. - Als zumindest einstmals bedeutendster Dimension menschlicher Daseinswirklichkeit bestehen bedeutende Querverbindungen insbesondere der christlichen und der jüdischen Religion zu übrigen hiesigen Kulturleistungen und ermöglichen und erleichtern das Selbstverständnis eigener Identität und damit auch der gesellschaftlichen und staatlichen Verfasstheit.[620]
Von besonderer Bedeutung gerade im Bereich des Rundfunks ist auch die *Öffentlichkeitsfunktion* der Kirchen. Bei graduellen Unterschieden lässt sich hierunter das von den großen christlichen Kirchen übereinstimmende Selbstverständnis verstehen, ihre religiöse Botschaft auch in ihren weltlichen Bezügen zur Geltung zu bringen.[621] Besonders die protestantische Kirche sieht sich überdies auch als Teil der Gesellschaft im Allgemeinen und als Faktor im öffentlichen Meinungsbildungsprozess;[622] so verstanden erfüllt die Kirche letztlich auch demokratiestaatliche Funktionen und hilft insbesondere, ansonsten vernachlässigte Gruppen- und Individualinteressen zu artikulieren.[623]

(4) Zwischenergebnis.
Auf den genannten Funktionen von Glaube und Religion begründet sich neben der freiheitsrechtlichen die förderungsrechtliche Dimension der Religionsfreiheit i. S. v. Art. 4, 140 GG. Aus der hohen Bedeutung von Religion und Glaube folgt, dass der Staat nicht nur die theoretische, sondern auch die faktische Möglichkeit zum entsprechenden Freiheitsgebrauch zu bieten hat.[624] Als *dem* Massenkommunikationsmittel unserer Zeit würde es der Rolle der Religion für die geistige Orientierung des Menschen nicht gerecht, wenn nicht auch im Rundfunk entsprechende Angebote sichergestellt würden. Mit keinem anderen technischen Medium werden so viele Menschen erreicht.[625] Die audiovisuelle Annäherung an das reale Geschehen ermöglicht mit anderen Medien unerreichte Evidenzerlebnisse; dies gilt gerade für kultische Inhalte (Gottesdienst etc.). Insgesamt ist gerade bei religiösen Angeboten vor allem auch an Immobile, Kranke und Alte zu denken, die ansonsten von der religiösen Botschaft nicht erreicht werden könnten.[626]

---

[620] Vgl. *Robbers* in: J. Listl/ D. Pirson, HdbStKiR I, 2. A., 1994, S. 884.
[621] *Schlaich*: J. Listl/ D. Pirson, HdbStKiR II, 2. A., 1995, S. 131ff. und *Link* in: J. Listl/ D. Pirson HdbStKiR II, 2. A., 1995, S. 253ff.
[622] *C. Link/ A. Pahlke*, Kirchliche Sendezeiten in Rundfunk und Fernsehen, AöR 108 (1983), 248ff., 258ff.
[623] *C. Link/ A. Pahlke*, Kirchliche Sendezeiten in Rundfunk und Fernsehen, AöR 108 (1983), 248ff., 273.
[624] Vgl. insb. die Nachweise bei *C. Pagels*, Schutz und Förderungsaspekte der Religionsfreiheit, 1999, S. 88ff.
[625] Vgl. zur Auffassung der Kirchen selbst die Nachweise bei *Link:* J. Listl/ D. Pirson, HdbStKiR II, 2. A., 1995, S. 253ff, 257ff.
[626] *C. Pagels*, Schutz und Förderungsaspekte der Religionsfreiheit, 1999, S. 220.

(5) Öffentlichrechtlicher Rundfunk.
Die entsprechende Aufgabe muss auch dem öffentlichrechtlichen Rundfunk übertragen werden, da ansonsten ein entsprechendes Angebot kaum zu erwarten wäre. [627] Insbesondere kann die entsprechende Sendeveranstaltung auch nicht vollständig den Religionsgesellschaften überlassen werden. Die entsprechenden verfassungsrechtlichen Grundlagen finden sich in Art. 5 I 2 GG, 4 I, II GG, Art. 140 GG i.V.m. Art. 137 I, II, III, Art. 139 WRV, Art. 1 I GG, Art. 2 I GG, Art. 3 I GG, sowie Art. 20 I GG.

(6) Implementierung.
Zu fragen ist weiter danach, welche konkreten Formen das entsprechende Angebot anzunehmen hat.

(a) Glaubensthemen.
Kern jeder Religiosität ist der individuelle Glaube. Insofern ist die Herausstellung der Motive und des inneren Konfliktstoffes, die den Menschen zum Glauben führen können, ebenso Kern jeder Darbietung von Glaubensthemen im Rundfunk, wie die des Bedeutungsreichtums des Glaubens für den einzelnen. Dabei sind insbesondere auch Inhalte anzubieten, die ohne eine bestimmte konfessionelle Verortung die Möglichkeit zur unbestimmten Annäherung an Glaubensfragen ermöglichen. Zu denken ist hier an glaubensphilosophische, ethische oder auch ökumenische Themen.

(b) Religionsthemen.
Ungeachtet der Tatsache, dass Glaube grundrechtlichen Schutz unabhängig vom Grad der Einbindung in die Dogmen einer bestimmten Konfession beanspruchen kann, ist transzendentale Erkenntnis regelmäßig eingebettet in eine bestimmte Religion samt ihren Institutionen. Insofern muss eine wesentliche Funktion des Rundfunks darin bestehen, in seinen Sendungen Religionsinhalte widerzuspiegeln.[628]
Hierunter fallen (sofern dies die jeweilige Religion zulässt) zunächst die sog. Verkündigungssendungen. Diesbezüglich steht den christlichen Kirchen das sog. Drittsenderecht zu, mittels dessen sie maßgeblich bestimmen können, wie bestimmte Rundfunkbeiträge ausfallen sollen. Hierunter fallen etwa der Gottesdienst[629], gottesdienstliche Handlungen und sonstige Sendungen, die in unmittelbarem Zusammenhang mit der Bekenntnisausübung oder dem Verkündungsauftrag stehen, insb. alle kultischen Handlungen wie Segenserteilungen etc.[630] Zur religiösen Verantwortung des öffentlichrechtlichen Rundfunks gehören

---

[627] Vgl. BVerfGE 31, 314, 326; 83, 238, 243f., 301f.
[628] *Link:* J. Listl/ D. Pirson, HdbStKiR II, 2. A., 1995, S. 274; zu den einfachgesetzlichen Rechtsgrundlagen kirchlicher Mitwirkung in Rundfunkeinrichtungen s. *Link* in: J. Listl/ D. Pirson, HdbStKiR II, 2. A., 1995, S. 285ff.
[629] BVerfGE 31, 314, 326.
[630] *D. Lorenz*, Das Drittsendungsrecht der Kirchen im privaten Rundfunk, 1988, S. 30.

ferner Beiträge zu theologischer Lehre, kirchlichem Leben und Fragen der öffentlichen Verantwortung der Kirchen, sowie deren diakonischen oder missionarischen Wirkens in der Welt.[631]
In Frage kommen ferner Diskussions- und sonstige Sendungen zu aktuellen religiösen Fragen. Zu denken ist bei allem auch an fiktive Inhalte, die sich mit Glaubensinhalten beschäftigen (Spielfilme etc.). All dies gilt naturgemäß insbesondere im Zusammenhang mit religiösen Feiertagen.
Entsprechende Inhalte müssen sich grundsätzlich auf alle Religionen beziehen. Hier bestehen nicht zuletzt im Licht des Art. 3 I GG gegenwärtig Defizite auch im Programmangebot des öffentlichrechtlichen Rundfunks. [632] Insbesondere findet keine oder kaum Berichterstattung zu muslimischen[633] oder jüdischen[634] Festen, Feiertagen etc. statt, welche dem Gläubigen eine Identifizierung mit seinem Glauben erlaubten. Auch speziell christlich-othodoxe Themen werden kaum behandelt.

(c) Inkurs: Der Islam.
Insbesondere die Sicherstellung von religiösen Inhalten, die den Islam betreffen, sieht sich allerdings gegenwärtig noch vor nicht unerhebliche Probleme gestellt. Diese ergeben sich vor allem aus der geringen Organisiertheit und demzufolge auch uneinheitlichen Dogmatik muslimischen Glaubens. Hoheitlichen Institutionen fehlen sowohl klare Inhalte, als auch Ansprechpartner, die dabei helfen könnten, die entsprechenden Angebote zu konkretisieren.[635] Dies darf indessen bei allen Schwierigkeiten nicht dazu führen, die entsprechenden Inhalte von vornherein auszuklammern, sondern es bedarf eines fundierteren Angebotes an sich mit dem Islam auseinandersetzenden Sendungen.
Dem steht auch nicht der Grundsatz staatlicher Religionsneutralität entgegen.[636] Dieser trägt dem Interesse des Gläubigen dadurch Rechnung, dass er Freiräume zugunsten institutioneller Größen gewährt, die bestimmte Aufgaben effektiver versehen können, als staatliche Gewalt es könnte.[637] Dies rechtfertigt es aber nicht, religiöse Felder dort zu vernachlässigen, wo aufgrund der Verfasstheit

---

[631] *Link:* J. Listl/ D. Pirson, HdbStKiR II, 2. A., 1995, S. 275; *D. Lorenz*, Das Drittsendungsrecht der Kirchen im privaten Rundfunk, 1988, S. 30.
[632] *C. Pagels*, Schutz und Förderungsaspekte der Religionsfreiheit, 1999, S. 220, F n. 91; vgl. *Link* in: J. Listl/ D. Pirson, HdbStKiR II, 2. A., 1995, S. 500ff.
[633] Z. Z. leben etwa drei Millionen Muslime in der Bundesrepublik, vgl. DIE ZEIT NR. 14 v. 25. März 2004, S. 53.
[634] Auch die Zahl der Angehörigen der jüdischen Gemeinden ist sprunghaft angestiegen, in den letzten 20 Jahren um etwa 400 %, vgl. Statistisches Jahrbuch 1984, S. 94, sowie Statistisches Jahrbuch 2004, S. 64.
[635] *N. Janz/ S. Rademacher*, Islam und Religionsfreiheit, NVwZ 1999, 706, 710; *Link* in: J. Listl/ D. Pirson, HdbStKiR II, 2. A., 1995, S. 500ff.; *W. Loschelder*, Der Islam und die religionsrechtliche Ordnung des Grundgesetzes, EssGespr 20 (1986), 149, 150.
[636] A. A.: *Link* in: J. Listl/ D. Pirson, HdbStKiR II, 2. A., 1995, S. 501.
[637] Vgl. *Morlok* in: Dreier, 2. A., 2004, Art. 140 GG/ Art. 137 WRV, Rz. 19, 102.

eines bestimmten Glaubens keine eindeutige Instanz zur Verfügung steht.[638] Dies folgt zum einen aus den in Art. 4 GG geschützten Interessen der Gläubigen, bei denen der eigentliche Ansatzpunkt religiöser Gewährleistungspflichten der grundgesetzlichen Ordnung liegt[639]; zum anderen folgt dies aber auch aus dem Interesse der staatlichen Gemeinschaft, im Rundfunk alle Aspekte kultureller Erscheinungsformen in authentischer Weise vertreten zu sehen.[640]
Nicht zuletzt wird so auch dem Gedanken der Integration Rechnung getragen. – Diese kann in einem liberalen Gemeinwesen freilich nicht einfach „Anpassung"[641] bedeuten. Richtig verstanden kann „Integration" nur bedeuten, jene bislang „fremden" Elemente (welche häufig längst Teil gesellschaftlicher Realität sind), in die bestehenden Strukturen der Gesellschaft einzubeziehen und entsprechende Themen – u. a. im Rundfunk – aufzugreifen. Eine auf Dauer funktionsfähige Gemeinschaft im Sinne des Zusammenlebens von verschiedenen, differenten Individuen kann nur dadurch gewährleistet werden, dass auch die Angehörigen anderer Kulturkreise sich als gleichwertiger und anerkannter Teil der Gemeinschaft begreifen können. Angehörige fremder Kulturen dürfen daher nicht marginalisiert werden, sondern ihre Stellung in der Gesellschaft muss insbesondere auch anderen gesellschaftlichen Gruppen im „Forum Rundfunk" nahe gebracht werden.
Dies gilt in besonderem Maße für religiöse Inhalte als besonders gewichtigem Teil menschlicher Identität. Das gilt insb. auch, insofern sich in Teilen fremder Einflüsse durchaus Widersprüche zu hiesigen Werten und Vorstellungen finden. - Es widerspräche dem Charakter von Kultur als in einer liberalen, freiheitlichen Ordnung fließendem Prozess, von staatlicher Seite kulturelle Entwicklung in eine bestimmte Richtung zu lenken. Es ist vielmehr davon auszugehen, dass insbesondere andere Kulturen auch Anstöße zu neuer kultureller Entwicklung geben können, ohne dass es zu gesellschaftlichen Verwerfungen käme, die mit einer funktionierenden und ihre Individuen schützenden Grundordnung unvereinbar wären. Vermessen wäre es hingegen, in der Gegenwart bereits beurteilen zu wollen, ob und inwiefern neue kulturelle Anstöße sich in der Zukunft als „gut" oder „schlecht" für eine Kultur erweisen werden. Teil der Aufgaben des öffentlichrechtlichen Rundfunks ist in diesem wie in allen Bereichen der Berichterstattung und Programmgestaltung freilich auch die kritische Auseinandersetzung mit den Inhalten der verschiedenen Religionen.

(d) Ergebnis.

Somit sind jedenfalls auch die nicht-christlichen Religionen Islam und Judentum, sowie christlich-orthodoxe Themen (grundsätzlich natürlich Glaubensfra-

---

638 *A. Albrecht*, Religionspolitische Aufgaben angesichts der Präsens des Islam in der Bundesrepublik Deutschland, EssGespr (20) 1986, 82, 103.

639 Vgl. *Morlok* in: Dreier, 2. A., 2004, Art. 4, Rz. 20f.

640 Zum religiösen Wandel in der Bundesrepublik seit den 50er Jahren siehe *N. Janz/ S. Rademacher*, Islam und Religionsfreiheit, NVwZ 1999, 697, 708.

641 So etwa *A. Albrecht*, Religionspolitische Aufgaben angesichts der Präsens des Islam in der Bundesrepublik Deutschland, EssGespr (20) 1986, 82, 104.

gen aller Religionen[642]) Bestandteil der von Art. 5 I 2 GG geforderten Rundfunkversorgung. Dabei ist insb. zu denken an das Erläutern der elementaren Glaubensbestandteile, das Erklären des Hintergrunds und der Bedeutung bestimmter Feiertage oder Feste etc.
Nach dem Bundesverfassungsgericht ist der Rundfunk „Medium und Faktor" öffentlicher Meinungsbildung. Kraft seiner umfassenden Informationstätigkeit trägt er somit auch zur Konkretisierung und Gestaltung von Religion(en) bei. Innerhalb einer Religionsgemeinschaft ist somit – auf dem Boden grundgesetzlicher Wertungen - das gesamte Spektrum an religiösen Auffassungen darzustellen: Auch der von den Hauptströmungen Abweichende muss in entsprechenden Rundfunkangeboten Gehör finden.[643] Allerdings wird dem Rundfunk im Rahmen seiner religionsbezogenen Sendeaufgaben – im Gegensatz etwa zur Kunst - eher die Rolle eines *Mediums*, denn eines *Faktors* zuzusprechen sein. Sowohl unter dem Gesichtspunkt der Religionsfreiheit als auch unter dem Gedanken der Subsidiarität staatlichen Handelns kann es dem Rundfunk nicht gestattet sein, eine Schrittmacherfunktion einzunehmen und es – etwa in Wahrnehmung einer „kulturellen Verteidigungsaufgabe"[644] - selbst in Angriff zu nehmen, *Kulturgestaltungsmacht* auszuüben und das „in der Bundesrepublik Einfluss ausübende islamische Wert- und Regelsystem" zu „konkretisieren" und „Zeitgestalt" zu verleihen[645].

cc. Kunst.
Auch die Kunst gehört zu den traditionell bedeutendsten Kulturbereichen. Den Rundfunk könnte daher die Verpflichtung treffen, künstlerische Inhalte als besonders bedeutsame Dimension geistigen Wirkens zu gewährleisten.

aaa. Einführendes zur Kunst.
Von ihren frühesten Anfängen von etwa 30.000 v. Chr. an ist die Kunst stets essentieller Teil der Menschheitsgeschichte gewesen.[646] Trotz sich gänzlich wandelnder Auffassungen darüber, welche Rolle die Kunst für die Menschen zu spielen habe und unterschiedlichster Formen, zu denen Künstler gefunden haben, ist der Sachbereich als solcher, das Phänomen Kunst an sich, dabei stets erhalten und im Kern dasselbe geblieben.

---

[642] Neben 3 Mio. Muslimen leben z. Z. in der Bundesrepublik an religiösen Minderheiten ca. 900000 Christlich-Orthodoxe, 160000 Buddhisten, 100000 Hinduisten, vgl. DIE ZEIT Nr. 14 v. 25. März 2004, S. 53.
[643] Auch Religion stellt einen dynamischen Komplex dar, in dem es Perioden der Institutionalisierung und Kodifizierung und Perioden der Reformation und Veränderung gibt, vgl. *I. G. Barbour*, Wissenschaft und Glaube, 2003, S. 161.
[644] *A. Albrecht*, Religionspolitische Aufgaben angesichts der Präsens des Islam in der Bundesrepublik Deutschland, EssGespr 20 (1986), 82, 108.
[645] So aber *A. Albrecht*, Religionspolitische Aufgaben angesichts der Präsens des Islam in der Bundesrepublik Deutschland, EssGespr (20) 1986, 82, 109.
[646] *M. J. Mellinek/ J. Filip*, Frühe Stufen der Kunst, Propyläen Kunstgeschichte, Bd. 13, 1974, S. 74.

Früheste Werke sind Wandzeichnungen von Tieren und Menschen, die kultisch-magische Funktionen besaßen und in denen das Jagdglück beschworen wurde.[647] Die Antike – die der Kunst skeptisch gegenüberstand – sah die Kunst, insbesondere die Bildhauerei, als „Kopie der Wirklichkeit" an[648], in denen die „Idee" der Dinge sinnlich fassbar aufscheinen sollte.
In christlicher Zeit und bis ins 18. Jahrhundert hinein war die Kunst in aller Regel religiöser oder höfischer Natur. Sie diente vor allem der Verherrlichung Gottes und weltlicher Herrscher und damit zumindest *auch* der Aufrechterhaltung kirchlicher oder weltlicher Macht.[649]
Mit dem Erstarken des Bürgertums und dem gleichzeitigen Machtverlust der alten Eliten Ende des 18. Jahrhunderts begannen den Künstlern neue Finanzierungsmöglichkeiten und dementsprechend neue Freiräume künstlerischer Betätigung offen zu stehen.[650] Die Kunst gewann ein neues Selbstverständnis: Nicht mehr der Erhöhung bestimmter Werte sollte sie dienen, sondern wohlgefälliger Selbstzweck sein („l'art pour l'art", *I. Kant*)).[651] Gleichzeitig wurde sie zu einem wesentlichen Identitätsfaktor der (groß-) bürgerlichen Gesellschaft des 19. Jahrhunderts.[652]
Die Künstler nutzten die entstehenden Freiräume dabei mehr und mehr auch als gesellschaftspolitisches Ausdrucksmittel. Nach eigenem Selbstverständnis wuchs der Kunst zunehmend die Rolle einer Avantgarde zu: Sie sollte Wegbereiterin in eine neue, bessere, gerechtere Welt sein, Mittel zum Bruch mit dem Vergangenen[653]. Als Folge begann sich die Kunst zunehmendem Misstrauen von staatlicher Seite ausgesetzt zu sehen. Vor allem tatsächlich oder vermeintlich, "politische" Kunst (insb. das Theater) war dementsprechend im 19. Jahrhundert das Objekt hoheitlicher Repression[654]; ähnlich erging es sittlich als anstößig empfundener Kunst.[655] Im Gegenzug wurde die Respektierung der Freiheit der Künste zu einem wichtigen Anliegen sowohl der bürgerlichen, als auch der revolutionären Opposition im deutschen Kaiserreich. Die Kunst wurde zum Symbol für Freiheit und Fortschrittlichkeit.[656] Die Aufnahme der Kunstfreiheit in Art. 142 der Weimarer Reichsverfassung war damit ein wichtiger Schritt hin zu künstlerischer Autonomie.[657] Obwohl auch im Nachkaiserreich die Freiheit der

---

647 *S. Ott*, Kunst und Staat, 1968, S. 16, 17.
648 *S. Ott*, Kunst und Staat, 1968, S. 18, 19.
649 *D. Grimm*, Kulturauftrag im staatlichen Gemeinwesen, VVDStRL 42 (1984), 47, 48f.
650 *D. Grimm*, Kulturauftrag im staatlichen Gemeinwesen, VVDStRL 42 (1984), 48.
651 *D. Grimm*, Kulturauftrag im staatlichen Gemeinwesen, VVDStRL 42 (1984), 48; *S. Ott*, Kunst und Staat, 1968, S. 71.
652 *D. Grimm*, Kulturauftrag im staatlichen Gemeinwesen, VVDStRL 42 (1984), 48.
653 *W. Ullrich*, Kunst, in: K.-H. Barck (Hg.), ÄGB, Bd. 3, 2001, S. 605ff.
654 *Ladeur* in: AK-GG, 2001, Art. 5 III (II), Rn. 3.
655 *Ladeur* in: AK-GG, 2001, Art. 5 III (II) Rn. 4.
656 *L. Leiss*, Kunst im Konflikt, 1971, S. 81ff.; *G. Erbel*, Inhalt und Auswirkungen der Kunstfreiheitsgarantie, 1965, S. 53: "altliberales Gedankengut".
657 *Ladeur* in: AK-GG, 2001, Art. 5 III (II), Rn. 8.

Künstler insgesamt weiterhin einen noch unzureichenden Schutz genoss[658], blühte die Kunst nach dem Wegfall der monarchistischen Ordnung auf: Avantgardistische Kunstformen bildeten sich aus wie Expressionismus und Dadaismus; der Bauhausstil[659] entstand. Gleichzeitig entfernte sich die Kunst immer weiter von den traditionellen Vorstellungen des Bürgertums darüber, wie die Kunst "zu sein“ habe.[660] – Die Blüte innovativen Kulturschaffens der Weimarer Zeit wurde vielfach als Provokation empfunden und als Verfallserscheinung missdeutet.

Nach 1933 vereinnahmte das totalitäre Naziregime die Künste: Politisch erwünschte und unerwünschte Kunstinhalte wurden bis in letzte Stilfragen hinein von staatlicher Seite festgelegt und diktiert[661]. Wer künstlerisch tätig sein wollte, bedurfte der Erlaubnis, welche dem rassisch, politisch oder künstlerisch Missliebigen verwehrt wurde.[662] Unerwünschte Künstler wurden verfolgt und ermordet, ihre Kunst verboten und geächtet.[663]

Auch in der DDR wurden die Künste vor allem in den Dienst des sozialistischen Staates gestellt, an dessen Aufbau und Stabilisierung sie propagandistisch mitzuwirken hatten. [664]

Im westlichen Nachkriegsdeutschland versuchte man nach der humanen und kulturellen Katastrophe der Jahre 1933-45 die Ansätze der Weimarer Republik fortzuführen und dem Gedanken des Künstlertums als (nun vor allem marxistisch-revolutionär verstandener) "Avantgarde" Rechnung zu tragen: Kunst wurde nach eigenem Selbstverständnis zum Mittel des Bruches mit überkommenen Traditionen, zum Politikum, das neue Seh- und Perzeptionsgewohnheiten schaffen wollte.[665]

Dies hatte freilich zur Folge, dass gerade die Schicht traditioneller Kunstliebhaber, das "Bürgertum", zeitgenössischen Entwicklungen zunehmend verständnisloser gegenüberstand: Modernen Kunstformen wurde und wird ihr Kunstcharakter häufig abgesprochen.[666] Die zunehmend intellektuelle Durchdringung des Phänomens und der damit einhergehende wachsende Wegfall ästhetisch ansprechender Kunstwerke hat dazu geführt, dass – entgegen ihrer ursprünglichen Intention - gerade moderne Kunst zunehmend nur noch von kleinen „elitären“ Kreisen rezipiert oder verstanden und daher von der breiten Bevölkerung zu-

[658] Vgl. z.B. Nachweise bei *W. Knies*, Schranken der Kunstfreiheit als verfassungsrechtliches Problem, 1967, S. 23ff.; *Ladeur* in: AK-GG, 2001, Art. 5 III (II), Rz. 5.
[659] *W. Ullrich*, Kunst, in: K.-H. Barck (Hg.), ÄGB, Bd. 3, 2001, S. 607.
[660] Vgl. *K. Ruhrberg/ M. Schneckenburger*, Kunst des 20. Jahrhunderts, 1998, Bd. I u. II.
[661] *Ladeur* in: AK-GG, 2001, Art. 5 III (II), Rn. 7
[662] *G. Erbel*, Inhalt und Auswirkungen der Kunstfreiheitsgarantie, 1965, S. 77.
[663] *Ladeur* in: AK-GG, 2001, Art. 5 III (I), Rn. 7; *G. Erbel*, Inhalt und Auswirkungen der Kunstfreiheitsgarantie, 1965, S. 65ff., 81.
[664] Vgl. *D. Sommer*, Die gesellschaftlichen Funktionen in der entwickelten sozialistischen Gesellschaft, in: ders. (Hg.), Funktion und Wirkung, 1978, S. 11ff.
[665] *P. Bürger*, Theorie der Avantgarde, 2. Aufl., 1974, insb. S. 76ff.
[666] *W. Knies*, Schranken der Kunstfreiheit als verfassungsrechtliches Problem, 1967, S. 18; *L. Leiss*, Kunst im Konflikt, 1971, S. 399ff., 455ff.

nehmend nicht mehr als relevant empfunden wird.[667] Letztlich haben gerade die hierdurch entstehenden Angebotslücken der Kommerzialisierung der Künste Vorschub geleistet.[668] Kunst droht nun, vor allem zum Mittel zur Zerstreuung, zum reinen Unterhaltungsmedium zu werden.

bbb. Förderungswürdigkeit.
Es stellt sich somit die Frage, inwieweit verfassungsrechtlich ein öffentlichrechtliches Rundfunkangebot geboten ist, das ein florierendes Kunstleben im Bereich des Fernsehens und Hörfunks gewährleisten kann. Bezüglich der in Frage kommenden Rechtsgrundlagen wird – wie bereits bezüglich der Religionsfreiheit – argumentiert, dass Art. 5 III 1 GG ein objektives Prinzip enthalte, nach dem der Staat der Präsenz von Kunst verpflichtet sei: Der Schutzzweck des Art. 5 III 1 GG, so das gängige Argument, laufe leer, wenn kein funktionierendes Kunstleben gewährleistet sei.[669] Wenngleich dem grundsätzlich zuzustimmen ist, bleibt damit die eigentliche Frage, jene nach dem Grund der Förderungswürdigkeit von Kunst, allerdings offen.

(1) Wesen und „Zweck" der Kunst.
Eine staatliche Kunstförderungspflicht kann sich nur aus den spezifischen Funktionen ergeben können, die die Kunst für Gesellschaft und Individuum erfüllt. Es erhebt sich somit die Frage nach dem Wesen und den möglichen Funktionalitäten von Kunst.

(a) Vorab: Keine Zweckfreiheit der Kunst.
Dass Kunst bestimmte Funktionen erfüllt, erscheint dabei trotz des überkommenen Dogmas des *L'art pour l'art* im Grunde evident: Zum einen müssen bei einer juristischen Beurteilung der Förderungswürdigkeit des Sachbereichs Kunst strengere Anforderungen als bei einer philosophischen Betrachtung gelten. Da er den einen gegenüber anderen Lebensbereichen privilegiert, etwa Eingriffe in Rechte anderer erlaubt, die bei Zugrundelegung der allgemeinen Regeln unzulässig wären, darf sich der Staat nicht unter dem schlichten Verweis auf ein „autonomes" Phänomen der Erklärung für sein Handeln entziehen[670]. Dies verlangt bereits der Gleichheitssatz des Art. 3 GG. Zum anderen ist auch für jene Vertreter, die Kunst als streng zweckfrei ansehen, diese Zweckfreiheit stets selbst wiederum nur Mittel zum Erreichen eines darüber hinausreichenden Letzt-Zweckes, der *Anregung des Lebensgefühls* etwa (*Kant*) oder der Bildung einer *Antithese* zur funktionalitätsorientierten (kapitalistischen) Gesellschaft (*Adorno*).[671]

---

[667] Vgl. *W. Ullrich*, Kunst, in: K.-H. Barck (Hg.), ÄGB, Bd. 3, 2001, S. 556.
[668] Vgl. *G. Püttner*, HdbkWiP IV, 2.A.,1983, S. 252f.
[669] *Morlok* in: Dreier, 2. A., 2004, Art. 5 III GG, Rz. 45ff.; BVerfGE 36, 321, 331.
[670] *H. Wehrhahn*, Zur gegenwärtigen Rechtslage, in: H. Thieme/ ders., Die Freiheit der Künste und Wissenschaften, 1967, S. 47f.; vgl. aber z. B. *W. Erdmann*, FS v. Gamm, S. 403.
[671] *R. Schmücker*, Funktionen der Kunst, in: B. Kleimann/ ders., Wozu Kunst?, 2001, S. 13ff., 19 m. N.

(b) Sachbereichstypische Strukturen.

Es stellt sich somit zunächst die Frage nach den sachbereichstypischen Strukturen von Kunst; hierbei sind auch innerhalb einer juristischen Betrachtungsweise die Erkenntnisse der philosophischen Ästhetiklehre unterstützend heranzuziehen.[672] Entgegen vereinzelter Stimmen in der Literatur bedeutet das Abstellen auf „ästhetische" Ansätze dabei nicht etwa, einen an „Schönheit" im Sinne der aufklärerischen Ideale des 19. Jahrhunderts orientierten Kunstbegriff zu favorisieren.[673] Der Begriff „Ästhetik" bezieht sich - im Gegensatz etwa zum „Ästhetizismus"[674]- nach aktuellem Begriffsverständnis nicht etwa auf die "Kunst des Schönen", sondern bezeichnet vielmehr den Wissenschaftszweig, der die Probleme der Kunst im weiteren Sinne behandelt.[675]

(aa) Historische Erkenntnis: Kunst als kommunikatives Phänomen.

Das Phänomen der Kunst ist in der Entwicklung der Menschheitsgeschichte Gegenstand vielfältiger Erklärungsmodelle gewesen.

Historisch stand - ausgehend vom nachplatonischen Verständnis vor allem des deutschen Idealismus' – zunächst die Gewinnung von „Schönheit" als "Nachahmung der Natur" im Mittelpunkt kunsttheoretischer Überlegung[676]: Das Kunstwerk wurde als "Ideal" gesehen, als Symbol der Sittlichkeit,[677] als Verkörperung einer höheren, göttlichen Wahrheit[678], die durch den Künstler als "Genie" ihren Ausdruck in der Kulmination des "Guten" und "Wahren" im "Schönen" fand.[679] (*Kant*[680], *Hegel*[681]). Dabei wurde Kunst zunächst als ein Phänomen der objektiven Manifestation von Schönheit aufgefasst[682]; erst später vollzog sich eine Wende zu der Einsicht, dass Kunst vor allem ein der subjektiven Wahrnehmung zugehöriges Phänomen sei.[683] Wohl auch als Folge dieses beginnenden Perspektivenwechsels entstand die Auffassung, Kunst (zunächst vor allem das Theater) dürfe nicht allein bloßes Erkenntnisobjekt, sondern müsse zugleich Anleitung

---

[672] *Starck* in: v. Mangoldt/ Klein/ Starck, 4. Aufl., 1999, Art. 5 I 2 GG, Rn. 276.

[673] Vgl. *A. Wandtke*, ZUM 2005, 769ff.; *W. Erdmann*, FS v. Gamm, 1990, S. 393f. m. N.; *H. Schack*, Kunst und Recht, 2004, Rn. 8.

[674] Dieser stellt als Werthaltung bzw. Kunstgattung (etwa eines *Oscar Wilde*) das Interesse am „Ästhetischen", also „Schönen", in den Vordergrund, vgl. Meyers Enzyklopädisches Lexikon, Band 2, 1971, S. 779.

[675] Meyers Enzyklopädisches Lexikon, Band 2, 1971, S. 777.

[676] Vgl. im einzelnen auch *W. Ullrich*, Kunst, in: K.-H. Barck (Hg.), ÄGB, Bd. 3, 2001, S. 571ff.

[677] *A. Gethmann-Siefert*, Einführung in die Ästhetik, 1995, S. 94.

[678] *W. Ullrich*, Kunst, in: K.-H. Barck (Hg.), ÄGB, Bd. 3, 2001, S. 594.

[679] *A. Gethmann-Siefert*, Einführung in die Ästhetik, 1995, S. 12, 16.

[680] *A. Gethmann-Siefert*, Einführung in die Ästhetik, 1995, S. 16, 94, 98.

[681] *A. Gethmann-Siefert*, Einführung in die Ästhetik, 1995, S. 104, 206ff.

[682] Schon vor dem dt. Idealismus: *Thomas v. Aquin*; vgl. *A. Gethmann-Siefert*, Einführung in die Ästhetik, 1995 S. 12.

[683] *A.G. Baumgarten*, vgl. die Nachweise bei *A. Gethmann-Siefert*, Einführung in die Ästhetik, 1995, S. 13, 50; vgl. auch *W. Ullrich*, Kunst, in: K.-H. Barck (Hg.), ÄGB, Bd. 3, 2001, S. 587ff. m. N.

zum Handeln sein, neue Weltanschauungsweisen vermitteln und Orientierungspunkte für verantwortliches Handeln schaffen (*Schelling*; *Schiller*).[684]
Indessen sind die Theorien der klassischen Ästhetik der Aufklärung zunehmend in argumentative Schwierigkeiten geraten bei dem Versuch, das Absolute, Wahre definitorisch zu erfassen; sie müssen heute als am eigenen Absolutheitsanspruch gescheitert gelten.[685] An ihre Stelle muss die vorläufige Erkenntnis treten, dass Kunst nicht Mittlerin einer absoluten Wahrheit sein kann, weil es eine solche – schon gar nicht in ästhetischen Kategorien - nicht geben kann. Kunst wird dementsprechend nicht länger als Mittlerin bestimmter objektiver Werte betrachtet, sondern – in der Nachfolge *Schopenhauers* und *Croces*[686] - als Vermittlerin unterschiedlicher individueller Weltentwürfe angesehen.[687] Sie wird somit heute zumindest dem Grundsatz nach als eine Form der *Kommunikation* angesehen.[688]

(bb) Rechtswissenschaftliche und ästhetische Deutungsversuche.
Besteht somit grundsätzliche Einigkeit darüber, dass Kunst einen kommunikativen Vorgang darstellt, in dem der Künstler seine individuelle Wahrnehmung anderen Menschen mittels seines Werkes mitteilt, liegen die näheren Bedingungen des Vorgangs weitgehend im Dunklen. Dies mag seinen Grund nicht zuletzt darin haben, dass sich die Fragestellungen in Bezug auf das Wesen der Kunst spätestens seit Ende des 19. Jahrhunderts verschoben haben: Hatte das Kunstwerk einst dazu gedient, eine höhere, göttliche Wahrheit auszudrücken und somit die Frage nach dem *Wie* dies zu bewerkstelligen sei, im Mittelpunkt gestanden, wurde nun mehr und mehr die Frage laut, *wozu* Kunst in ihrer Eigenschaft als Weltentwurf des Schaffenden dienen könne: Die „Wahrheit ins Werk zu setzen“[689] (*Heidegger*) etwa, eine gerechtere Welt zu schaffen vor allem (*Benjamin*)[690], oder der (kaum mehr je erreichlichen) „Möglichkeit des Glücks“ letzten, klagenden Ausdruck zu verleihen (*Adorno*)[691]. Die Frage nach dem eigentlichen Wesen von Kunst, nach den „sachbereichstypischen Strukturen“ [692], bleibt dabei in der Regel außen vor, beispielsweise, wenn Kunst als „Erfahrung“ (*De-*

---

[684] *A. Gethmann-Siefert*, Einführung in die Ästhetik, 1995, S., 17, 154; *W. Ullrich*, Kunst, in: K.-H. Barck (Hg.), ÄGB, Bd. 3, 2001, S. 582.
[685] *A. Gethmann-Siefert*, Einführung in die Ästhetik, 1995, S. 79ff., 102, 106 zu *I. Kant* und S. 170-175 zu *F. Schiller.*
[686] Vgl. *M. Hauskeller*, Was ist Kunst?, 6. A., 2002, S. 45ff., 47, 63ff.
[687] *A. Gethmann-Siefert*, Einführung in die Ästhetik, 1995, S. 110.
[688] *C. Schwender*, Medien und Emotionen, 2001, S. 170.
[689] *M. Heidegger*, Der Ursprung des Kunstwerks, in: ders., Holzwege, 3. A., 1957, S. 25.
[690] Vgl. *M. Hauskeller*, Was ist Kunst?, 6. A., 2002, S. 69ff. m. N.
[691] Adornos Ästhetiklehre lässt sich nur vor dem Hintergrund des Holocaust verstehen.; vgl. *T. Adorno*, Ästhetische Theorie in: ders., Gesammelte Schriften, Band 7, 1970; vgl. auch *M. Hauskeller*, Was ist Kunst?, 6. A., 2002, S. 81ff. m. N.
[692] Vgl. *F. Müller*, Juristische Methodenlehre, 1997, Rn. 42 u. 41 m.w.N (Fn. 55).

wey) charakterisiert[693] oder als *geschichtlich bestimmte soziokulturelle Praxis* (*Danto*)[694] beschrieben wird.
Die Frage ist somit weiterhin, *was* im Mittelpunkt des entsprechenden Vorgangs steht und was die Kunst dabei gegenüber anderen Phänomenen auszeichnet.

(aaa) Rechtsprechung.
In Fortführung der Rechtsprechung des Reichsgerichts hat der Bundesgerichtshof Kunst angesehen als die „eigenpersönliche geistige Schöpfung, die mit den Darstellungsmitteln der Kunst durch formgebende Tätigkeit hervorgebracht und vorzugsweise für die ästhetische Anregung des Lebensgefühls durch Anschauung bestimmt ist". Hinzukommen müsse, dass der „ästhetische Gehalt" des Werkes einen solchen Grad erreiche, dass nach Auffassung der für Kunst empfänglichen und mit Kunstanschauungen einigermaßen vertrauten Kreise von einer künstlerischen Leistung gesprochen werden könne.[695] Diese Spruchpraxis wurde und wird insbesondere aufgrund ihrer formalen, tautologischen und wertenden Elemente sowie der „Verpflichtung dem Ästhetikbegriffs des 19. Jahrhunderts gegenüber" scharf kritisiert.[696] Besitzt diese Kritik zwar eine gewisse Berechtigung, was den Vorwurf der Tautologie, sowie das Abstellen auf vorhandene Kunstformen und relevante „Kunstkennerkreise" angeht, ist sie doch zum Teil ungerechtfertigt, was ein angebliches Verharren in einem überkommenen Kunstverständnis anbelangt. Zwar greift der BGH mit der „Anregung des Lebensgefühls" eine Kant'sche Formulierung auf.[697] Andererseits hat der BGH in einer späteren Entscheidung klargestellt, dass auch er den Begriff der Ästhetik zumindest heute nicht mehr in einer den „Schönheitssinn" ansprechenden Bedeutung verstehen will.[698] Insofern erscheint der Ansatz des BGH, die Antwort auf das Wesen der Kunst in „ästhetischen" Kategorien zu suchen, keinesfalls abwegig. Allerdings ist die Definition zumindest insofern nicht aussagekräftig, als dass sie lediglich auf andere Erkenntnisquellen verweist.
Das Bundesverfassungsgericht hat zunächst in seiner Mephisto-Entscheidung versucht, den sachbereichstypischen Strukturen von Kunst Rechnung zu tragen[699]. Danach ist das Wesentliche an Kunst als *unmittelbarstem Ausdruck der individuellen Persönlichkeit des Künstlers* die *freie schöpferische Gestaltung, in der Eindrücke, Erfahrungen, Erlebnisse durch das Medium einer Formenspra-*

---

[693] *J. Dewey*, Kunst als Erfahrung, 1988; vgl. *R. Shusterman*, Kunst Leben, Ästhetik des Pragmatismus, 1994, S. 25.
[694] *A. Danto*, Die Verklärung des Gewöhnlichen, 1984, S. 193.; *R. Shusterman*, Kunst Leben, Ästhetik des Pragmatismus, 1994, En. 9 (S. 250).
[695] BGHZ 22, 209, 215; 27, 351, 356 – „Candida".
[696] Vgl. *A. Wandtke*, ZUM 2005, 769ff.; *W. Erdmann*, FS v. Gamm, 1990, S. 393f. m. N.; *H. Schack*, Kunst und Recht, 2004, Rn. 8.
[697] *R. Schmücker*, Funktionen der Kunst, in: B. Kleimann/ ders., Wozu Kunst?, 2001, S. 13ff., 19 m. N.
[698] BGHZ 94, 276, 286; *W. Erdmann*, FS v. Gamm, 1990, S. 393.
[699] *F. Müller*, Juristische Methodenlehre, 1997, Rn. 42 u. 41 m.w.N (dort Fn. 55).

che zu unmittelbarer Anschauung gebracht werden.[700] *Künstlerische Tätigkeit* sei weiter ein *Ineinander von bewußten und unbewußten Vorgängen, das rational nicht aufzulösen* ist.[701]

Wenngleich dieser Interpretationsansatz eine relativ universelle Definition beinhaltet, die sicherlich wesentliche Elemente der unstreitig[702] als Kunstwerke erachteten Phänomene enthält[703], erscheint doch weiterhin zweifelhaft, ob das Spezifische an Kunst hiermit bereits erfasst ist. So ist etwa nicht ohne weiteres ersichtlich, aus welchem Grund nicht-künstlerische Schilderungen[704] dessen, was den Urheber eines Werkes innerlich bewegt, nicht ebenfalls unter die genannte Definition fallen sollten. Gleichzeitig spricht gegen den genannten Ansatz, dass auch er nicht neutral genug gehalten und zu sehr den klassischen Kunstformen verpflichtet ist; aufgrund zu vieler formaler Elemente wird der Kunstbegriff auch hier unnötig eingeengt.[705] Vor allem aber bleibt offen, aus welchem Grund der genannte Kommunikationsvorgang besonders schützenswert sein sollte.

Das Bundesverfassungsgericht hat als Reaktion[706] auf die geübte Kritik zusätzlich einen weiteren, kommunikativ-zeichentheoretischen Ansatz erwogen, der weniger formal operiert[707]: Beim Kunstwerk würden einzelne Formen und Inhalte aus ihrer spezifisch-historischen Begrenztheit befreit und einen nie endenden, stets neu interpretierbaren Bedeutungsreichtum entfalten.[708] Indessen ist auch diese Definition, die das Besondere an Kunst in der *Mehr*deutigkeit[709] ihrer Inhalte erblickt[710], äußerst zweifelhaft. Zum einen mag es durchaus auch anspruchsvolle Kunstwerke geben, die in ihrer Aussage eher eindeutig ausfallen (z. B. *B. Brecht*).[711] Vor allem aber ist zweifelhaft, ob überhaupt jedes Kunstwerk der - mit dem Kriterium der Mehr*deutigkeit* offenbar implizierten - Möglichkeit einer sinnvollen, rationalen Deutung[712] zugänglich ist.[713] Zudem bleibt auch hier

---

700 BVerfGE 30, 173, 188f.

701 BVerfGE 30, 173, 189..

702 Zur sog. phänotypischen Definition siehe auch noch BVerfG NJW 1985, 261, 262.

703 *Denninger* in: Isensee/Kirchhof HdbStR VI, 2. A., 2001, § 146 Rn. 8.

704 Tagebuchaufzeichnungen etc.

705 *J. H. Henschel*, Die Kunstfreiheit in der Rechtsprechung des BVerfGs, NJW 1990, 1937, 1938; *Scholz* in: Maunz/ Dürig, Stand: 43. Erg.-Lfg., Feb. 2004, Art. 5 III Rn. 28; *Denninger*: J. Isensee/ P. Kirchhof, HdbStR VI, 2. A., 1995, § 146, Rn. 8.

706 Vgl. *Mahrenholz* in: E. Benda/ W. Maihofer/ H.-J. Vogel, HdbVerfR, 2. Aufl., 1994, § 26, Rn. 27.

707 BVerfGE 67, 213 (226ff.) (Anachronistischer Zug.)

708 *Mahrenholz* in: E. Benda/ W. Maihofer/ H.-J. Vogel, HdbVerfR, 2. Aufl., 1994, § 26, Rn. 30; *Denninger*: J. Isensee/ P. Kirchhof, HdbStR VI, 2. A., 1995, § 146 Rn. 17, Fn. 51; BVerwGE 23, 104.

709 Im Gegensatz zur *eindeutigen* Wissenschaft.

710 *Denninger*: J. Isensee/ P. Kirchhof, HdbStR VI, 2. A., 1995, § 146 Rn. 17, Fn. 51

711 *Mahrenholz* in: E. Benda/ W. Maihofer/ H.-J. Vogel, HdbVerfR, 2. Aufl., 1994, § 26, Rn. 31.

712 Vgl. *Pernice* in: Dreier, 2. A., 2004, Art. 5 III (Kunst), Rz. 20, 21.

713 z.B. Beethovens Sinfonien; orientalische Arabesken etc.

offen, was an dem entsprechenden Kommunikationsvorganges besonders schützenswert sein soll.

(bbb) Die juristische Literatur.

Die juristische Literatur will dem Anliegen eines möglichst weitherzigen Kunstbegriffes zum Teil dadurch Rechnung tragen, dass allein auf die ästhetische Gestaltung eines "geistig-sittlichen Gehalts" abzustellen sei[714]. Dabei bleibt freilich offen, was hierunter zu verstehen sein soll: Insofern der Begriff dahin zu interpretieren ist, dass er auf die Ideale des Deutschen Idealismus abzielt (so offenbar *Scholz*[715]) müssen entsprechende Vorstellungen als überholt angesehen werden. Jedenfalls ist der Begriff wenig aussagekräftig. *Erbel*[716], der – offenbar in der Nachfolge *Dickies*' Institutionenlehre[717] - die Kunstfreiheit als "das gesamte Kunstleben" definiert, muss sich neben dem abermaligen Vorwurf einer Tautologie sowie der mangelnden Offenheit für neue Phänomene entgegenhalten lassen, dass weder die besonderen sachbereichstypischen Strukturen der Kunst, noch der hinter dem Art. 5 III 1 GG stehende Schutzgedanke expliziert werden. *Scholz*[718] sieht im Mittelpunkt *die sinnlich-anschauliche Formgebung eines schöpferischen Aktes, der auf eine kommunikative Sinnvermittlung gerichtet ist.* Ähnlich definiert *Mahrenholz*[719] Kunst als "auf menschliche Initiative rückführbare, sinnlich-ästhetische Kommunikation". Auch diese Ansätze versäumen es jedoch, den der Kunstfreiheit zugrunde liegenden Schutzgedanken und insbesondere die exponierte Stellung des Art. 5 III GG zu erklären. *Scholz'* Ansatz erscheint ferner insofern verfehlt, als dass er mit dem Kriterium der *Sinn*vermittlung offenbar auf eine dem rationalen Verstehen zugängliche Kommunikationsleistung abstellen will, Kunst aber vor allem ein gefühlsmäßiges Phänomen darstellt.

(ccc) Gefühlsästhetischer Ansatz.

Somit bleibt nach wie vor zu fragen, welches die besonderen sachbereichstypischen Strukturen der Kunst sind. Ausgangspunkt muss auch hier die historische Erkenntnis sein, dass Kunst grundsätzlich einen Kommunikationsvorgang darstellt, mit dem *ein inneres Anliegen des Künstlers übermittelt wird.* Darüber hinaus wird bei der Kunst das innere Anliegen mittels eines die Sinne ansprechenden Mediums transportiert; erforderlich ist also ein "sinnlich-ästhetisches Mittel".

---

[714] *Starck* in: v. Mangoldt/ Klein/ Starck, Art. 5 GG, Anm. X3; ähnlich *H. v. Hartlieb*, Die Freiheit der Kunst und das Sittengesetz, 1969, S. 24.

[715] *Scholz* in: Maunz/ Dürig, Stand: 43. Erg.-Lfg., Feb. 2004, Art. 5 III GG, Rn. 28.

[716] *G. Erbel*, Inhalt und Auswirkungen der Kunstfreiheitsgarantie, 1965, S. 93ff.

[717] Vgl. *R. Shusterman*, Kunst Leben, Die Ästhetik des Pragmatismus, 1994, S. 31 m. N. (En. 7).

[718] *Scholz* in: Maunz/ Dürig, Stand: 43. Erg.-Lfg., Feb. 2004, Art. 5 III, Rn. 29.

[719] *Mahrenholz* in: E. Benda/ W. Maihofer/ H.-J. Vogel, HdbVerfR, 2. Aufl., 1994, § 26, Rn. 37.

Es erscheint jedoch zweifelhaft, ob hiermit das Wesen der Kunst bereits erfasst ist. Denn dann wäre jedes innere Anliegen potentieller Gegenstand künstlerischer Übermittlung. Erfasst wären also auch rein rationale, dem Verstehen zugängliche Aussagen.[720] Kunst wäre dann nur eine Art symbolischer Meinungsäußerung. Vom juristischen Standpunkt aus wäre dann nicht ohne weiteres einsichtig, warum Kunst einen größeren Schutz genießen sollte, als die schlichte Meinungsäußerung. Im Gegenteil: das „Nebulöse", Unklare an Kunst schiene eher einen geringeren Schutz zu gebieten, als sie etwa eine Äußerung zum politischen Tagesgeschehen genießt.
Kunst als reine Symbolsprache anzusehen, erscheint auch deshalb unplausibel, da man etwa Piktogrammen oder Warenzeichen wohl unstreitig keinen Kunstcharakter zubilligen wird, obgleich sie sinnlich-ästhetisch wirken und einen verstehbaren Kern enthalten.
Wenn somit der Gehalt einer dem rationalen Verstehen zugänglichen Aussage nicht entscheidend für das Wesen der Kunst sein kann, ist zu überlegen, auf welcher anderen Ebene Kunst wirken könnte. Künstlerische Schaffenstätigkeit wird bereits seit Platon mit dem Ausdruck von Gefühl verbunden.[721] Das Gefühl stellt eine bislang nur unzureichend untersuchte Dimension menschlichen Handelns und Befindens dar, die zugunsten rationaler Ansätze, welche den Menschen vor allem als vernunftorientiertes Wesen sehen, vernachlässigt und überdies negativ besetzt wurde. [722] Platon selbst wollte die – das Gefühl („συμπάσχοντες") und nicht den Intellekt ansprechende - Kunst (insb. die Tragödie) aus seinem Staat der Philosophen verbannen, da diese sich an den „niedrigsten Teil der Seele" wende.[723] - Eine Einschätzung, die vor dem Hintergrund der antiken Gesellschaft erklärlich sein mag[724], sich aber vor den Erkenntnissen der modernen Wissenschaft nicht aufrechterhalten lässt: Untersuchungen zeigen, dass die Emotionalität des Menschen eine eigenständige Kategorie menschlicher Verhaltenssteuerung darstellt, die keineswegs nutzlos ist, sondern eine Reihe wichtiger Funktionen erfüllt.[725]

---

[720] So aber wohl ein Teil der ästhetischen Literatur, z. B. *A. Gethmann-Siefert*, Einführung in die Ästhetik, 1995, S. 119; s. auch *R. Schmücker*, Funktionen der Kunst, in: B. Kleimann/ders. , Wozu Kunst?, 2001, S. 23: "Die ästhetische Kunsterfahrung unterscheidet sich von der ästhetischen Erfahrung anderer Dinge dadurch, dass sie in ein Verstehen einmünden kann und will."

[721] *A. Gethmann-Siefert*, Einführung in die Ästhetik, 1995, S. 7; *W. Ullrich*, Kunst, in: K.-H. Barck (Hg.), ÄGB, Bd. 3, 2001, S. 591f. mit Bezug auf *F. Schiller*; *C. Schwender*, Medien und Emotionen, 2001, S. 115ff.; vgl. *K. Hickethier*, Kino, in: Bleicher, Joan Kristin (Hg.), Aufmerksamkeit, Medien und Ökonomie, 2002 S. 151ff.; vgl. *D. S. Massey*, The Origin and Role of Emotion in Social Life, in: American Sociological Review, Vol. 67 (2002), S. 8.

[722] *D. S. Massey*, The Origin and Role of Emotion in Social Life, in: American Sociological Review, Vol. 67 (2002), Emotion, S. 2.

[723] *R. Shusterman*, Kunst Leben, Die Ästhetik des Pragmatismus, 1994, S. 27f.; *Platon*, Der Staat, hgg. v. T. Szlezák, 2000, Politeia X 605 a2 - d5, S. 837, 839.

[724] *D. Goleman*, Emotionale Intelligenz, 14. A., 2001, S. 24.

[725] *D. Goleman*, Emotionale Intelligenz, 14. A., 2001, S. 26ff.; vgl. noch unten.

Auch nach jüngeren Betrachtungen von Kunst nimmt das Gefühl einen wichtigen Platz unter den Erklärungsmodellen ein. Bereits im 18. Jahrhundert setzt sich die englische Gefühlsästhetik mit *Shaftesbury, Hutcheson* und *Burke* gegen die überkommene klassizistische Rationalisierung der Kunst zur Wehr und stellt die *Empfindung* („sentiment") ins Zentrum ihrer Überlegungen.[726] Für den Romantiker *Schleiermacher* (1768-1834) ist Kunst „Auslösung von Gefühl"[727]. Und *Benedetto Croce* unterscheidet ähnlich zwischen einer *logischen*, vom Verstand ausgehenden, und einer *intuitiven*, das Gefühlsleben betreffenden Form der Erkenntnis.[728]
Somit ist davon auszugehen, dass der Künstler, indem er sich eines sinnlich-ästhetischen Mittels bedient, vor allem ein ihm innewohnendes Gefühl zum Ausdruck bringt. Doch auch dies ist noch keine ausschließliche Besonderheit von Kunst. Denn der Künstler könnte seine emotionale Befindlichkeit ebenso gut auf einer rationalen Ebene mitteilen, also schlicht beschreiben, welche Emotionen in ihm vorherrschen. Er geht jedoch noch hierüber hinaus: Kunst löst Emotionen aus. Der Künstler ruft also in dem Rezipienten ebenfalls die ihn bestimmenden Gefühle hervor, d.h. er überträgt mittels der sinnlich-ästhetischen Form seine eigene Stimmung auf den Rezipienten[729]. Mit anderen Worten: Er macht sie für den Rezipienten *nacherlebbar.*[730] Somit ist mit wesentlichen Teilen der aktuellen Ästhetiklehre davon auszugehen, dass Kunst im Wesentlichen in der *nacherlebbaren* Vermittlung eines bestimmten Gefühls mittels eines sinnlich-ästhetischen Mittels besteht[731].[732]
Dem könnte man noch entgegenhalten, dass der Rezipient keineswegs notwendig das exakt gleiche empfinde wie der Künstler: Denn von einem zum anderen

---

726 *M. Hauskeller*, Was ist Kunst?, 6. A., 2002, S. 33.
727 Vgl. *A. Gethmann-Siefert*, Einführung in die Ästhetik, 1995, S. 199 m. N.
728 *M. Hauskeller*, Was ist Kunst?, 6. A., 2002, S. 64f. m. N.
729 *M.-L. Raters*, Durch das Kunstwerk zum Gefühl für die Welt. Zwei gefühlsästhetische Überlegungen, in: B. Kleimann/ R. Schmücker, Wozu Kunst?, 2001, S. 141ff., 142f.
730 *M.-L. Raters*, Durch das Kunstwerk zum Gefühl für die Welt. Zwei gefühlsästhetische Überlegungen, in: B. Kleimann/ R. Schmücker, Wozu Kunst?, 2001, S. 141ff., 144; *O. Scholz*, Kunst, Erkenntnis und Verstehen. Eine Verteidigung einer kognitivistischen Ästhetik, in: B. Kleimann/ R. Schmücker, Wozu Kunst?, 2001, S. 34ff., 45, vgl. dort Walsh: "knowing by living through".
731 *S. Döring*, Indem die Dichtung Erlebnis vermittelt, vermittelt sie Erkenntnis, in: B. Kleimann/ R. Schmücker, Wozu Kunst?, 2001, S. 49ff., 52; *M.-L. Raters*, Durch das Kunstwerk zum Gefühl für die Welt. Zwei gefühlsästhetische Überlegungen, in: B. Kleimann/ R. Schmücker, Wozu Kunst?, 2001, S. 141ff.; *O. Scholz*, Kunst, Erkenntnis und Verstehen. Eine Verteidigung einer kognitivistischen Ästhetik, in: B. Kleimann/ R. Schmücker, Wozu Kunst?, 2001, S. 34ff., 45; *A. Gethmann-Siefert*, Einführung in die Ästhetik, 1995, S. 199f.; vgl. *H. Wehrhahn*, Zur gegenwärtigen Rechtslage, in: H. Thieme/ ders., Die Freiheit der Künste und Wissenschaften, 1967, S. 53; vgl. für Bilder: *V. Boehme-Neßler*, Multimedia und Recht, K&R 2003, 530, 531.
732 Vgl. insbesondere auch OLG München GRUR 1977, 555, 556 –„Igelfigur Eddi", wonach neben formalen Elementen für das Vorliegen eines Kunstwerkes i. S. v. § 2 II UrhG mit entscheidend sei, dass der Rezipient einen „sein eigenes tieferes Empfinden wesentlich anregenden Sinneseindruck" empfange.

Rezipienten mögen die hervorgerufenen Vorstellungen und Emotionen nuancieren.[733] Indessen sind Entstellungen und Verzerrung grundsätzlich jeder Kommunikation inhärent[734]; allenfalls könnte man von einem unvollkommenen oder mehrdeutigen Kommunikationsvorgang sprechen.[735]. - Dies ändert aber nichts an der Tatsache, dass Kunst jedenfalls dem Grundsatz nach Gefühlskommunikation darstellt. Man mag es gerade als Stärke des künstlerischen Ausdrucksmittels ansehen, dass die Kunst aufgrund ihrer Vielschichtigkeit und ihrer mannigfaltigen individuellen Wirkmöglichkeiten jeden einzelnen gerade an dem Punkt zu erreichen geeignet ist, an dem er individuell am berührbarsten ist.[736]

Allein ließe sich noch einwenden, dass viele Kunstformen (z.B. die Kirchenkunst mit ihren religiösen Darstellungen, die politische Satire, der Handlungsablauf eines Romans) durchaus dem rationalen Verstehen zugänglich seien. Allein vermag dies die These, wesentlicher Kern der Kunst sei die Übermittlung von Emotion, nicht zu entkräften: Denn es ist wohl unstreitig, dass ein jedes Kunstwerk auch kognitive Anteile enthalten kann.[737] Der "Mann mit dem Goldhelm" etwa ist natürlich zunächst die Darstellung eines Mannes mit einem goldenen Helm. Der Gehalt des Gemäldes geht aber hierüber weit hinaus. Das im engeren Sinne Künstlerische besteht in der Übermittlung einer bestimmten gefühlsmäßigen Weltdeutung, einer mit kognitiver Deskription nicht erreichbaren Stimmungsübertragung. [738] Die Übermittlung rational zugänglicher Elemente ist dementsprechend ein zwar mögliches, aber kein konstituierendes Element von Kunst. Somit lässt sich im Sinne eines Zwischenergebnisses festhalten, dass Kunst grundsätzlich der Übermittlung einer gefühlsmäßigen Weltdeutung dient, wobei sie auch rationale Elemente enthalten kann, aber keineswegs muss.[739] [740]

---

[733] *F. Koppe*, Selbstwert und Geltungsanspruch der Kunst, in: B. Kleimann/ R. Schmücker, Wozu Kunst?, 2001, S. 104ff., 113.

[734] *O. W. Haseloff*, Über Wirkungsbedingungen politischer und werblicher Kommunikation, in: M. Bense/ ders.: Kommunikation, 2. A., 1971, S. 151ff.

[735] *F. Koppe*, Selbstwert und Geltungsanspruch der Kunst, in: B. Kleimann/ R. Schmücker, Wozu Kunst?, 2001, S. 104ff., 113; *T. Rentsch*, Ästhetische Anthropomorphie. Die Konstitution des Schönen und die transzendental-anthropologische Bestimmung thaumatisch-auratischer Weltverhältnisse, in: Perspektiven der Kunstphilosophie 1991, S. 27ff., 32.

[736] Vgl. *W. Ullrich*, Kunst, in: K.-H. Barck (Hg.), ÄGB, Band 3, 2001, S. 589f. mit Bezug auf *F. Schiller*.

[737] Vgl. *C. Schwender*, Medien und Emotionen, 2001, S. 286; *M.-L. Raters*, Durch das Kunstwerk zum Gefühl für die Welt. Zwei gefühlsästhetische Überlegungen, in: B. Kleimann/ R. Schmücker, Wozu Kunst?, 2001, S. 141ff., 143; *D. Sommer*, Die gesellschaftlichen Funktionen in der entwickelten sozialistischen Gesellschaft, in: ders. (Hg.), Funktion und Wirkung, 1978, S. 89ff., 90.

[738] *M.-L. Raters*, Durch das Kunstwerk zum Gefühl für die Welt. Zwei gefühlsästhetische Überlegungen, in: B. Kleimann/ R. Schmücker, Wozu Kunst?, 2001, S. 141ff. 143, vgl. bereits oben.

[739] Auch sofern man dem hier gewählten Erklärungsmodell nicht zu folgen bereit ist, sollte jedenfalls unstreitig sein, dass die Emotion zumindest einen wichtigen Bestandteil von Kunst ausmacht.

(c) Funktionen der Kunst.

Damit ist indessen noch keine Aussage darüber getroffen, welches der hinter ihrer Verbürgung stehende Schutzgedanke der Kunstfreiheit ist. Somit ist weiter zu ermitteln, welche individuellen und gesellschaftlichen Funktionen der beschriebene Vorgang erfüllt und ob und aus welchem Grund er dabei rechtlich schützenswert ist.

(aa) Individuelle Funktionen.

Wie bereits angesprochen, wird Kunst – insbesondere im Rahmen der Frage nach den kulturellen Verantwortlichkeiten des Staates – häufig auf ihre gesellschaftlichen oder sozialen Funktionen verengt. Tatsächlich liegt es jedoch näher, zunächst die individuellen Funktionalitäten von Kunst zu ermitteln, da sich aus ihnen auch die gesellschaftlichen Wirkweisen besser erschließen lassen werden.

(aaa) Gefühlserkenntnisfunktion.

Auf Seiten des Rezipienten[741] wird in diesem mittels des sinnlich-ästhetischen Mediums ein bestimmtes Gefühl in nacherlebbarer Weise hervorgerufen.[742] Kunst dient damit der Formierung von Emotionalität[743]: Der Rezipient wird sich seiner Gefühlswelt *erlebend bewusst*, es vollzieht sich ein Prozess der *Gefühls-* und damit der Selbst*erkenntnis*[744]. Mit der Kunstrezeption verbunden ist somit eine Öffnung und Sensibilisierung der eigenen Emotionalität, bei welcher der Rezipient die Möglichkeit gewinnt, die eigenen Emotionen besser zu verstehen und weiter zu entwickeln. Der Rezipient lernt "über seine Gefühle durch das Gefühl".[745] *Walsh* etwa spricht von *knowing by living through.*[746]

Dieser Erschließung eigener Emotionalität wohnt ein erhebliches „selbstverwirklichendes“ (*Jung*[747]) Potential inne[748]: Emotionalität beeinflusst das innere

---

740 Insofern mag man die frühe BGH-Rechtsprechung mit ihrem Kriterium der „ästhetischen Anregung des Lebensgefühls durch Anschauung“ dem Kern von Kunst zumindest nahekommend ansehen.

741 Jedenfalls bei der staatlichen Kunstförderung im Massenmedium Rundfunk steht die Leistungspflicht zugunsten der Zuschauer und –hörer im Vordergrund. Somit sind vor allem die Funktionen zu ermitteln, die die Kunst auf Seiten des Kunstrezipienten erfüllt. Zum Künstler vgl. die Anm. in den Fußnoten unten.

742 *M.-L. Raters*, Durch das Kunstwerk zum Gefühl für die Welt. Zwei gefühlsästhetische Überlegungen, in: B. Kleimann/ R. Schmücker, Wozu Kunst?, 2001, S. 141ff., 142.

743 *K. Hickethier*, Medienwissenschaft, 2003, S. 231.

744 *R. Musil*, Über Robert Musils Bücher, in: Gesammelte Werke, Bd. 2, 1978, S. 995ff.; *S. Döring*, Indem die Dichtung Erlebnis vermittelt, vermittelt sie Erkenntnis, in: B. Kleimann/ R. Schmücker, Wozu Kunst?, 2001, S. 49ff., 51.

745 *O. Scholz*, Kunst, Erkenntnis und Verstehen. Eine Verteidigung einer kognitivistischen Ästhetik, in: B. Kleimann/ R. Schmücker, Wozu Kunst?, 2001, S. 34ff., 45.

746 *D. Walsh*, Literatur and Knowledge, 1969, S. 129.

747 Vgl. Nachweise bei *Y. Hsu*, Selbstverwirklichungsrecht im pluralistischen Kulturstaat, 2000, S. 42.

748 *Pernice* in: Dreier, 2. A., 2004, Art. 5 III GG, Rn. 12; *H. Wehrhahn*, Zur gegenwärtigen Rechtslage, in: H. Thieme/ ders., Die Freiheit der Künste und Wissenschaften, 1967, S. 52.

und äußere Verhalten des Menschen in einem nicht zu unterschätzenden Maße. Als gegenüber dem rationalen Denken tiefenschichtigeres und vielleicht wirksameres Steuerungssystem beeinflusst und variiert sie auch sein rationales Denken.[749] Positive Grundstimmungen beeinflussen Zukunftsprognosen und können den Optionshorizont erweitern. Positive Emotionen wirken sich auf das Erinnerungsvermögen und die Fähigkeit aus, gedankliche Querverbindungen herzustellen und kreativ komplexe Probleme zu lösen.[750] Die Konfrontation mit dem eigenen Gefühlsleben als wesentlichem Faktor und Triebfeder seines Handelns versetzt den Menschen in die Lage, sich über tiefer liegende Wünsche und Prioritäten größere Klarheit zu verschaffen.[751] Sie führt persönliche Defizite vor Augen[752] und ermöglicht die kritische Selbstreflexion[753]. Eine entwickelte Emotionalität ermöglicht nicht zuletzt persönlichkeitskonsistentere Entscheidungsfindungen: Dies gilt insbesondere dort, wo es darum geht, die eigenen Interessen unter Berücksichtigung der eigenen individuellen Persönlichkeitsstruktur langfristig zu wahren, wo aber die vordergründige, vermeintlich rationale Analyse den Blick auf die wahren eigenen Interessen verstellt.
Emotionalität kommt dem Menschen konkret handlungserleichternd zugute. Sie kann motivierend wirken.[754] Als standardisierte (und bewährte) – teils biologisch vorgegebene, teils in einem kulturellen Prozess entwickelte[755] – Reaktionen helfen Gefühle dem einzelnen, auf Probleme und Situationen schnell und richtig zu reagieren, insbesondere dort, wo es an Zeit für eine langwierige rationale Analyse fehlt[756]. Dies gilt insbesondere für das Verhalten innerhalb sozialer Netze: Gefühle lassen den Menschen komplexe soziale Situationen „intuitiv" schnell und richtig erfassen und ermöglichen dadurch nicht zuletzt das Zusammenwirken des – in seinen Verhaltensmaßstäben innerlich aufeinander abgestimmten - sozialen Corpus'.[757] Die eigene Emotionalität richtig zu deuten schafft dabei auch empathisches Potential: Ein entwickeltes Gefühlsleben ermöglicht es, die Reaktionen anderer richtig einzuschätzen und erfolgreicher und

---

[749] *D. S. Massey*, The Origin and Role of Emotion in Social Life, in: American Sociological Review, Vol. 67 (2002), S. 17, 19, 25.

[750] *P. Salovey/ J. M. Meyer*, Emotional Intelligence, in: J. Jenkins/ K. Oatley/ N. Stein, Human Emotions, 1998, S. 316.

[751] *O. Scholz*, Kunst, Erkenntnis und Verstehen. Eine Verteidigung einer kognitivistischen Ästhetik, in: B. Kleimann/ R. Schmücker, Wozu Kunst?, 2001, S. 34ff., 34.

[752] *W. Ullrich*, Kunst, in: K.-H. Barck (Hg.), ÄGB, Bd. 3, 2001, S. 590 m. N. bei *F. Schiller*.

[753] *Y. Hsu*, Selbstverwirklichungsrecht im pluralistischen Kulturstaat, 2000, S. 42f., mit Bezug auf *Carl Gustav Jung*; *M.-L. Raters*, Durch das Kunstwerk zum Gefühl für die Welt. Zwei gefühlsästhetische Überlegungen, in: B. Kleimann/ R. Schmücker, Wozu Kunst?, 2001, S. 141ff., 142f.; *H. Bloom*, The Western Canon, 1994, S. 31.

[754] *P. Salovey/ J. M. Meyer*, Emotional Intelligence, in: J. Jenkins/ K. Oatley/ N. Stein, Human Emotions, 1998, S. 317.

[755] *D. Goleman*, Emotionale Intelligenz, 14. A., 2001, S. 24.

[756] *D. S. Massey*, The Origin and Role of Emotion in Social Life, in: American Sociological Review, Vol. 67 (2002), S. 17f.; *D. Goleman*, Emotionale Intelligenz, 14. A., 2001, S. 22ff.

[757] *C. Schwender*, Medien und Emotionen, 2001, S. 99ff.; *D. S. Massey*, The Origin and Role of Emotion in Social Life, in: American Sociological Review, Vol. 67 (2002), S. 6f., 20.

konfliktärmer mit ihnen zu interagieren. [758] Sie befähigt den einzelnen, besser mit anderen zu kommunizieren und sich zu ihnen in Bezug zu setzen.
Die Bewusstwerdung der eigenen Emotionen beinhaltet ferner eine Begegnung mit sich selbst, bei welcher sich der Rezipient seiner Einmaligkeit und des ihm als menschlichem Individuum zukommenden Selbstwertes bewusst wird. Insbesondere für den schwachen und in der Krise befindlichen Menschen kann sich diese tief in das menschliche Selbstgefühl und den Persönlichkeitskern reichende Affirmation Halt und Kraft spendend auswirken. Sie führt dem Menschen den Eigenwert seiner Existenz vor Augen, schärft den Blick für Wesentlichkeiten und ermöglicht „the survival of the innermost self" (*H. Bloom*)[759].
Die Rezeption von Kunst als schützenswert anzuerkennen, gebietet somit letztlich die anthropozentrische Konzeption unserer Grundordnung. Was das Erkennen und Verstehen des eigenen emotionalen Potentials und damit der individuellen Handlungsmotivationen angeht, sind "Vernunft, Geistigkeit und die Fähigkeit zu sittlicher Autonomie" wesentliche Unterscheidungsmerkmale gegenüber dem „ausschließlich kausal determinierten Natur- und Triebwesen"[760] und somit Voraussetzung für den eigenverantwortlich und unter Ausschöpfung seines eigenen individuellen Potentials handelnden, in seinen Entscheidungen freien, sich *selbstverwirklichenden* Menschen. Verfassungsrechtliche Grundlage ist somit neben Art. 5 III 1 GG vor allem der den Schutz der Würde des Menschen gewährleistende Art. 1 I GG.
Was das durch die Erschließung der eigenen Emotionalität zusätzlich gewonnene faktische Verwirklichungspotential (Handlungserleichterungen) angeht, wird dieser Schutz durch Art. 2 I GG bzw. die Summe der übrigen Grundrechte noch verstärkt.[761]

(bbb) Befreiende Funktion.
Darüber hinaus lassen sich der Kunst befreiende und therapeutische Effekte zuschreiben. Als "zweckfreies Spiel" fungiert die Kunst als Antithese zur mate-

---

[758] *P. Salovey/ J. M. Meyer*, Emotional Intelligence, in: J. Jenkins/ K. Oatley/ N. Stein, Human Emotions, 1998, S. 315.
[759] *H. Bloom*, How to Read and Why, 2000, S. 22.
[760] *Dreier* in: ders., 2. A. 2004, Art. 1 I GG, Rn. 16, 55.
[761] Förderungswürdig erscheint die Kunst im übrigen natürlich auch in Hinblick auf den Künstler: Indem dieser seine Gefühlswelt in die fassbare Form eines ästhetischen Mittels bringt, wird auch er sich seiner eigenen Emotionen *erlebend bewusst*, es vollzieht sich ein Prozess der Selbst- und der *Gefühlserkenntnis,* vgl. *R. Musil*, Über Robert Musils Bücher, in: Gesammelte Werke, Bd. 2, 1978, S. 995ff.; ferner: *S. Döring*, Indem die Dichtung Erlebnis vermittelt, vermittelt sie Erkenntnis, in: B. Kleimann/ R. Schmücker, Wozu Kunst?, 2001, S. 49ff., 51. Hinzu kommt der kommunikative Aspekt: Der Mensch erhält in seiner Eigenschaft als soziales Wesen erst dadurch die Möglichkeit, sich als Individuum zu fühlen und damit eine wesentliche Dimension seines Menschseins auszuleben, dass er die Gelegenheit erhält, sich zu anderen in Bezug zu setzen. Die faktische Verwirklichungsmöglichkeit findet ebenfalls Rückhalt in der Menschenwürdegarantie des Grundgesetzes (Art. 1 I GG); vgl. *Pernice* in: Dreier, 2. A., 2004, Art. 5 GG, Rn. 12. *N. Luhmann*, Grundrechte als Institutionen, 3. Aufl., 1986, S. 68ff., S. 75; ähnlich, *Dreier* in: ders., 2. A., 2004, Art 1 I GG, Rn. 56f.

rialistisch orientierten Gesellschaft, als Ausgleich von der profanen Außenwelt. Kunst eröffnet eine „Gegenwelt“, schafft Befreiung und Distanz zum Alltag.[762] Ihr „Nutzen“ besteht dabei nicht zuletzt in der Freude am Schönen[763], sowie der schlichten Sinneserfahrung an sich. - Gerade in seiner Zwecklosigkeit bedeutet Kunstgenuss dabei Bejahung der eigenen Subjektivität und damit des eigenen Daseins.[764] Dem Umgang mit der individuellen Emotionalität kommt damit ein psychisch wie physisch wirkender Therapieeffekt zu.[765]
Die entsprechende Funktion zu schützen und zu fördern, fällt daher unter die staatliche Sorgepflicht für das psychische wie physische Wohlergehen der Menschen im Staat (vgl. Art. 2 II 1 GG).[766]

(ccc) Erkenntnisfunktion.
Wie dargelegt, kann Kunst auch rationale, d. h. dem Verstehen zugängliche Elemente enthalten[767]. Insofern diese das der Kunst eigene enge „Ineinander“ mit emotionalen Inhalten eingehen, vermögen sie den Rezipienten besonders wirksam mit neuen Sichtweisen bezüglich fremder Weltanschauungen, historischer Vorgänge oder sozialer Gegebenheiten zu konfrontieren.[768] Künstlerische Kommunikation enthält insofern gegenüber der rein rationalen Informationsvermittlung ein „Mehr“ an Inhalten. Sie bietet dem Rezipienten das erhöhte Potential, sich vom Gewohnten zu lösen und eröffnet ihm Handlungsoptionen und neue Möglichkeiten des Verstehens der Wirklichkeit.[769] Dies gilt insbesondere im Bildungsbereich, wo mit narrativen Inhalten gerade dem Jugendlichen ein fiktives oder historisches Geschehen besonders eindringlich und memorabel vor Augen geführt werden kann.[770] - In narrativem und emotiv dominiertem Geschehen werden Konflikte besser veranschaulicht und konkret fassbare Lösungen modelliert; *Fiktion* dient nicht zuletzt *als Probehandlung*. Kunst und Fiktion besitzen damit vor allem das Potential, moralisches Handeln anschaulich

---

[762] *W. Ullrich*, Kunst, in: K.-H. Barck (Hg.), ÄGB, Bd. 3, 2001, S. 569, 590.
[763] *H. Bloom*, Harold, How to Read and Why, 2000, S. 22; *C. Schwender*, Medien und Emotionen, 2001, S. 174.
[764] *W. Ullrich*, Kunst, in: K.-H. Barck (Hg.), ÄGB, Bd. 3, 2001, S. 560 mit Bezug auf *Nietzsche*.
[765] *A. Silbermann*, Von den Wirkungen der Literatur als Massenkommunikationsmittel, in: Künstler und Gesellschaft., A. Silbermann (Hg.), 1974, S. 27ff., 33; vgl. noch *H. P. Thurn*, Soziologie der bildenden Kunst, 1973, S. 120 ff.; ferner *R. Schmücker*, Funktionen der Kunst, in: B. Kleimann/ ders., Wozu Kunst?, 2001, S. 13ff., S. 29; *W. Ullrich*, Kunst, in: K.-H. Barck (Hg.), ÄGB, Bd. 3, 2001, S. 595.
[766] *Kunig* in: v. Münch/ ders., 5. A., 2001, Art. 2 Rn.1.
[767] *S. Döring*, Indem die Dichtung Erlebnis vermittelt, vermittelt sie Erkenntnis, in: B. Kleimann/ R. Schmücker, Wozu Kunst?, 2001, S. 49ff., 52; vgl. *J. Deigh*, Cognitivism in the Theory of Emotions, Ethics 104 (1994) S. 824-854.
[768] *C. Schwender*, Medien und Emotionen, 2001, S. 286; vgl. *R. Schmücker*, Funktionen der Kunst, in: B. Kleimann/ ders., Wozu Kunst?, 2001, S. 13ff., S. 28f.
[769] Vgl. *A. Gethmann-Siefert*, Einführung in die Ästhetik, 1995, S. 123; vgl. *C. Schwender*, Medien und Emotionen, 2001, S. 297.
[770] *C. Schwender*, Medien und Emotionen, 2001, S. 296.

vorzuführen[771] und den Rezipienten dazu anzuhalten, einen eigenen moralischen Standpunkt zu dem Geschehen zu beziehen.[772]

Kunst besitzt dabei insbesondere ein großes Potential für das Verständnis anderer Sichtweisen: Der Rezipient wird neben einem fremden Gefühlsleben mit alternativen kognitiven Erfahrungen und variierenden Weltentwürfen konfrontiert. Sie gewinnt hier eine auch humane Dimension, indem sie das Verständnis des Mitmenschen erleichtert.[773]

Kunst birgt somit auch in ihrem neben die emotionalen Inhalte tretenden, rationalen Gehalt ein über die Selbsterfahrung hinausgehendes, welterschließendes Potential, indem sie die individuelle Öffnung und eine Schärfung der Sinne bewirkt.[774] Sie in den genannten Funktionalitäten rechtlich zu schützen, entspricht dem Gedanken der Förderung intellektueller und sittlicher Autonomie und somit abermals dem Menschenwürdegehalt des Grundgesetzes.[775]

(bb) Gesellschaftlich-soziale Funktionen.

Ferner ist zu untersuchen, welche gesellschaftlichen Funktionen der Kunst zukommen.

Mittels des künstlerischen Mediums wird die Wahrnehmung des einzelnen in die Gesellschaft einbezogen.[776] Entsprechend der Vielschichtigkeit der Wirkungen, die die Kunst beim Individuum bewirkt, ist auch das gesellschaftliche Potential der Kunst vielfältig.[777] Nachfolgend sollen die wichtigsten gesellschaftlich-sozialen Funktionskategorien der Kunst herausgegriffen und Gegenstand der Erörterung sein. Von Interesse sind dabei naturgemäß jene Kategorien, in denen die Wirkung der Kunst auf gesellschaftlicher Ebene eine eigene, zusätzliche Qualität gewinnt und nicht allein insofern eine „gesellschaftliche" Wirkung zu beobachten ist, als dass identische Wirkungen gleichzeitig bei einer Vielzahl von Individuen eintreten.

---

[771] *C. Schwender*, Medien und Emotionen, 2001, S. 287, 288f.

[772] *C. Schwender*, Medien und Emotionen, 2001, S. 296.

[773] Vgl. *H. Bloom*, How to Read and Why, 2000, S. 28f.

[774] *W. Ullrich*, Kunst, in: K.-H. Barck (Hg.), ÄGB, Bd. 3, 2001, S. 608; vgl. *O. Scholz*, Kunst, Erkenntnis und Verstehen. Eine Verteidigung einer kognitivistischen Ästhetik, in: B. Kleimann/ R. Schmücker, Wozu Kunst?, 2001, S. 34ff., *S. Döring*, Indem die Dichtung Erlebnis vermittelt, vermittelt sie Erkenntnis, in: B. Kleimann/ R. Schmücker, Wozu Kunst?, 2001, S. 49ff., 50f., *A. Gethmann-Siefert*, Einführung in die Ästhetik, 1995, S. 123, *B. Kleimann*, Erfülltes Interesse. Worin der Reiz der Kunst besteht, in: ders./ Schmücker, Reinold: Wozu Kunst? Die Frage nach ihrer Funktion, 2001, S. 68ff., S. 86; *M.-L. Raters*, Durch das Kunstwerk zum Gefühl für die Welt. Zwei gefühlsästhetische Überlegungen, in: B. Kleimann/ R. Schmücker, Wozu Kunst?, 2001, S. 141ff., S. 150f.

[775] *H. Wehrhahn*, Zur gegenwärtigen Rechtslage, in: H. Thieme/ ders., Die Freiheit der Künste und Wissenschaften, 1967.

[776] *N. Luhmann*, Die Kunst der Gesellschaft, 3. A., 1999, S. 227.

[777] Vgl. *B. Kleimann*, Funktionen der Kunst, in: B. Kleimann/ ders., Wozu Kunst?, 2001, S. 13ff., S. 22.

(aaa) Volksidentitäre Funktion.

Einer der gesellschaftlichen Aspekte der Kunst ist traditionell deren „volksidentitäre", die Menschen in einem Staatsgebilde vereinigende Funktion: Im deutschen Idealismus verwurzelt, hat vor allem *Hegel* die die anfangs "wild und ohne Kultur lebenden" Menschen zu einem Staate vereinigende Rolle der Kunst herausgestellt. In der Kunst hätten die Völker von jeher ihre höchsten Anschauungen niedergelegt, lange Zeit seien die Künste das einzige gewesen, in dem dem gesamten Volk die *Idee des Geistes anschaulich vorstellig* geworden sei. Bereits die dem König geweihten Monumentalbauten der Antike (Turm zu Babel, die Pyramiden) hätten als Vereinigungspunkte für die Menschen gedient. Als letztendliches Arbeitsresultat des ganzen Volkes habe sich dieses in ihnen selbst verherrlicht, das Architekturwerk sei zu seiner sichtbaren Einheit geworden. Letztlich verhalte es sich so mit allen Künsten: Das Kunstwerk nehme wesentliche Merkmale einer in spezieller Weise geprägten Gruppe in sich auf und mache sie für die Mitglieder der Gemeinschaft sichtbar. Sie gestalte das in der Gemeinschaft Vorhandene zu menschlicher Wirklichkeit um und verstärke eine effektive Handlungsgemeinschaft, die sich im gemeinsamen Arbeiten und Weltdeuten herausbilde.[778] Hierauf baut das (im 19. Jahrhundert wurzelnde) Postulat auf, Kunst habe vor allem dem „nationalen Volksgeist" zu entsprechen, den es mitzukonstituieren und zu verstärken gelte (*Vischer).*

Diese Konzeption erscheint indes fragwürdig; vielmehr ist davon auszugehen, dass sich die Kunst schon aufgrund ihrer im menschlichen Individuum fußenden Wurzeln und ihrer individuell sehr unterschiedlichen Wirkungen jeder funktionalen Vereinnahmung durch ein Kollektiv entziehen muss. Andererseits ist jedoch unzweifelhaft, dass die Kunst in der Tat einen bedeutenden Beitrag zum geistigen Leben einer Gesellschaft beiträgt: Kunstwerke nehmen die geistigen Strömungen ihres jeweiligen Umfeldes auf und verleihen ihnen sichtbare Gestalt. Dies gilt insbesondere für die in einer bestimmten, abgrenzbaren Gemeinschaft herrschende geistig-emotionale Verfasstheit. Das Kunstwerk wird zu deren Symbol, schließlich zum Symbol für die Gemeinschaft selbst.[779] Als anschauliche Beispiele hierfür stehen zum Beispiel *Schillers* „Wilhelm Tell" oder die spanische Literatur *Cervantes*', die in das nationale Selbstverständnis des jeweiligen Volkes eingegangen sind und erheblich zu dessen Identitätsbildung beigetragen haben.[780]

Die durch entsprechende Werke vermittelte kulturelle Basis kommt letztlich auch dem *Funktionieren des Staates* und seiner Institutionen zugute.[781] Den in

---

[778] Zu *Hegel* siehe vor allem *A. Gethmann-Siefert*, Einführung in die Ästhetik, 1995, S. 219-221 m. w. N.

[779] Vgl. *W. Ullrich*, Kunst, in: K.-H. Barck (Hg.), ÄGB, Bd. 3, 2001, S. 560 m. N.

[780] *P. Häberle*, Die Freiheit der Kunst in kulturwissenschaftlicher und rechtsvergleichender Sicht, in: W. Berka/ P. Häberle/ C.-H. Heuer/ P. Lerche, Kunst und Recht im In- und Ausland., 1994, S. 37ff., 45ff.

[781] z.B. *D. Grimm*, Kulturauftrag im staatlichen Gemeinwesen, VVDStRL 42 (1984), 47, 62, 64.

ihm lebenden einzelnen Individuen kommt eine Halt gebende, kulturelle Integration dabei als begünstigender Reflex zugute.[782]
Eine verfassungsrechtliche Grundlage für eine entsprechende staatliche Förderung lässt sich damit zum einen in der Funktionsfähigkeit des Staates, der in ihm vorhandenen menschlichen Gemeinschaft und somit in der Summe der übrigen schützenswerten Rechtsgüter (einschließlich der Grundrechtsgewährleistungen) sehen; zum anderen lässt sich ein entsprechender Förderauftrag unmittelbar den – die einzelnen Individuen im Staat unmittelbar schützenden - Grundrechten (neben Art. 5 I 2, insb. Art. 2 I GG) entnehmen.
Problematisch ist allerdings die Art und Weise, in der ein entsprechender Förderungsauftrag umgesetzt werden kann. Entgegen *Hegel*, der für seine, von der Verwirklichung der Nationalstaatsidee geprägte Zeit das „Ende der Geschichtlichkeit" in Anspruch nahm[783], lässt sich die entsprechende, von einer kontinuierlichen, auf einen bestimmten Endpunkt gerichteten Herausbildung eines *historischen Geistes* ausgehende Konzeption nicht aufrechterhalten. Dass (Kultur-) Geschichte unleugbar weitergeht, zeigen Prozesse wie Immigration und die größere Diversifizierung der Gesellschaft, letztlich aber schlicht jede geistige Fortentwicklung an sich. – Insofern kann ein entsprechender Förderauftrag weder auf Überkommenes, noch einer bestimmten ethnischen Gruppe Verpflichtetes verengt werden. Vielmehr ist davon auszugehen, dass sich die entsprechenden Funktionalitäten vor allem dadurch erfüllen, dass Kunst von in der Gesellschaft verwurzelten Individuen produziert und rezipiert wird. Wenngleich die gelungene Reflexion über Vergangenes ein inhaltlich-qualitatives Kriterium für die staatliche Förderung darstellen kann, dürfen entsprechende Inhalte somit nicht in Hinblick auf einen „staatsidentitären" Auftrag verengt werden. Entscheidend muss vielmehr das Potential der künstlerischen Expression sein, die gegenwärtig in einer menschlichen Lebensgemeinschaft vorhandene geistige Verfasstheit künstlerisch aufzugreifen und zu als relevant empfundener Form gelangen zu lassen.

(bbb) Politisch-zeitkritische Funktion.
Das Bundesverfassungsgericht hat von jeher die Rolle betont, die künstlerische Inhalte für den politischen Meinungsbildungsprozess besitzen. Wohl unumstritten ist, dass Kunst auf politische und gesellschaftliche Veränderungen stets reagiert hat, z. B. mit der Entwicklung neuer Stilarten, der Zuwendung an neue Themen etc.[784] Zu untersuchen bleibt, inwieweit sich Kunst umgekehrt auch gesellschaftlich-politisch auswirkt.

---

[782] *T. Maunz*, Die kulturelle Sicherheit des Bürgers, in: T. Maunz/ H. Nawiasky/ J. Heckel, Staat und Bürger, FS Willibaldt Apelt, 1958, S. 113ff.; vgl. *A. Silbermann*, Von den Wirkungen der Literatur als Massenkommunikationsmittel, in: Künstler und Gesellschaft., A. Silbermann (Hg.), 1974, S. 27ff.
[783] Vgl. *M. Hauskeller*, Was ist Kunst?, 6. A., 2002, S. 52 m. N.
[784] Vgl. *N. Luhmann*, Kunst der Gesellschaft, 3. A., 1999, S. 229.

(aaaa) Exkurs: (Neo-) Marxistisches Kunstverständnis.

Den die ästhetische Diskussion prägenden und zeitweise praktisch ausschließlich bestreitenden Neo-Marxisten zufolge ist jede Art von Kunst "politisch": Traditionelle Kunstformen neigten zur Affirmation der Gesellschaft, indem sie Scheinwelten schafften, die die Menschen dazu verführten, sich mit diesen, statt mit der realen, empirischen Welt zu identifizieren.[785] *Adorno* u. a. fordern daher eine radikal autonome Kunst: Allein die von allen Zwecksetzungen vollständig gelöste, mithin zumindest indirekt gesellschaftskritisch wirkende Kunst könne den Menschen zur freien Selbstrealisation führen.[786] Mittel zur Erreichung der Autonomie ist dabei nicht zuletzt die *Selbstkritik* der Kunst[787] in Form des provokatorischen Infragestellens des Überkommenen mittels der Formen der *Avantgarde*: Beispiele sind etwa das *objet trouvé*, das *Readymade* oder das *Happening.*[788]

Eine tiefer gehende Auseinandersetzung mit marxistischer Ideologie kann an dieser Stelle nicht erfolgen. Es mag affirmierende Kunstwerke geben, die den gesellschaftlichen Status Quo zu perpetuieren oder zu verherrlichen suchen. Wenn *Hegel* etwa – auf der Suche nach der Kunst als Verkörperung des *Ideals* – davor warnt, *das zu zeigen, was nicht ist, wie es sein soll*[789], so lassen die Auswüchse der Realitäten insbesondere des letzten Jahrhunderts dies in der Tat *unerträglich* erscheinen (*Adorno*)[790]. Letztlich aber findet zumindest die Breite marxistischer Ästhetik ihre Grenzen in der allgemeiner angelegten Unfähigkeit, über ihre selbst errichteten, in einer Verleugnung des Individuums sowie einer einseitig materialistischen Weltsicht bestehenden gedanklichen Barrieren hinauszublicken und überzeugende ästhetische Alternativen anzubieten. - Hauptfunktion der Kunst ist es nicht, eine andere Gesellschaftsordnung herbeizuführen. Zweifellos hingegen kann und muss es Aufgabe der Kunst sein, althergebrachte Denk- und Sehgewohnheiten zu durchbrechen und den Menschen in den Mittelpunkt des Blicks zu rücken. Hier kommt dem „Gefühlsmedium“ Kunst eine wichtige Funktion sowohl als politisches Ausdrucksmittel, als auch als Appell an Humanität an sich zu.

---

785 *A. Gethmann-Siefert*, Einführung in die Ästhetik, 1995, S. 233; *T. Adorno*, Ästhetische Theorie, Bd. 7, 1970, S. 10, 14.

786 *A. Gethmann-Siefert*, Einführung in die Ästhetik, 1995, S. 233f., 240. 241. (Kunst als Utopie); *T. Adorno*, Ästhetische Theorie, in: Gesammelte Schriften, Band 7, 1970; *H. Marcuse*, Die Permanenz der Kunst, 2. A., 1978, S. 9ff.

787 *P. Bürger*, Theorie der Avantgarde, 2. Aufl., 1974, S. 26ff.

788 *P. Bürger*, Theorie der Avantgarde, 2. Aufl., 1974, S. 76ff.

789 Vgl. *M. Hauskeller*, Was ist Kunst?, 6. A., 2002, S. 55 m. N.

790 *T. Adorno*, Ästhetische Theorie, S. 10; vgl. *M. Hauskeller*, Was ist Kunst?, 6. A., 2002, S. 81.

(bbbb) Nach bürgerlichem Verständnis.[791]

Auch nach nicht-marxistischem Verständnis mag man der Kunst aber eine politische Dimension zuerkennen. Zwar erscheint zweifelhaft, ob so etwas wie ausschließlich emotional wirkende politische Kommunikation denkbar ist. Indessen wurde bereits festgestellt, dass Kunst, obgleich schwerpunktmäßig *nichtrationale Kommunikation*[792], durchaus auch rationale Elemente enthalten kann.[793] Zumindest diese werden auch politisch intendierte Aussagen enthalten können und somit sowohl nach Art. 5 I GG, als auch nach Art. 5 III 1 GG (mit dessen weiten Schranken) schutzfähig sein.[794] – Der größte Teil der juristischen Literatur sieht hier einen Hauptschutzaspekt des Kommunikationsvorganges Kunst.

Tatsächlich sind jedoch Zweifel hinsichtlich der Wirksamkeit politischer Kunst angebracht: Viele, insbesondere alltagspolitische Fragen lohnen kaum der künstlerischen Bearbeitung, da sie zu sehr rational durchsetzt sind. Künstlerische Thematisierung gerät hier in der Regel zur plumpen Agitation.

Auch könnte die besondere, sich über das Gefühl vermittelnde Wirkweise der Kunst bereits eine gewisse emotionale Bereitschaft des Rezipienten voraussetzen, sich auf die intendierte Aussage einzulassen, so dass sich zumindest insofern Kunst im Wesentlichen als Affirmation bereits vorhandener Einstellungen ansehen ließe.[795] Typisches Beispiel hierfür ist die Kunstform der Satire. Für sie ist es geradezu charakteristisch, dass nur derjenige bereit ist, der Aussage des Satirikers zu folgen, der politisch ohnehin auf dessen Seite steht.

Andererseits lassen sich durchaus eindrucksvolle Beispiele für politische Wirkungen der Kunst finden: Im Brüssel des Jahres 1830 löste die Aufführung von *Aubers* Oper "Die Stumme von Portici"[796] den *Brüsseler Aufstand* aus, der in die Belgische Revolution mündete, welche schließlich Belgiens Unabhängigkeit herbeiführte.[797] Beispiele für Romane, denen nachgesagt wird, sich erheblich auf die gesellschaftliche Wirklichkeit ausgewirkt zu haben sind z. B. *Uncle Toms Cabin* [798] (Beecher Stowes) oder Dickens' *Oliver Twist.*[799] Im Bereich des utopischen Romans sind H.G. Wells' *Time Machine*, A. Huxleys *Brave New World*, G. Orwells *1984* oder Samjatins *My* zu Symbolen für die Verteidigung von Freiheit, Menschenrechten und gegen obrigkeitliche Unterdrückung geworden[800]. Im Bereich des politisch oder gesellschaftlich relevanten Films schließlich sind beispielhaft zu nennen Costa-Gavras' *Z*, *The China Syndrome*, Oliver

---

[791] Aus dem Bereich der Literatur siehe z. B.: *W. Hinderer*, Geschichte der politischen Lyrik in Deutschland, 1978; *M. Nerlich*, Kunst, Politik und Schelmenroman, 1978.

[792] *H. P. Thurn*, Soziologie der bildenden Kunst, 1973, S. 58.

[793] *H. P. Thurn*, Soziologie der bildenden Kunst, 1973, S. 58; *F. Tomberg*, Politische Ästhetik, 1973, S. 9.

[794] *Scholz* in: Maunz/ Dürig, Stand: 43. Erg.-Lfg., Feb. 2004, Art. 5 III GG, Rn. 34.

[795] *H. P. Thurn*, Soziologie der bildenden Kunst, 1973, S. 60.

[796] Ein Revolutionsthema. *Die Stumme* steht für das unterdrückte Belgische Volk.

[797] Das Neue Fischer Lexikon in Farbe, Bd. 1, 1989, S. 377.

[798] *W. Jens* (Hg.), Kindlers Literatur Lexikon, 1998, Bd. 22.

[799] *W. Jens* (Hg.), Kindlers Literatur Lexikon, 1991, Bd. 16.

[800] Vgl. *H. Gnüg*, Der utopische Roman, 1983.

Stones' *Platoon, Wall Street, JFK*, oder etwa auch Spike Lees *Do The Right Thing*.[801]
Möglicherweise könnten sich die unterschiedlichen Wirksamkeitsgrade von politischer Kunst über deren besondere Wirkweise erklären: Kunst zielt auf die Emotionalität des Menschen. Als besonders wirksam kann sie sich daher in jenen Kategorien erweisen, in denen politische Fragen gleichzeitig große soziale und moralische Themen betreffen, die ein großes empathisches Potential beinhalten wie ständische, nationale oder rassische Unterdrückung, soziale Ungleichheit etc. [802] Der Kombination von Gefühls- und Verstehenselementen kommt hier eine besondere Überzeugungskraft zu: Die Möglichkeit, sich in das Geschehen einzufühlen, das Nahgebrachte mitzuerleben und die entsprechende Erregung eines starken seelischen Affekts lassen die im Kunstwerk zum Ausdruck kommende Idee besonders eindringlich wirken[803]; es wird ein besonders hoher "Persuasionsdruck“ auf den Rezipienten ausgeübt.[804] Insbesondere in der Narration vermag das Emotionsmedium Kunst die Bedeutung moralischen Handelns eindringlich vor Augen zu führen und überzeugend Wertmaßstäbe zu vermitteln.[805]
Mögen somit die Möglichkeiten der Kunst zwar hinsichtlich alltagspolitischer Fragen begrenzt sein, ist demnach davon auszugehen, dass sie, was andere, affektiv geprägte, insbesondere moralische und soziale Themen angeht, sehr wohl einen Beitrag zu gesellschaftlichen und politischen Veränderungen zu leisten imstande ist.[806] Legitimer Schutzzweck ist insofern also auch der Beitrag zur Meinungsbildung in der Demokratie, den die Kunst leisten kann. Neben Art. 5 III 1 GG als Grundlage für einen entsprechenden Förderauftrag treten dabei Art. 5 I 2 GG sowie das Demokratieprinzip.[807]

(ccc) Soziale Funktion: Kunst als Symbol für Toleranz.
Ungeachtet ihren Möglichkeiten, spezifische, in einem gesellschaftlich-politischen Kontext angesiedelte Themen zum Gegenstand künstlerischen Diskurses zu machen, könnte der Kunst ferner eine soziale Funktion *an sich* zukommen. Indem Kunst andere Sichtweisen vermittelt, fördert sie Toleranz und Pluralität. Ihre Betonung der Individualität und der Schärfung der Wahrnehmung vermag Differentes anzuerkennen und den anderen zu respektieren helfen, sowie Vereinheitlichung vorzubeugen.[808] Die Respektierung der Freiheitlichkeit von Kunst steht somit sowohl für den Respekt vor dem Mitmenschen als auch

---

[801] Vgl. *J. Monaco*, Film verstehen, 1980 (2002), S. 261ff., 283.
[802] Vgl. *W. Ullrich*, Kunst, in: K.-H. Barck (Hg.), ÄGB, Bd. 3, 2001, S. 565.
[803] *H. P. Thurn*, Soziologie der bildenden Kunst, 1973, S. 60.
[804] *O. W. Haseloff*, Über Wirkungsbedingungen politischer und werblicher Kommunikation, in: M. Bense/ ders.: Kommunikation, 2. A., 1971, S 159, 161.
[805] *C. Schwender*, Medien und Emotionen, 2001, S. 289f.
[806] *C. Prause*, Kunst und Politik, 1983, S. 21 ff.
[807] Vgl. BVerfGE 62, 230, 247.
[808] *W. Ullrich*, Kunst, in: K.-H. Barck (Hg.), ÄGB, Bd. 3, 2001, S. 565; *W. Welsch*, Ästhetisches Denken, 1990, S. 165.

für die Offenheit einer Gesellschaft. Sie hat damit auch sozialen Modellcharakter für eine plurale und offene Gesellschaft, in der „Verbindungen, Kooperationen und Auseinandersetzungen möglich werden.“[809]
Verortbar ist die entsprechende soziale Funktionalität neben Art. 1 I GG (als dem Achtungsanspruch des einzelnen) sowie den übrigen Individualgrundrechten vor allem in der Verpflichtung des Staates, auf ein von Konsensen getragenes, tolerantes Gemeinwesen im Sinne der Gewährleistung einer funktionierenden staatlichen Ordnung hinzuwirken. Es lässt sich daher zusätzlich Art. 20 I GG heranziehen.

(ddd) Kunstinterne Funktion.
Eine weitere "soziale" Funktion ist ferner in dem Beitrag zu sehen, den das jeweilige Kunstwerk zur Kunst als kulturellem Prozess, also der Summe künstlerischer Ausdrucksformen leistet: Der einzelne Künstler trägt mit seinem Werk zur Kontinuierung und Weiterentwicklung von Themen und Problemstellungen, Formen, Gestaltungs- und Verfahrensweisen der Kunst bei. Er initiiert oder befördert inhaltliche oder formale künstlerische Traditionen, überliefert Vorbekanntes und reflektiert über Status und Eigenarten künstlerischer Ausdrucksmittel.[810] Insofern ist das einzelne Kunstwerk bereits insofern förderungswürdig, als dass es einen Beitrag zur Kunst als kontinuierlichem Prozess leistet. Kunst ist somit bereits *an sich* und das unter Art. 5 III 1 GG fallende Artefakt frei von weiteren Zweckbindungen als fördernswert anzusehen.

ccc. Öffentlichrechtlicher Rundfunk.
Festgestellt ist somit, dass der Kunst eine Reihe wichtiger Funktionen zukommt, die eine entsprechende in Art. 5 I 2 GG verortete staatliche Förderpflicht im Rundfunkbereich begründen. Zu untersuchen bleibt, ob und inwieweit dies gebietet, künstlerische Sendeinhalte mittels eines gebührenfinanzierten öffentlichrechtlichen Rundfunks sicherzustellen.
Diesbezüglich muss davon ausgegangen werden, dass künstlerisch anspruchsvolle Inhalte bei einem rein werbefinanzierten Rundfunkmarkt nicht sichergestellt wären, da entsprechende Inhalte erfahrungsgemäß nicht genügend hohe Einschaltquoten erzielen, um profitabel zu sein, andererseits aber häufig besonders hohe Produktionskosten verursachen. Gerade die hohe Kunst hat ihren (Produktionskosten-) Preis; dies gilt insbesondere im Bereich der klassischen Musik, aber auch etwa für den anspruchsvollen Film.[811]
Die kulturelle Entwicklung einer Gesellschaft ist davon abhängig, dass diese durch individuelle Einsichten bereichert wird. Gerade dies wird jedoch durch

---

[809] *W. Ullrich*, Kunst, in: K.-H. Barck (Hg.), ÄGB, Bd. 3, 2001, S. 565f.; *W. Welsch*, Ästhetisches Denken, 1990, S. 71ff.
[810] *R. Schmücker*, Funktionen der Kunst, in: B. Kleimann/ ders., Wozu Kunst?, 2001, S. 13ff., 26f.; vgl. *W. Ullrich*, Kunst, in: K.-H. Barck (Hg.), ÄGB, Bd. 3, 2001, S. 561; *T. Adorno*, Ästhetische Theorie, in: Gesammelte Schriften, Band 7, 1970, S. 501ff.
[811] Vgl. BVerfGE 73, 118.

das Erfordernis der Massentauglichkeit der Programmbeiträge zumindest erschwert.[812] Massentauglich nämlich sind zunächst vor allem jene Inhalte, welche das bereits in der Gesellschaft Vorhandene widerspiegeln. Die Mehrheit ist der Novation gegenüber stets zunächst voreingenommen. Somit ist auch die Geschichte der Kunst von ihren frühesten Anfängen an eine solche der Subventionierung und des Mäzenatentums gewesen. Ein sich selbst tragender und dennoch dauerhaft neue Anstöße bereithaltender Kunst*markt* im ökonomischen Sinne ist somit im Grunde ausgeschlossen. - Zwar ist der Gedanke des freien Wettstreits der Ideen grundsätzlich auch für den Bereich der Kunst anzuerkennen: Nur das gelungene Kunstwerk wird sich dauerhaft durchsetzen. Jedoch handelt es sich hierbei um einen auf Dauer angelegten, geistigen und sich in ästhetischen Kategorien abspielenden Wettbewerb. Die für eine entsprechende Konsensbildung erforderlichen Wertungen erfolgen in einem langfristigen Perzeptions- und Verarbeitungsprozess und nicht zuletzt durch zu einer entsprechenden Verarbeitung besonders qualifizierte einzelne Individuen.

Dieser geistige Wettbewerb wird u. a. im Bereich des (werbefinanzierten) Rundfunks von einem kommerziellen Wettbewerb überlagert, in dem sich nicht die qualitativ höhere Leistung, sondern das ertragreichste Produkt durchsetzt. Damit wird aber der freie Wettstreit künstlerischer Ideen, der von komplexen Strukturen beherrschte, langfristige *kulturelle Diskurs*, von sachfremden Faktoren beeinflusst. – Bereits *J. W. v. Goethe* weist im Jahr 1825 zutreffend darauf hin, dass es kein ästhetisches Kriterium sein kann, ob ein bestimmtes Theaterstück so günstig produziert werden kann, dass dem Haus am Ende ein Gewinn verbleibt.[813] Dementsprechend muss der Staat Gewährleistungen treffen, um den entsprechenden, stets vorhandenen Sachzwängen zumindest zu einem gewissen Grade entgegenzuwirken und so den entsprechenden kulturellen Diskurs zu ermöglichen und zu fördern.[814] Denn ob der grundgesetzlich verbürgte Sachbereich Kunst „funktioniert“, hängt nicht von seiner finanziellen, sondern von seiner geistigen Leistungsfähigkeit ab.

Insbesondere erschließt sich gerade die ästhetisch hochstehende Kunst dem Rezipienten nicht sofort. Erst die langfristige, dauerhafte Auseinandersetzung mit anspruchsvoller Kunst versetzt das menschliche Individuum in die Lage, deren Wert schätzen zu lernen.[815] Für die Herausbildung eines entsprechend

---

[812] *Heidegger* bereits beklagte die „Vermassung“ der Kunst, die zunehmend nur noch oberflächliche Reize und sich steigernde Sensation biete; vgl. *W. Ullrich*, Kunst, in: K.-H. Barck (Hg.), ÄGB, Bd. 3, 2001, S. 56 m. N.; vgl. ferner *G. Franck*, Ökonomie der Aufmerksamkeit, 1998, S. 148.

[813] So bereits *J. W. v. Goethe* im Jahr 1825 (s. Nachweis bei *D. Stolte* Fernsehen und Kultur, in: W. Nutz (Hg.), Kunst, Kommunikation, Kultur, in: FS Silbermann, 1989, S. 203ff., 213f.).

[814] Vgl. *K.-H. Ladeur*, Die vertikale Integration von Film-, Fernseh- und Video-Wirtschaft als Herausforderung der Medienregulierung, in: RuF 1998, 5, 13. .

[815] Vgl. *T. Oppermann*/ M. Kilian, Rechtsgrundsätze der Finanzierung öffentlich-rechtlichen Rundfunks in der dualen Rundfunkverfassung der Bundesrepublik Deutschland, 1989, S. 71; *W. Neumann-Bechstein*, Fernsehen und Kulturgesellschaft, MP 1990, 77, 87.

entwickelten Geschmacks ist daher die langfristige und substantiierte staatliche Kunstförderung notwendig.
Dabei wäre eine rein privat finanzierte, kleineren Kreisen vorbehaltene Kunstlandschaft nicht der mit öffentlichen Mitteln finanzierten vergleichbar. Kunst stellt einen kontinuierlichen Prozess dar, der sich fortlaufend aus der Summe seiner Einzelprodukte speist und von einem die Kunst begünstigenden Gesamtklima getragen wird.[816] Ein entsprechendes Klima wäre jedoch nicht gewährleistet, wenn Kunst nur kleinen Kreisen vorbehalten wäre. Dementsprechend kann eine florierende Kunstlandschaft nur dadurch sichergestellt werden, dass künstlerische Inhalte auf einer breiten Basis garantiert werden. Hierzu gehört auch, dass künstlerische Leistungen breiten Bevölkerungskreisen, insbesondere auch den Mittellosen und künstlerisch Unvorgebildeten zur Verfügung stehen. [817]
Hierbei ist insbesondere zu berücksichtigen, dass sich im Bereich der Kunst die Nachfrage mit dem zur Verfügung stehenden Angebot verändert[818]: Je mehr die Rezipienten an eine bestimmte Kunstform herangeführt werden, desto mehr entwickelt sich auch deren Geschmack (zu einem „acquired taste") fort und lässt Nachfrage für auch qualitativ wertvolle Kunst entstehen.
Kunstförderung im Rundfunk im Sinne der Gewährleistung rezeptiver Chancengleichheit hat somit nicht nur sozialstaatlichen Charakter.[819] Vielmehr kann allein durch eine breit angelegte öffentliche Förderung ein funktionierendes Kunstleben dauerhaft und auch in Hinblick auf künftige Generationen garantiert werden.
Verfassungsrechtliche Grundlagen für ein entsprechendes Programmangebot[820] sind neben Art. 5 I 2 GG und Art. 5 III 1 GG insbesondere Art. 1 I GG, Art. 2 I GG, Art. 3 I GG, sowie Art. 20 I GG. [821]

---

[816] Vgl. *M.-L. Kiefer*, Medienökonomik, 2001, S. 147; Ladeur in: AK-GG, 2001, Art. 5 Rn. 23.
[817] Vgl. *J. Blumler/ W. Hoffmann-Riem*, Neue Perspektiven für öffentlich-rechtliches Fernsehen in Westeuropa: Herausforderungen und Perspektien, MP 1992, 413.
[818] *G. Püttner*, HdbkWiP IV, 2.A., 1983, S. 277.
[819] *Schulze-Fielitz* in: Dreier, 2. A., 2004, Art. 5 I, II GG, Rz. 42 m. N.
[820] Voraussetzung ist freilich, dass die Rundfunkgebührenhöhe als solche, sowie der Anteil von Gebühren und Programm, der für Kunst aufgewendet wird, nicht unvertretbar hoch erscheint, wofür geeignete Kontrollinstrumentarien zur Verfügung stehen müssen. Dies ist durch die Verfahrensregeln der Gebührenermittlung durch die KEK sowie die Rundfunkaufsichtsgremien gegeben.
[821] Vgl. BVerfGE 31, 314, 326, 342; 83, 238, 243f., 301f.; aus der Literatur ferner *H. Kresse*, Grundversorgung und integrative Pluralismussicherung, ZUM 1995, 178, 182; *U. Steiner*, Zur Kulturförderung durch den öffentlichrechtlichen Rundfunk, in: G. Baumgärtel (Hg.), FS Hübner, 1984, S. 799, 800; *T. Oppermann/ M. Kilian*, Rechtsgrundsätze der Finanzierung öffentlich-rechtlichen Rundfunks in der dualen Rundfunkverfassung der Bundesrepublik Deutschland, 1989, S. 70f; *T. Oppermann*, Kulturverwaltungsrecht, 1969, S. 513; vgl. *R. Hartstein/ W.-D. Ring/ J. Kreile*, RuStV, 2. A., § 18, Rz. 7; *F.- W. v. Sell*, Rundfunk – Ein Kulturgut auch in der Zukunft?, in: epd Kirche und Rundfunk 1985, Nr. 14/15, S. 17ff., 18. I.ü. Vgl. die weiteren Nachweise in Teil III.

ddd. Implementierung.

Inhaltlich sind zum einen Beiträge anzubieten, die selbst Kunst darstellen, wie z.B. künstlerisch anspruchsvolle Filme oder Musik.[822] Letztere kommt naturgemäß vor allem im Hörfunk zum Tragen, während das Fernsehen eine große Bedeutung insb. für die Präsentation des künstlerisch anspruchsvollen Spielfilms besitzt. Filme wie jene von Kubrick, Polanski, Fellini, Godard, Houston oder Branagh haben die Welt bereichert und stellen gelungene Reflexionen über menschliche Wirklichkeit dar. Regisseure wie Lynch, Greenaway oder Wong führen vorbekannte Narrationsformen weiter und erschließen neue Ausdrucksmöglichkeiten emotiver Weltdeutung.

Ebenfalls anzubieten sind Inhalte, die sich mit künstlerischen Themen befassen, ohne selbst Kunst zu sein. Dies folgt insbesondere aus dem öffentlichen Bedürfnis an einer lebendigen Kunstszene: Nur das Resonanz und Anklang findende Künstlertum ist zur Bereicherung der Gesellschaft in der Lage. Aus der kunstinternen Wirkung der Kunst sowie den wirtschaftlichen Verflechtungen der verschiedenen Kunstsektoren folgt darüber hinaus ein weiter, sich auch auf benachbarte Kunstgebiete erstreckender Auftrag des öffentlichrechtlichen Rundfunks zur Förderung der Künste. Dem entspricht auch das Unterhalten von Orchestern und Chören der öffentlichrechtlichen Rundfunkanstalten, damit diese ein Instrumentarium an der Hand zu haben, mittels dessen sie die ihnen obliegende Kulturvermittlungsleistung erbringen können.[823] Hierhin gehört auch die Bedeutung des Rundfunks als Auftraggeber oder (Co-) Produzent z. B. in der Filmwirtschaft[824]. Gerade für den Film als vielleicht bedeutendstes, auch breite Bevölkerungskreise ansprechendes künstlerisches Ausdrucksmittel unserer Zeit besteht aufgrund seines ambivalenten Mischcharakters aus Kunstform und Wirtschaftsgut[825] in besonderem Maße ein hoheitlicher Förderungsbedarf. Dies gilt nicht zuletzt, da auch hier die Gefahr besteht, dass ökonomische Zwänge und Anreize die Filmindustrie in eine Selbstblockade treiben.[826]

Ebenfalls Teil des Kulturauftrags ist ferner die indirekte Kulturförderung durch Berichte über Preisverleihungen (wie z. B. den Bayerischen Filmpreis, Bambi etc.), Veranstaltung von Festivals etc. Auch auf diese Weise helfen die Institutionen des öffentlichrechtlichen Rundfunks daran mit, die kulturelle Entwicklung

---

[822] Vgl. BVerfGE 31, 342.

[823] *W. Langenbucher*, Braucht eine demokratische Gesellschaft öffentlichen Rundfunk?, MP 1990, 699, 704.

[824] *W. Langenbucher*, Braucht eine demokratische Gesellschaft öffentlichen Rundfunk?, MP 1990, 699, 704; *F. Bernward*, Kultur und Medien, 1991, S. 46; *T. Oppermann/ M. Kilian*, Rechtsgrundsätze der Finanzierung öffentlich-rechtlichen Rundfunks in der dualen Rundfunkverfassung der Bundesrepublik Deutschland, 1989, S. 73; *U. Steiner*, Zur Kulturförderung durch den öffentlich-rechtlichen Rundfunk, in: G. Baumgärtel (Hg.), FS Hübner, 1984, S. 799ff., 799, 803.

[825] Vgl. *C. Spallek*, Perspektiven des öffentlichrechtlichen Rundfunks, 2001, S. 3.

[826] *T. Vesting*, Zur Zukunft und Konstruktion des Medien- und Telekommunikationsrechts in den hybriden Beziehungsnetzwerken der Informationsgesellschaft, in: H. Rossen-Stadtfeldt (Hg.), Zur Zukunft und Konstruktion des Medien- und Telekommunikationsrechts in den hybriden Beziehungsnetzwerken der Informationsgesellschaft, 2001, S. 83ff., 96ff.

des betreffenden Lebenssachbereichs zu fördern und mit neuen Impulsen zu versehen.[827]
Kriterien für die Auswahl künstlerisch relevanter Beiträge abschließend bestimmen zu wollen, erschiene für jede und zumal die juristische Auseinandersetzung mit Kunst vermessen. Schwerpunkt der schwierigen Aufgabe sachgerechter Auswahl künstlerischer Beiträge muss bei den fachlich geschulten Verantwortlichen des öffentlichrechtlichen Rundfunks unter Einbeziehung der produktiven Kräfte insbesondere der freien Film-, Fernseh- und Musikwirtschaft liegen. Entgegen den Befürwortern einer von staatlicher Fürsorge „freien" und somit gegenüber kommerziellen Zwängen gänzlich unfreien Kunstlandschaft ist davon auszugehen, dass diese Aufgabe, wenngleich schwierig, so doch sehr wohl zu bewältigen ist. Die gleichwohl bestehende Gefahr, Entwicklungsmöglichkeiten und neue Tendenzen in der Kunst zu blockieren, wird dabei durch die auf anderer Seite drohenden und viel schwerer wiegenden Gefahren eines falsch verstandenen, reinen Wirtschaftsliberalismus aufgewogen. - „Freiheitlich", angewandt auf künstlerische Sachverhalte, kann nicht bedeuten, den Dingen ihren Lauf zu lassen, sondern muss heißen, einen Sachbereich zu gewährleisten, innerhalb dessen sich menschliche Leistung frei entwickeln kann.
Nachstehend sollen somit lediglich einige Grundsätze und Eckwerte aufgezeigt werden, die bei der entsprechenden Auftragserfüllung zugrunde zu legen sein können. Das kompetente ästhetische Urteil können sie nicht ersetzen.
Was die Frage nach ästhetischen Prioritäten und Rang angeht, ist die *ästhetische Qualität* des Werkes vorderstes Auswahlkriterium.[828] Die emotiv oder intellektuell besonders hoch stehende Kunst ist – auch gegenüber gesellschaftlich empfundener Relevanz oder Breitenwirksamkeit - besonders förderungswürdig. Dabei liegt es in der Natur der Sache, dass gerade die den Rezipienten besonders fordernde Kunst aufgrund ihres Anspruchs und ihrer Spezialisiertheit nur von wenigen verstanden wird.[829] Sowohl hinsichtlich überkommener Formen und Themen, als auch in Hinblick auf die moderne Kunst ist es ein Wesensmerkmal der Materie, dass komplexe Ausdrucksformen zumindest zunächst nur innerhalb personell begrenzter Kreise wirken. Nur hier kann die Kunst frei vom Erfordernis der Massenwirksamkeit neues Entwicklungspotential gewinnen, sich weiterentwickeln und – letztlich – neue Kraft für ihre Fortexistenz schöpfen.
Qualitative Gesichtspunkte können etwa sein: Illusionskraft und Figurativität von Sprache und Bildern[830], die gelungene Darstellung der menschlichen Natur, die Überzeugungskraft der abgebildeten Charaktere[831] oder die Universalität der thematisierten Stoffe und Motive[832]. Auf einer intellektuellen Ebene können dies

---

[827] *T. Oppermann*/ M. Kilian, Rechtsgrundsätze der Finanzierung öffentlich-rechtlichen Rundfunks in der dualen Rundfunkverfassung der Bundesrepublik Deutschland, 1989, S. 71f.
[828] Vgl. *H. Bloom*, The Western Canon, 1994, S. 24, 519; für das Hörspiel, *K. Hickethier*, Medienwissenschaft, 2003, S. 302 m. N.
[829] *H. Bloom*, The Western Canon, 1994, S. 520.
[830] *H. Bloom*, The Western Canon, 1994, S. 72.
[831] *H. Bloom*, The Western Canon, 1994, S. 524.
[832] *H. Bloom*, The Western Canon, 1994, S. 75.

die gelehrte Anspielung ebenso wie die undurchsichtige Auslassung sein, mit denen einerseits Kontext vermittelt, andererseits genug Raum für das Wirken der der Kunst eigenen emotionalen Inhalte und dem hieraus folgenden individuellen Bedeutungsreichtum gelassen wird. [833]
Daneben ist es ebenfalls eine wichtige Aufgabe öffentlicher Kunstförderung, die wichtigen Werke der Vergangenheit zu bewahren und – unter Wahrung kritischer Distanz - im Bewusstsein kommender Generationen zu erhalten.[834] Werke wie die Ilias, das Alte Testament, sowie jene *Platons* und *Shakespeares* etwa (*H. Bloom*) sind nicht nur menschliche Schöpfungsleistungen, die über die verschiedenen Zeitepochen immer wieder als relevant und Ausdruck wesentlicher Wahrheiten empfunden worden sind. Bei ihnen handelt es sich nicht zuletzt um Werke, auf denen ein großer Teil der übrigen, späteren Kulturleistungen aufbaut. Über die alten Quellen lässt sich somit nicht zuletzt auch die heutige Welt und damit das eigene Selbst besser verstehen.[835]
Ein weiterer Gesichtspunkt *kann* die gesellschaftliche Relevanz von Kunst sein. Hierzu gehört etwa deren Fähigkeit, auf gesellschaftliche, die Menschen in ihrem Alltag betreffende Probleme hinzuweisen.[836] Dies schließt bestimmte ästhetische Ausdrucksformen ein, mittels derer gesellschaftliche Probleme künstlerisch aufgegriffen werden, „gelungene Collagenhaftigkeit“ und die sich darin widerspiegelnde „schizophrene Fragmentierung“ der postmodernen Welt etwa[837].
Auch die sog. Trivialkultur (insb. Unterhaltungskultur, z. B. soap operas) hat ihren Platz im Rundfunk. Insbesondere folgt dies aus ihrer stärkeren Breitenrelevanz und damit auch größeren Geeignetheit, zu *Gemeinschaftssinn zu erziehen, die Sensibilität zu schulen und die Imaginationsfähigkeit anzuregen.*[838] Auch hierunter fallen neue Kunstformen wie z.B. Popmusik oder Hip Hop. [839] - Gerade jene kulturellen Manifestationen, welchen eine besondere Anziehungskraft für die Jugend innewohnt, müssen vom öffentlichrechtlichen Rundfunk aufgegriffen und dem thematisierenden und performativen Diskurs sowie der kritischen Reflexion zugeführt werden.[840]
Auch die intellektuelle Auseinandersetzung mit künstlerischen Inhalten und Prozessen kann ein bedeutendes Kriterium darstellen. Entscheidend ist hier neben dem ästhetischen Gehalt eines Kunstwerkes seine Fähigkeit, Bekanntes zu hinterfragen, alte Werke zu dekonstruieren und umzubauen und auf diese Weise die Rezeptionsweise und das Verständnis von Kunst insgesamt zu erweitern.[841]

---

[833] Vgl. *R. Shusterman*, Kunst Leben, Die Ästhetik des Pragmatismus, 1994, S. 182.
[834] Vgl. *W. Ullrich*, Kunst, in: K.-H. Barck (Hg.), ÄGB, Bd. 3, 2001, S. 561; *T. Adorno*, Ästhetische Theorie, in: Gesammelte Werke, Band 7, 1970, S. 13.
[835] *H. Bloom*, The Western Canon, 1994, S. 32, 39f.
[836] *R. Shusterman*, Kunst Leben. Die Ästhetik des Pragmatismus, 1994, S. 166ff.
[837] *R. Shusterman*, Kunst Leben. Die Ästhetik des Pragmatismus, 1994, S.164.
[838] *W. Ullrich*, Kunst, in: K.-H. Barck (Hg.), ÄGB, Bd. 3, 2001, S. 566.
[839] Vgl. hierzu *R. Shusterman*, Kunst Leben. Die Ästhetik des Pragmatismus, 1994, S. 157ff.
[840] Vgl. *R. Shusterman*, Kunst Leben, Die Ästhetik des Pragmatismus, 1994, S. 176f.
[841] *R. Shusterman*, Kunst Leben. Die Ästhetik des Pragmatismus, 1994, S. 164.

dd. Ergebnis „klassischer Kulturbereich".

Wie gezeigt besteht somit ein wichtiger Teil des Kulturauftrages des öffentlichrechtlichen Rundfunks darin, sein Sendeangebot mit Beiträgen aus den klassischen Kulturbereichen Wissenschaft und Bildung, sowie Kunst und Religion zu bereichern.

Ebenfalls sollte deutlich geworden sein, weshalb die genannten Sachbereiche eine gegenüber anderen menschlichen Schaffenssphären besondere Bedeutung besitzen, welche sowohl ihre besondere Förderungswürdigkeit als auch Exponiertheit im Rahmen dieser Untersuchung begründet. Sieht man Kultur vor allem als geistige Leistung des Menschen an, so handelt es sich bei den genannten Sachbereichen als rationale, transzendentale und emotionale Wirklichkeitserschließung letztlich abschließend um die dem Menschen mögliche Exploration der Welt. - Es ist kein Bereich menschlicher Tätigkeit denkbar, der sich nicht einem der drei Bereiche intellektueller, religiöser und künstlerisch-emotionaler Weltdeutung zuordnen ließe. In diesem Sinne ist in der Dreiheit Wissenschaft – Religion - Kunst das Spektrum jeder übrigen menschlichen Aktivität letztlich zuordenbar mit enthalten. Sie besitzt daher auch im Rahmen des Kulturauftrags des öffentlichrechtlichen Rundfunks eine entsprechend privilegierte Stellung.

e.) Entwicklungsoffenheit.

Entsprechend der Rechtsprechung des Bundesverfassungsgerichts ist hinsichtlich der Form des Angebots den aktuellen technischen Entwicklungen Rechnung zu tragen (neben der *Bestands-* auch eine *Entwicklungsgarantie.*) Allein so können die öffentlichrechtlichen Rundfunkanstalten ihrem verfassungsrechtlichen Auftrag gerecht werden.[842]

Die Form des öffentlichrechtlichen Rundfunkangebots ist somit „entwicklungsoffen" und umfasst damit grundsätzlich auch neuartige rundfunkähnliche Dienste wie Pay-TV, Pay-Per-View, Videotext, Abruf- und Zugriffsdienste (Video-on-Demand) und interaktives Fernsehen.[843] Entscheidend kann nicht etwa ein - z. B. den Rundfunkstaatsverträgen zu entnehmender - einfachrechtlicher Rundfunkbegriff sein, sondern es kommt auf die Gewährleistung der kulturstaatlichen Leistungspflichten des Staates an, die auf Dauer nur mit der gebotenen Flexibilität gewährleistet werden können. Dementsprechend kann es geboten sein, etwa Pay-TV anzubieten, wenn dies der Erfüllung des Kulturauftrages dienlich ist. - Insbesondere im Bereich künstlerischer Filme besteht hier ein großes Entwicklungspotential. Zu denken ist auch an den Vertrieb von Videokassetten oder an öffentlichrechtliche „Kulturvideotheken", die so eine Lücke auf dem Gebiet des Videoverleihs bzw. der Verfügbarkeit des kulturell anspruchsvollen Films schließen helfen könnten.[844] Das zusätzliche Entgelt, das für die entsprechenden

---

[842] Vgl. BVerfGE 74, 297; *Hoffmann-Riem* in: E. Benda/ W. Maihofer/ H.-J. Vogel, HdbVerfR, 2. Aufl., 1994 § 7, Rz. 104.

[843] Vgl. *Schulze-Fielitz* in: Dreier, 2. A., 2004, Art. 5 I, II GG, Rz. 100.

[844] Vgl. *J. Blumler/ W. Hoffmann-Riem*, Neue Perspektiven für öffentlich-rechtliches Fernsehen in Westeuropa: Herausforderungen und Perspektien, MP 1992, S. 413.

Angebote verlangt würde, steht der Zulässigkeit bei all dem nicht entgegen, solange das unentgeltlich empfangbare Programm den kulturverfassungsrechtlichen Vorgaben entspricht. Ähnliches gilt für kulturelle Angebote im Internet und für Spartenkanäle.

V. Kulturstaatliche Verantwortung als Distributionsaufgabe.

Nachdem die kulturellen Aufgaben des öffentlichrechtlichen Rundfunks hinsichtlich der zu gewährleistenden Sendegegenstände ermittelt sind, bleibt zu fragen, in welcher Form bzw. durch welche Institutionen die entsprechenden Aufgaben erfüllt werden können.

1.) Kulturfunktionale Handlungspflichten des Staates.

Als originärste Funktion hoheitlicher Gewalt lässt sich die Förderung und Ermöglichung menschlicher Leistung ansehen. - Der Staat stellt dem Gemeinwesen eine „Handelnsordnung" (*v. Hayek*) zur Verfügung, die dessen Gedeihen ermöglicht und befördert.[845] Wesentlicher Bestandteil jener Ordnung ist dabei das Konzept der Freiheitlichkeit: Hoheitliche Gewalt wird grundsätzlich „subsidiär", d. h. nur dort tätig, wo nicht bereits entsprechende unterstaatliche Strukturen vorhanden sind, die menschliche Leistung ermöglichen.[846] - Jenes „Erforderlichkeits"-Kriterium staatlichen Handelns spiegelt sich etwa in den Eingriffsvorbehalten der Grundrechte wider: Neben dem Schutz des Individuums um seiner Würde und selbst willen steht hier der Gedanke dahinter, mittels der Gewährleistung von Freiräumen staatlicher Beherrschtheit menschliche Leistungsfähigkeit in einem bestimmten Gebiet besser fördern zu können, als dies bei staatlicher Einflussnahme möglich wäre.[847] – Der Staat maßt es sich grundsätzlich nicht an, Entscheidungen besser treffen zu können als die über ein höheres Eigeninteresse, höhere Sachnähe, bessere Informationen und größere Flexibilität verfügenden Bürger. Leistung und Entwicklung des Menschen sollen grundsätzlich in einem freien Prozess geschehen; das entsprechende Ordnungskonzept vertraut auf die Fähigkeit der Gesellschaft zur Selbstorganisation und –modifikation.[848] Namentlich unter den Bedingungen einer stetig komplexer werdenden Gesellschafts- und Zivilisationsordnung und der hiermit einhergehenden wachsenden Ungewissheit wird davon ausgegangen, dass Handlungswissen am besten die Gesellschaft selbst gerieren kann.[849]

---

[845] Dies hat der demokratische, moderne Weg staatlicher Verfasstheit mit den frühen, undemokratischen Staatsformen Aristokratie und Monarchie gemein. Insofern kommt aber auch diesen das kulturelle Verdienst zu, funktionsfähige, sich selbst tragende Organismen geschaffen zu haben, die in ihrer Leistungsfähigkeit über die größtenteils durch persönliche Verbundenheit gekennzeichneten *Horden-* oder *Clangesellschaften* weit hinausreichten, vgl. *H.-J. Weißbach*, Kulturelle und sozialanthropologische Aspekte der Netzwerkforschung, in: J. Weyer, Soziale Netzwerke, 2000, S. 255ff., 261.

[846] *Th. Oppermann*, Subsidiarität im Sinne des Deutschen Grundgesetzes, in: *K. Nörr/ Th. Oppermann*, Subsidiarität und Wirklichkeit., Tübingen 1997, S. 218ff; *R. Zippelius*, Allgemeine Staatslehre, 14. A., 2003, S. 132f.; vgl. aber auch *R. Stober*, Allgemeines Wirtschaftsverwaltungsrecht, 14. A., 2004, § 12, I 1.

[847] *K.-H. Ladeur*, Postmoderne Rechtstheorie, 1992, S. 205.; *T. Gostomzyk*, Grundrechte als objektiv-rechtliche Ordnungsidee, JuS 2004, 949, 954.

[848] *K.-H. Ladeur*, Postmoderne Rechtstheorie, 1992, S. 205.; *T. Gostomzyk*, Grundrechte als objektiv-rechtliche Ordnungsidee, JuS 2004, 949, 954.

[849] *K.-H. Ladeur*, Postmoderne Rechtstheorie, 1992, S. 205.

Dies gebietet im Bereich des Leistungsstaats dieselben Subsidiaritätsgrundsätze einzuhalten, die im Bereich der Abwehrrechte gelten[850]: Staatlicher Einfluss wird auf das „Ausreichende aber Erforderliche" reduziert; gleichzeitig müssen die Förderungsziele möglichst weit und offen definiert sein. - Die Kunst etwa darf nicht auf ihr gesellschaftspolitisches Potential reduziert werden.
Grundsätzliche Aufgabe des Staates ist es dabei stets zunächst, zu überwachen, ob ein bestimmter Lebenssachbereich bereits „von sich aus" funktioniert. Stellt er fest, dass Maßnahmen zur optimaleren Ausgestaltung, Förderung oder zum Schutz konfligierender Drittinteressen erforderlich sind, trifft er die möglichen Maßnahmen abgestuft in der Reihenfolge ihrer Intensität, wobei er immer zunächst das mildeste Mittel einsetzt.[851]

2.) Gewährleistungsaufgaben im Medienbereich.

Wie diese Aufgabe konkret aussieht, variiert dabei mit den einzelnen Lebenssachbereichen. Im Bereich der Medien ist etwa der Bereich der Presse(-freiheit) jener, der relativ wenig Ausgestaltung oder Regulierung bedarf. Die Presselandschaft ist „außenplural" ausgewogen und vermag die Vielzahl der verschiedenen Meinungsrichtungen grundsätzlich ausreichend abzudecken, sprich ihren Auftrag vor allem im demokratischen Staat, aber (bei dem gebotenen weiten Funktionsverständnis) eben auch für eine umfassende Informationsversorgung der Bevölkerung im Allgemeinen zu erfüllen.[852]
Anders liegt es hingegen beim Rundfunk: Der Sachbereich ist von innen heraus durch Sachzwänge wie den hohen finanziellen Aufwand zum Betrieb von Rundfunksendern, Frequenzknappheit und quotenabhängige Wettbewerbsfähigkeit[853] mit der Folge eines einseitigen Programmangebots, sowie Möglichkeiten der Einflussnahme und damit der Gefahr der Tendenziosität und des Machtmissbrauchs in Krisenzeiten[854] in seiner von Art. 5 I 2 GG verbürgten Funktionserfüllung bedroht. Dies rechtfertigt es, die Rundfunkordnung sehr viel differenzierter auszugestalten, als die der Presse (sog. *Sondersituation* des Rundfunks gegenüber der Presse[855]). Der Staat muss leistend tätig werden, indem er Ressourcen zur Verfügung stellt, die ein von Art. 5 I 2 GG gefordertes Rundfunkangebot im Sinne einer umfassenden und freien Berichterstattung sicherstellen. Entsprechendes Mittel ist die Schaffung von ihrer Organisation nach unabhängigen, öffentlichrechtlichen Rundfunkanstalten. Insofern sind (natürlich) auch diese trotz ihrer „staatsfernen" Ausgestaltung Teil der Leistungen des Staates.[856]

---

[850] Vgl. zum Unterschied zwischen den Gesetzesarten nach der h. M. und mit Nachweisen zu abweichenden Ansichten: *W. Hoffmann-Riem*, Grundrechtsanwendung unter Rationalitätsanspruch, Der Staat 2004, 203ff., 209.

[851] Speziell für den Rundfunk: *R. Ricker/ P. Schiwy*, Rundfunkverfassungsrecht, 1997, B 109.

[852] Vgl. *Degenhart* in: BK, Art. 5 Abs. 1 und 2 GG, Rn. 629 sowie Rn. 478f.

[853] *Degenhart* in: BK (Stand: 115. Akt., Dezember 2004), Art. 5 Abs. 1 und 2 GG, Rn. 629ff.

[854] *R. Ricker/ P. Schiwy*, Rundfunkverfassungsrecht, 1997, B 87.

[855] Ausführlich: *Degenhart* in: BK (Stand: 115. Akt., Dezember 2004), Art. 5 Abs. 1 u. 2 GG, Rn. 629ff.

[856] Vgl. *R. Ricker/ P. Schiwy*, Rundfunkverfassungsrecht, 1997, B 87.

Dessen Konstruktionsleistung bezüglich einer umfassenden Versorgung der Bevölkerung mit medialen Inhalten besteht hierbei freilich darin, einen Sachbereich *mittels* eigener Zurückhaltung zu konstruieren: zu leisten, ohne zu usurpieren.

Dabei stellt sich die Frage, ob der Staat seiner Leistungspflicht auf dem Gebiet des Rundfunks gegenwärtig hinreichend gerecht wird und inwieweit das Prinzip der staatlichen Zurückhaltung und der Subsidiarität[857], sowie das korrespondierende Prinzip der gesellschaftlichen Selbstorganisation[858] es ihm gegenüber gebieten könnten, sich bei seiner Aufgabenwahrnehmung verstärkt an selbstorganisatorischen Grundsätzen zu orientieren. – Insbesondere wird dabei von Interesse sein, inwieweit der Staat insofern Zurückhaltung üben kann, als dass er lediglich *distribuierend*[859] tätig wird und einen Teil seiner Verantwortlichkeit auf andere, selbstregulative Instanzen überträgt.

a.) Stärkere Beteiligung der Rundfunkräte?

Gegenwärtig ist auf dem Gebiet des öffentlichrechtlichen Rundfunks Freiheit von staatlichem Einfluss bereits relativ weitgehend verwirklicht. Die öffentlichrechtlichen Sendeanstalten werden von einem unabhängigen Intendanten geleitet, bei dem (bzw. den ihm zugeordneten Redakteuren) die Verantwortung für die Programmgestaltung liegt. Der Intendant wird nicht etwa von einer staatlichen Behörde, sondern – in Programmfragen - vom Rundfunkrat (beim ZDF Fernsehrat) überwacht, welcher sich aus den Vertretern verschiedener „gesellschaftlich relevanter Gruppen" zusammensetzt. Die öffentlichrechtlichen Rundfunkanstalten sind damit trotz ihrer Wahrnehmung „öffentlicher Aufgaben[860] keine – auch keine mittelbaren - Verwaltungsinstitutionen[861], da sie insofern „staatsfern" organisiert sind.

In dem dichotomischen Spannungsverhältnis zwischen Staat und Gesellschaft stehen sie dabei aus Perspektive der Gesellschaft dennoch - als öffentlichrechtliche Körperschaften eigener Art[862] - „im Lager" des Staates. Sie stellen einen – wenngleich von Regierung und Administrative distanzierten und durch die gesellschaftlichen Gruppen den Befugnissen nach eingeschränkten – *Teil der hoheitlichen Gewalt* dar, welche sich aus Gründen der Funktionserfüllung des von Art. 5 I 2 GG geschützten Normbereiches nicht vollständig auf die Kräfte der Gesellschaft verlassen will, daher Einfluss auf die gesellschaftlichen Zustände zu nehmen sucht und ihnen lediglich eine überwachende Funktion zubilligt. „Gesellschaftsnäher" wäre demgegenüber eine rundfunkorganisatorische Ausgestaltung, bei der die Programmgestaltung weniger bei einer unabhängigen Sendeanstalt, als vielmehr stärker bei den gesellschaftlichen Kräften selbst läge.

---

[857] *R. Ricker/ P. Schiwy*, Rundfunkverfassungsrecht, 1997, B 109.
[858] *R. Ricker/ P. Schiwy*, Rundfunkverfassungsrecht, 1997, B 116.
[859] Vgl. *K.-H. Ladeur*, Kritik der Abwägung in der Grundrechtsdogmatik, 2004, S. 42.
[860] Vgl. BVerfG 12, 205, 243ff.; zur weiteren Terminologie des Gerichts siehe A. Hesse, Rundfunkrecht, 3. A., 2003, S. 143.
[861] Vgl. *A. Hesse*, Rundfunkrecht, 3. A., 2003, S. 143ff.
[862] Vgl. *A. Hesse*, Rundfunkrecht, 3. A., 2003, S. 143ff., 146.

Es ließe sich etwa daran denken, die Rundfunkräte stärker in die Programmverantwortlichkeit mit einzubinden. Bereits jetzt besteht ein Teil deren Aufgabe darin, den Intendanten in Programmfragen zu beraten.[863] Der Programmausschuss des Rundfunkrates etwa hört externe Experten und Vertreter einzelner Themenbereiche an, erstellt Positionspapiere und Stellungnahmen und führt sie der Diskussion im Rundfunkrat zu.
Indes erscheint zweifelhaft, ob die Rundfunkräte für eine entsprechende Tätigkeit ihrer Organisation, Zusammensetzung und Kompetenz nach „bestgeeignete Stelle"[864] darstellen. Zum einen sind die entsprechenden Gremien ihrer Struktur nach relativ starr. Modifikationen in der Zusammensetzung ihrer Mitglieder erfordern in der Regel große legislative Anstrengungen. Auch ist es kaum möglich, alle gesellschaftlich relevanten Gruppen personell zu erfassen. Beides ist bei der herkömmlichen Aufgabe der Rundfunkräte zwar ebenfalls nicht gänzlich unbedenklich[865], jedoch letztlich vertretbar. Denn die Aufgabe der Aufsichtsgremien besteht nicht darin, die Interessen der in ihnen vertretenen Organisationen zu vertreten. Sie sind vielmehr Sachwalter des Allgemeininteresses, d.h. sie sollen als Kontrollgremium gewährleisten, dass eine vollständige und umfassende Berichterstattung (unter Berücksichtigung auch der Belange nicht repräsentierter Gruppen) stattfindet. Die Anknüpfung bei den verbandlich organisierten Interessen dient dabei nur als Mittel, Sachwalter der Allgemeinheit zu gewinnen.[866]
Dem entgegen erscheint es problematisch, von Prozeduralität geprägte Programmfragen in die Hände der ihrer Natur nach statischen und auf Dauer angelegten Gremien zu legen. Insbesondere lässt es auch die Rekrutierungsbreite der entsandten Gemeinvertreter problematisch erscheinen, das für eine aktive Programm*gestaltung* erforderliche spezielle Fachwissen hinreichend zu akkumulieren. Eine Beteiligung von aus sachfremden Gesellschaftsbereichen stammenden Rundfunksratsmitgliedern etwa bei der Frage nach Form und Inhalt religiöser oder wissenschaftlicher Sendeinhalte wäre einer gesellschaftsnäheren, mehr Spezialisten mit einbeziehenden Programmgestaltung gerade abträglich. Dementsprechend scheidet eine stärkere Einbeziehung der Rundfunkräte in die Programmgestaltung aus.

b.) Konsultative Beteiligung gesellschaftlicher Kräfte.

Dementsprechend ließe sich an die Schaffung neuer, mit fachlich besonders kompetenten Vertretern einzelner Sachbereiche besetzter Einzelgremien denken (etwa im Bereich der Religion, der Wissenschaft oder im Zusammenhang mit

---

[863] *F. Fechner*, Medienrecht, 5. A., 2004, Rn. 974.
[864] Vgl. *H. H. v. Arnim/ S. Brink*, Methodik der Rechtsbildung unter dem Grundgesetz, 2001, S. 167f.
[865] *P. Schiwy*, Souveränität für den öffentlich-rechtlichen Rundfunk, in S. Brink/ H. A. Wolff, Gemeinwohl und Verantwortung, FS H. H. v. Arnim, 2004, S. 653ff., 655 m. w. N.; weiter *Bullinger* in: Isensee/ Kirchhoff, HdbStR, Bd. IV, § 142, Rz. 92; *H. H. v. Arnim*, Das System, 2001, S. 159.
[866] BVerfG, NVwZ 1996, 781, 782.

der Aufgabe des Rundfunks, den Belangen von Minderheiten Ausdruck zu verleihen[867]).
Andererseits erscheint die Überantwortung echter inhaltlicher Kompetenzen (Aufstellen verbindlicher Leitlinien etc.) auf gesellschaftliche Gruppen als nicht unproblematisch. Zwar verdient die Annahme einer möglichst zurückhaltenden, gesellschaftsnahen Ausgestaltung staatlichen Handelns grundsätzlich Zuspruch: Die Möglichkeit moderner Gesellschaften, durch rationale staatliche Planung und Intervention auf sich selbst einzuwirken, wird generell spätestens seit Anfang der Achtziger Jahre zunehmend skeptisch beurteilt. Dies gilt nicht zuletzt angesichts der sich fortlaufend vervielfachenden Entwicklungsmöglichkeiten und Problemstellungen in einzelnen, sich zunehmend diversifizierenden Sachbereichen.[868] Dementsprechend wird es auch für den Rundfunk zunehmend problematischer, die Belange und Lebensentwürfe aller Gesellschaftsteile hinreichend in seinem Programm zur Geltung zu bringen; dieses läuft insgesamt zunehmend Gefahr, ein nivelliertes Konsensbild gesellschaftlicher Wirklichkeit abzubilden. Nur ein Beispiel hierfür ist die Vernachlässigung der Anliegen ausländischer Bevölkerungsteile: Trotz eines Anteils von nahezu zehn Prozent der Bevölkerung, wird deren Realität im Rundfunk zu einem großen Teil ausgeblendet, was nachvollziehbare Gefühle der Ausgrenzung mit sich bringt.
Es erscheint jedoch zweifelhaft, ob die pauschale Antwort hierauf selbst – und gerade - unter den Bedingungen einer unter wachsenden Ungewissheitsbedingungen agierenden Gesellschaft und zunehmender Undurchsichtigkeit gesellschaftlicher Subsysteme und Handlungsabläufe[869] eine Verlagerung von Gestaltungskompetenzen auf die entsprechenden Subsysteme selbst sein kann. Diese sind ihrerseits keineswegs von Partikularinteressen frei. Im Bereich der – typisch „gesellschaftsnah“ geprägten – Rundfunkräte etwa ist wiederholt der Ruf nach einer unabhängigeren Ausgestaltung laut geworden. So will man auf eine Rekrutierung aus Reihen unabhängiger Sachverständiger, Bürger oder gar Richter zurückgreifen.[870]
Etwa den Rundfunk im wesentlichen Partikularinteressen vertretenden Gruppen zu überlassen, erscheint daher bedenklich. Es ist gerade das Verdienst des modernen, demokratischen Staates, einen zentralen und daher alle Interessen gleichermaßen berücksichtigenden Konsens herstellen zu können. Eine entsprechende Gerechtigkeits- und damit Funktionsgewährleistung ist in entsprechenden Gesellschaftsausschnitten nicht im selben Maße gegeben. Vielmehr besteht die Gefahr, dass in den entsprechenden Subsystemen Minderheiten- und Indivi-

[867] Mit demselben Ziel hat etwa der WDR die Stelle eines „Beauftragten des Intendanten des WDR für Integration und kulturelle Vielfalt“ geschaffen.
[868] Vgl. *D. Messner*, Netzwerktheorien: Die Suche nach Ursachen und Auswegen aus der Krise staatlicher Steuerungsfähigkeit, in: E. Altvater, Vernetzt und verstrickt: Nicht-Regierungs-Organisationen als gesellschaftliche Produktivkraft., 2. Aufl., 2000., S. 28ff.
[869] Vgl. *Böckenförde* in: J. Isensee/ P. Kirchhof, HdbStR I § 22, Rz. 72.
[870] *P. Schiwy*, Souveränität für den öffentlich-rechtlichen Rundfunk, in S. Brink/ H. A. Wolff, Gemeinwohl und Verantwortung, FS H. H. v. Arnim, 2004, S. 653ff., 658, 659ff.

dualinteressen gerade nicht gewährleistet werden.[871] Denn was in gewissem Maße schon für den Staat in seiner Gänze gilt, gilt umso mehr für ihrerseits von Interessensverschachtelungen und Netzwerkdenken geprägte kleinere gesellschaftliche Kollektive. Damit besteht aber die Möglichkeit, dass nichtsystemische Faktoren störend in den autopoietischen Selbstreproduktionsprozess von Gesellschaft(en) eingreifen und den funktionsbezogenen Diskurs blockieren.[872] Hierin lässt sich eine wesentliche Gefahr für das moderne, freiheitliche Konzept von Staat und Gesellschaft sehen.

Andererseits erscheint fraglos, dass die hoheitliche Gewalt – und insbesondere der Rundfunk - zunehmend auf Spezialwissen und eine enge Anbindung an gesellschaftliche Strömungen und Entwicklungen angewiesen ist. Die Lösung dürfte daher letztlich in einer konsultativen Funktion der Vertreter einzelner Sachbereiche zu suchen sein. – Der Staat darf sich nicht seiner grundsätzlichen Handlungsbefugnisse begeben, da allein er über die dauerhafte und verlässliche Möglichkeit zur Erzielung eines alle Interessen gleichermaßen berücksichtigenden Konsenses verfügt[873]. Er kann sich bei seinem Leistungshandeln aber auf Fremdeinschätzungen stützen. – Die Ergebnisse eines den verschiedenen Kräften nach ausgewogenen und kompetent besetzten Gremiums wären dann freilich grundsätzlich von den Rundfunkverantwortlichen zu respektieren.

Fraglich ist, welche Form eine entsprechende konsultative Beteiligung gesellschaftlicher Kräfte annehmen kann. Angesichts der Verschiedenartigkeiten kultureller Gewährleistungsaufgaben des Staates erscheint es zweifelhaft, ob pauschale Strukturveränderungen dem Anliegen gesellschaftsnäheren Rundfunks Rechnung tragen können. Zu denken ist daher vielmehr an sachbereichsspezifische Einzelausgestaltungen.

aaa. Religion.

An eine stärkere Einbeziehung der gesellschaftlichen Kräfte in die Programmgestaltung ließe sich etwa im Zusammenhang mit religiösen Sendeinhalten denken. Bereits jetzt steht der (hinreichend konkretisierten[874]) Glaubensgemeinschaft ein unmittelbar aus Art. 4 I GG ableitbares und überdies aus Art. 5 I 2 GG folgendes Recht zur eigenverantwortlichen Sendeveranstaltung zu.[875] Das Insti-

---

[871] *R. Zippelius*, Allgemeine Staatslehre, 14. A., 2003, S. 133.

[872] Mit Bezug auf *N. Luhmann*: *J. Weyer*, Soziale Netzwerke als Mikro-Makro-Scharnier, in: ders. (Hg.): Soziale Netzwerke: Konzepte und Methoden der sozialwissenschaftlichen Netzwerkforschung, 2000, S. 237ff., 243.

[873] *D. Messner*, Netzwerktheorien: Die Suche nach Ursachen und Auswegen aus der Krise staatlicher Steuerungsfähigkeit, in: E. Altvater, Vernetzt und verstrickt: Nicht-Regierungs-Organisationen als gesellschaftliche Produktivkraft., 2. Aufl., 2000., S. 28ff , 59ff., 61m. w. N.

[874] Problematisch für den Islam, s.o., vgl. auch *C. Pagels*, Schutz und Förderungsaspekte der Religionsfreiheit, 1999, S. 220; vgl. zum Problem der Organisiertheit Vgl. *M. Morlok/ M. Heinig*, Parität im Leistungsstaat, NVwZ 1999, 697,710.

[875] *Flechsig* in: W. Hahn/ T. Vesting, Rundfunkrecht, 2003, § 42, Rz. 32; *Link* in: J. Listl/ D. Pirson, HdbStKiR II, 2. A., 1995, S. 274; *C. Pagels*, Schutz und Förderungsaspekte der Religionsfreiheit, 1999, S. 219.

tut folgt daraus, dass es aufgrund des kultisch-symbolischen Charakters der entsprechenden Veranstaltung besonders bedeutsam ist, die religiöse Botschaft die Gläubigen in unverzerrter und dem Selbstverständnis der jeweiligen Religionsgemeinschaft entsprechender Weise erreichen zu lassen[876]. Darüber zu urteilen, auf welche Weise (welche Kameraeinstellungen, Umfang von Begleitkommentaren etc.) dies erreicht werden kann, fällt somit in die natürliche Domäne und das in Art. 140 GG verbürgte Interesse der jeweiligen Kirche: Die erforderlichen Wertungen können nur von denjenigen vorgenommen werden, die mit Liturgie und „Geist" der entsprechenden Religion eng vertraut sind.

Bezüglich anderer, im weiteren Sinne religiöser Themen ist den Kirchen kein verfassungsrechtliches unmittelbares Drittsenderecht zuzuerkennen.[877] Insofern ein Teil der Literatur dies aus der umfassenden, eigenen Sendungsmission der Kirche ableiten will[878], steht dem die grundsätzliche Konzeption des öffentlich-rechtlichen Rundfunks als Medium objektiver, von Partikularinteressen freier Berichterstattung entgegen. Die Drittsenderechte der Religionsgemeinschaften müssen eng begrenzte Ausnahmen darstellen, die aus dem besonderen kultischen Charakter einzelner religiöser Veranstaltungen folgen.

Für eine engere Anbindung an die kulturelle Basis der Religionsgemeinschaften ließe sich indessen an die Gründung eines den Rundfunkanstalten zugeordneten theologischen Beirates denken. Insbesondere im Zusammenhang mit verstärkt im Programm zu berücksichtigenden Inhalten, die sich dem Islam widmen, könnte sich ein entsprechendes Gremium als hilfreich erweisen, darauf hinzuwirken, die innerhalb Deutschlands lebende muslimische Bevölkerung in den Diskurs im Medium stärker mit einzubeziehen und (nicht zuletzt auch radikalisierendes Potential beinhaltenden) Gefühlen der Ausgrenzung entgegenwirken.

Der zu berufene Beirat könnte etwa Leitlinien aufstellen, an denen sich die Rundfunkanstalten orientieren könnten, Programmbeiträge zu erstellen, die – auf dem Boden grundgesetzlicher Wertungen - in ihrer Gesamtheit dem Bild des in Deutschland praktizierten Islam in seinen Facetten entsprechen. Das entsprechende Gremium könnte sich etwa aus Angehörigen der verschiedenen Glaubensrichtungen, Kultur- und Religionswissenschaftlern, eventuell aber auch auf dem entsprechenden Gebiet besonders erfahrenen Journalisten etc. zusammensetzen.

---

[876] Vgl. *D. Lorenz*, Das Drittsendungsrecht der Kirchen, insb. im privaten Rundfunk, 1988, S. 39. - Die Entscheidungen werden dann in technischer Hinsicht mit den Rundfunkverantwortlichen beraten und von diesen umgesetzt. Zu den Regelungen im öffentlichrechtlchen Rundfunk siehe die Nachweise bei W. Hahn/ T. Vesting, Rundfunkrecht, 2003, § 42, Rz. 14ff.

[877] A. A.: *D. Lorenz*, Das Drittsendungsrecht der Kirchen, insb. im privaten Rundfunk, 1988, S. 44; *C. Link/ A. Pahlke*, Kirchliche Sendezeiten in Rundfunk und Fernsehen, AöR 108 (1983), 248, 269ff.

[878] *C. Link/ A. Pahlke*, Kirchliche Sendezeiten in Rundfunk und Fernsehen, AöR 108 (1983), 248, 259, 270f.

bbb. Kunst.

Im Bereich der – insb. fiktionalen – Kunst erscheint eine entsprechende Verantwortungsverlagerung hin zu korporativen Instanzen aufgrund des individuellen Charakters der Kunst als besonders problematisch: Die Gründung von auch nur beratenden „Künstlerräten" etc. im Bereich des Rundfunks verbietet sich aufgrund des individuellen Charakters der Kunst zumindest insofern, als dass diese etwa im Mehrheitsentscheid zustande gekommene Leitlinien dahin aufzustellen hätten, welchen Inhalten Raum gegeben werden solle und welchen nicht. Ein solches Gremium erinnerte an die Abweichung vom Erwünschten und künstlerische Individualität erstickenden „Künstlerverbände" totalitärer Systeme. – Die Kunst muss schon dem Ansatz nach von jeglicher kollektiver Vereinnahmung frei gehalten werden, wenn sie ihre Aufgabe, die individuelle Wahrnehmung einzelner in die Gesellschaft zu reflektieren, erfüllen soll.

Andererseits könnten Fachkundige aus der Kunstszene durchaus dergestalt beratend herangezogen werden, als dass sie die Rundfunkverantwortlichen über aktuelle Entwicklungen auf dem Laufenden halten und über innovative und qualitativ besonders hoch stehende Leistungen aus der Kunstwelt informieren. – Dies könnte sich etwa in Form eines personell spezifizierten Gremiums, aber auch schlicht in vermehrten Befragungen und Konsultationen institutionalisieren lassen. Gleichzeitig könnte auf diese Weise den produktiven Kräften eine bessere Plattform zur Präsentation ihrer eigenen Arbeit geboten werden. - Bei der Programmbeschaffung kommt einer Verlagerung von der Eigenproduktion zu Auftrags- und Co-Finanzierungsformen insbesondere unter Miteinbeziehung unabhängiger Produzenten ein erhebliches Potential zur Förderung von thematischer und ästhetischer Innovation zu.[879] Viele Fernsehsender beauftragen jedoch die stets selben Firmen mit ihren Auftragsproduktionen.[880] Demgegenüber böten gerade kleine, flexible Produktionsfirmen die Chance, den Mainstream zu durchbrechen und den Varietätspool[881] zu bereichern.[882] - Gerade Newcomern und damit alternativen Programmformen muss somit eine Chance zur Präsentation ihrer Produktionen im Rundfunk gegeben werden. Voraussetzung für einen Gewinn an Innovation ist dabei freilich, dass die entsprechenden Verlagerungen nicht vor allem unter wirtschaftlichen, sondern unter qualitativen Gesichtspunkten stattfinden. Anreize zu gelungenen Produktionen können daher nicht etwa vornehmlich in Ankoppelungen an Werbeerträge oder Einschaltquoten beste-

---

[879] Zu den Programmbeschaffungsformen siehe *E. Schuhmacher*, Rechtsfragen der externen Fernsehprogrammbeschaffung, 1997, S. 9, 12; ferner *Kröber* in: W. Hahn/ T. Vesting, Rundfunkrecht, 2003, § 6, Rz. 43ff.

[880] Vgl. *R. Schneider*, Die Struktur mittelständischer Fernsehproduzenten, 1997, S. 43, 66.

[881] *K.-H. Ladeur*, Die vertikale Integration von Film-, Fernseh- und Video-Wirtschaft als Herausforderung der Medienregulierung, RuF 1998, 5, 13.

[882] *K. Keil/ M. Rueger*, Produktionskategorien, in: H. Geißendörfer/ A. Leschinsky, Handbuch Fernsehproduktion, 2002, S. 168; vgl. *R. Schneider*, Die Struktur mittelständischer Fernsehproduzenten, 1997, S. 43; vgl. auch *K. Hickethier*, Fernsehproduktion, in: H. Geißendörfer/ A. Leschinsky, Handbuch Fernsehproduktion, 2002, S. 236.

hen.[883] Zu denken könnte aber etwa vermehrt an Innovationspreise oder Vergütungskoppelungen im Zusammenhang mit Einschaltquoten zu bestimmten Sendezeiten sein. Auch ist vermehrt an Ausschreibungen bezüglich einzelner Themen zu denken, um Kreativität anzuregen und Innovation zu fördern. [884]
Im Bereich der Lizenzeinkäufe bietet es sich an, vermehrt unkonventionelle ausländische Fernsehprogramme in das Programm mit einzubeziehen, um so Alternativen zur – insgesamt zu dominanten, durch bestimmte Kamerawinkel, Farbgebungen etc. charakterisierte – „Hollywood-Ästhetik" zu bieten.[885] Auch die aufwendige, insb. europäische Co-Produktion besitzt Schrittmacherpotential und kann Alternativen bieten.[886] Auch hier kann eine engere Einbindung kreativer Kreise wichtige Anstöße und Innovationspotential bieten.
Ein anderer Ansatz wäre es, einzelnen Produzenten „Innovationsfenster" zur Präsentation ihrer Arbeit zu bieten, die diese frei gestalten dürften. Z. B. könnte es Innovations-Wettbewerbe geben, deren Gewinn in Sendezeit bestünde. Zu denken wäre auch daran, ausländischen Produzenten oder kreativen Kräften aus dem Bereich des Theaters Gelegenheit zur eigenverantwortlichen Programmveranstaltung zu bieten.
Letztlich gibt es aber kein organisatorisches Erfolgsrezept oder eine zuverlässige strukturelle Absicherung für ästhetischen Wert und die Ermöglichung alternativer Perzeptionserfahrungen. Der öffentlichrechtliche Rundfunk muss vielmehr unabhängig von der gewählten Programmbeschaffungsform umfassend darauf hinwirken, Innovationsmöglichkeiten auf dem Rundfunksektor mitzugestalten. Stärkere Experimentierfreudigkeit und Vermeidung von formalen und thematischen Wiederholungen durch eine stärkere Produktionsverlagerung auf unabhängige Produzenten oder Autoren sind dabei nur einige unter vielen möglichen Ansätzen zum ästhetischen Qualitätsgewinn.

ccc. Wissenschaft und Bildung.
Zum weiteren Kompetenzgewinn ließe sich auch im Bereich Wissenschaft und Bildung daran denken, bezüglich der Programmgestaltung einen Beirat einzurichten. – Die entsprechende Institution könnte namentlich Anregungen bezüglich zu erörternder Themen einschließlich korrespondierender moralischer Fragen (Gentechnik etc.) unterbreiten und beratend tätig sein.
Im Gegensatz etwa zur Religion bietet es sich hier freilich an, kein ständiges, personell gleich bleibend besetztes Gremium zu schaffen, sondern punktuell einzelne Kommissionen einzuberufen, die den Rundfunkverantwortlichen besonders komplexe Probleme aus dem Bereich der Wissenschaft vermitteln könn-

---

[883] Vgl. *K. Keil/ M. Rueger*, Produktionskategorien, in: H. Geißendörfer/ A. Leschinsky, Handbuch Fernsehproduktion, 2002, S. 167.
[884] Vgl. *R. Schneider*, Die Struktur mittelständischer Fernsehproduzenten, 1997, S. 43.
[885] Vgl. *K. Keil/ M. Rueger*, Produktionskategorien, in: H. Geißendörfer/ A. Leschinsky, Handbuch Fernsehproduktion, 2002, S. 170.
[886] Vgl. K. *Keil/ M. Rueger*, Produktionskategorien, in: H. Geißendörfer/ A. Leschinsky, Handbuch Fernsehproduktion, 2002, S. 167.

ten. – Bereits jetzt geschieht dies zum Teil in den Programmausschüssen der Rundfunkräte.

ddd. Soziokultur.

Auch im Bereich anderer, etwa soziokultureller Gesellschaftsbereiche (wie im Zusammenhang mit Minderheiten) muss umfassende Berücksichtigung aller gesellschaftlichen Teile zunächst durch allen Bevölkerungsteilen gegenüber offene und ihnen verpflichtete Rundfunkverantwortliche stattfinden. Doch auch hier erscheint eine stärkere Einbindung der gesellschaftlichen Kräfte selbst zur kompetenteren und informierteren Verantwortungswahrnehmung des öffentlich-rechtlichen Rundfunks nahe liegend. In Frage kommen hier etwa ausländische Bevölkerungsgruppen ebenso wie sonstige regional oder lebensweltlich distinkte Bevölkerungsteile.

VI. Zusammenfassung, Ergebnis und Resümee.

1.) Zusammenfassung.

Worin der verfassungsrechtliche Kulturauftrag des öffentlichrechtlichen Rundfunks besteht, ergibt sich somit aus den spezifischen Funktionen, die das Medium vor dem Hintergrund hoheitlicher Aufgaben innerhalb des Sachkomplexes Kultur erfüllt.

Kultur ist, was der Mensch sich selbst erschafft. Erfasst ist damit jede menschliche Leistung und jegliche Form geistiger Orientierung und somit also nicht nur der expressive, produktive Akt, sondern auch die reine Rezeptionsleistung.

Allen Anfechtungen zum Trotz ist dabei davon auszugehen, dass es einen fassbaren anthropologischen Kern[887] menschlicher Leistungskraft gibt, der sich aus den Sachbereichen der klassischen Trias' Wissenschaft und Bildung, Religion und Kunst, als rationaler, transzendentaler und emotionaler (und damit alles andere letztlich zuordenbar mit umfassender) Welterschließung konstituiert.

Menschliche Leistungen werden von Individuen geschaffen. Insofern ist die Ermöglichung von Betätigungsmöglichkeiten des Individuums Kern jeder kulturstaatlichen Verantwortung.

Gleichzeitig bedarf der Mensch der Gemeinschaft mit anderen. Als soziales Wesen benötigt er menschliche Gemeinschaft schon frei von reinen Zweckbindungen zu seinem Wohlergehen und der orientierten Persönlichkeitsentfaltung. Darüber hinaus ist Gemeinschaft nötig zur dauerhaften und effektiven Leistungserbringung: Sie ermöglicht das arbeitsteilige Zusammenwirken und fungiert als Gedächtnis und Erprobungsinstanz.

Damit Leistungsbeförderung kraft Gemeinschaftlichkeit ermöglicht wird, bedarf es weiterer Gewährleistungen: Hierunter fallen insbesondere Kommunikationsfähigkeit, Offenheit gegenüber neuen Ideen und Anstößen, Bereitschaft zum geistigen Austausch und damit auch Toleranz. Ferner fallen hierunter aber auch das Gefühl des Zusammenhalts und Betonung des Gemeinsamen. - Letzteres kann in identitätsstiftenden Inhalten bestehen, muss freilich vor allem - unter Anerkennung der Notwendigkeit des dauerhaften Zusammenlebens unterschiedlicher Gruppen und Individuen – auch die Möglichkeit der Differenz implizieren. Werte wie Achtung, Respekt und Nachsicht gegenüber dem anderen sind daher ebenfalls notwendige Elemente einer humanen und nur so dauerhaft bestehensfähigen Gemeinschaft. – Gerade unter den Bedingungen der modernen, komplexen, ihren Lebensentwürfen nach vielgestaltigen Gesellschaft müssen an die Stelle von Homogenität, von gemeinsamen Fixpunkten und Verhaltensübereinstimmungen, vermehrt sozial-integrative Werte treten, welche den Zusammenhalt der - in sich pluralen - Gemeinschaft verbürgen.

Aufgabe des Staates ist die Förderung menschlicher Leistung. Der Staat nimmt als Form der menschlichen Gemeinschaft sämtliches Streben *des Menschen* in sich auf. Deshalb ist auch und vor allem die Wahrung der Menschenwürde jeder Aufgabe des Staates inhärent.

---

[887] *P. Häberle*, Kulturverfassungsrecht im Bundesstaat, 1980, S. 15.

Bei der Frage, *wie* menschliche Leistung optimal zu fördern sein kann, scheidet als Antwort jede Form des Dirigismus aus. Der Mensch bedarf zu einer würdigen Existenz der Freiräume. Den Gesamtkomplex menschlichen Lebens in seiner Prozeduralität zu antizipieren, überforderte überdies auch jede Obrigkeit. Dies gilt umso mehr unter den Bedingungen einer sich zunehmend verkomplizierenden Welt.
Andererseits kann nur der Staat eine funktionierende und gerechte Ordnung gewährleisten. Räume innerhalb des Staates ganz sich selbst zu überlassen oder auf deren Fähigkeit zur „self-governance" völlig zu vertrauen, hieße zwangsläufig, die Ordnungsbildung innerhalb der Gesellschaft anderen, auf ihre jeweiligen Eigeninteressen bedachten Kräften zu überlassen.
Dementsprechend sind staatliche Konstruktionsleistungen in Form der Abwägung einzelner Rechtspositionen innerhalb der staatlichen Gemeinschaft, sowie der aktiven Schaffung von Handlungsräumen erforderlich. Dies gilt vermehrt in der modernen, stetig komplexer werdenden Gesellschaft. Dabei kann und muss der Staat einen Teil seiner Aufgaben distribuieren und der Gesellschaft und selbstregulativen Gruppeninstanzen überlassen. Er muss jedoch die Zielpunkte einer funktionierenden Ordnung selbst setzen und erforderliche Wertungen eigenhändig vornehmen.
Gleichzeitig folgt hieraus aber auch die den Staat treffende Verpflichtung, die im Rahmen der Optimierung von Handlungsräumen vorzunehmenden Zielvorgaben möglichst weit und offen zu halten. – Etwa Kunst nicht auf bestimmte – z.B. politische oder „staatstragende" - Funktionen zu verengen oder als Religion nur bestimmte korporative Instanzen bestimmter Prägung anzuerkennen.
Was zur entsprechenden Aufgabenerfüllung erforderlich ist, variiert mit den einzelnen Lebenssachbereichen. – Im Bereich der menschlichen Leistungssphäre Wirtschaft etwa lässt es sich grundsätzlich auf eine weitgehend sich selbst überlassene Ordnung vertrauen. Demgegenüber sind die Lebensbereiche Kunst, Religion und Wissenschaft von einer dauerhaften, über die Generationen hinwegreichenden Prozesshaftigkeit geprägt: Gelungene Einzelleistungen bedürfen der gesellschaftlichen Aufnahme und der Reflektion. Die hierfür nötigen Perzeptions- und Reflektionsleistungen können nicht aus dem Stehgreif heraus, sondern nur allmählich erfolgen. Sie dürfen sich jedenfalls nicht nach Kriterien wie Massenwirksamkeit, Kaufkraft oder Anpreisungsgrad richten.[888] Vielmehr müssen sie in einem komplexen Verarbeitungs- und Wirkprozess im Sinne eines kulturellen Diskurses und damit zumindest zu einem wesentlichen Teil durch die besonders befähigten Individuen einer nur so zukunftsfähigen Gesellschaft erfolgen (z.B. in den Hochschulen, durch in der Künstlergemeinschaft anerkannte Künstler etc.). Unplausibel erscheint es im Gegensatz hierzu, die Gesetzmäßigkeiten eines sachbereichsfremden Bereiches – dem der Ökonomie – kulturelle Sachverhalte bestimmen zu lassen und vor allem wirtschaftliche Maßstäbe als ausschlaggebende Kriterien für die Ausgestaltung der jeweiligen Sachbereiche heranzuziehen.

[888] Vgl. *M.-L. Kiefer*, Medienökonomik, 2001, S. 401m. N.

Der Rundfunk repräsentiert zumindest zu einem großen Teil jene anderen Leistungssphären, indem er künstlerische, wissenschaftliche und religiöse Inhalte zu vermitteln vermag. Damit trägt er maßgeblich zur persönlichen intellektuellen, transzendentalen und emotionalen Orientierung des Menschen und mithin seiner durch Art. 1 I GG geschützten Selbstfindung und sittlichen Autonomiebildung bei.

Rundfunk vermag ferner Individuen und Gruppen in die Gemeinschaft einzubinden, den geistigen Austausch zu befördern und damit die Gesellschaft zu einem Ganzen zu vernetzen. Die „kulturelle" Funktion des Rundfunks besteht somit in der kompetenten und umfassenden Vermittlung von für den Menschen besonders bedeutsamen, sowie solchen Sendeinhalten, in denen menschliche Gemeinschaft ihren spezifischen Ausdruck findet und mittels derer sie sich konstituiert. Dies schließt den Staat und die Familie ebenso mit ein wie die Anliegen gesellschaftlicher oder ethnischer Minderheiten einschließlich ihrer Symbol- und Lebenswelten. Über bloße Inhalte hinaus sind damit insbesondere bestimmte Wertvorgaben und soziale Verhaltensmaßstäbe mit erfasst, wie etwa Toleranz und Offenheit gegenüber dem anderen. Allein so vermag Rundfunk Interaktion und integrative Konsensfindung in der Gemeinschaft in Form eines universalen gesellschaftlichen Diskurses zu ermöglichen, Novation zu fördern und damit zur Anpassung der Gemeinschaft nach innen und außen beizutragen.

Damit ebenfalls impliziert ist ein nachhaltiges Eintreten für den freiheitlichen und demokratischen Rechtsstaat einschließlich seiner Institutionen und anthropozentrischen (insb. Grundrechts-) Gewährleistungen. Ebenso muss die Einbindung in und das Hinwirken auf eine gerechte Völkerrechtsordnung Aufgabe des öffentlichrechtlichen Rundfunks sein. Die Mitwirkung eines deutschen Rundfunks am europäischen Einigungsprozess als Mittel zur Gewährleistung von dauerhaftem Frieden, Freiheitlichkeit und Verwirklichung des anthropozentrischen Staatskonzeptes sind Teil hiervon. Das Selbstbehauptungsinteresse eines gerecht verfassten Gemeinwesens gebietet schließlich auch eine funktionierende Repräsentation der Bundesrepublik mittels des Rundfunks gegenüber dem Ausland.

Die Verantwortung gegenüber den nachfolgenden Generationen verbürgt das Hinwirken auf den Schutz der natürlichen Lebensgrundlagen als Fundament des künftigen Bestandes der (zeitlichen) Gemeinschaft.

Eine dem privaten Sektor überlassene Rundfunklandschaft vermag die entsprechenden, vor allem durch Art. 1 Abs. 1, Art. 3, Art. 4 I, Art. 5 Abs. 1 Satz 2, Art. 5 III, Art. 7 I GG, die übrigen Grundrechte, sowie Art. 20 Abs. 1, Art. 20a GG verbürgten Funktionen nicht zu gewährleisten, da die Form der Rundfunkfinanzierung über Werbeerträge eine Anbindung kultureller Sendegegenstände an ihre Breitenwirksamkeit zur Folge hat. Hierdurch werden jedoch bestimmte, kulturell bedeutsame Sendeinhalte zugunsten wirtschaftlich erfolgreicher Beiträge benachteiligt und damit wichtige Individual- und Gesellschaftsinteressen vernachlässigt; inhaltliche und qualitative Defizite sind die Folge. Auch zur

Veranstaltung bestimmter gemeinschaftsbezogen-integrativer Sendeinhalte fehlt es dem privaten Rundfunk an Anreizen.
Mit all dem einher geht die Gefahr der Verzerrung oder der Manipulation des Rundfunkangebots.
Die Notwendigkeit eines öffentlichrechtlichen Rundfunks ergibt sich somit vor allem aus seinen kulturell bedeutsamen Inhalten in ihrer Eigenschaft als *immaterielle, öffentliche Güter mit externen Effekten und meritorischem Charakter.*[889]
Den privaten Anbietern kommt ein eigenständiges Gewicht bei der Versorgung der Bevölkerung mit den von Art. 5 I 2 GG geforderten medialen Inhalten zu. Insbesondere tragen die privaten Rundfunkveranstalter zur Bereicherung des Kulturguts Rundfunk durch innovative und alternative Inhalte bei und halten den öffentlichrechtlichen Rundfunk damit dazu an, ein ansprechendes Programm anzubieten. Dabei begrenzen die von ihnen erbrachten Programmbeiträge zu einem gewissen Grad die vom öffentlichrechtlichen Rundfunk zu erbringenden Leistungen im Sinne des nach Art. 5 I 2 GG zur Funktionswahrung Erforderlichen. Zu einer vollständigen Gewährleistung des durch Art. 5 I 2 GG verfassungsrechtlich verbürgten Programmangebots aber bedarf es eines seiner Finanzierung und Programmgestaltung nach unabhängigen, öffentlichrechtlichen Rundfunks. Allein dieser kann den vom Medium Rundfunk zu fordernden Beitrag zum Geistesleben und zur Selbst-Konstituierung einer Gesellschaft leisten.
Auf entwicklungstheoretischer Seite ist dabei sowohl der Charakter von Kultur als Summe des Vorhandenen, als auch deren Prozesshaftigkeit zu beachten. Überkommene Kulturleistungen sind vor Augen zu führen, um sie und sich selbst besser zu verstehen. Die Vergegenwärtigung des Überkommenen ermöglicht es, die Gegenwart zu überdenken und die Innovation zu wagen. Im Bereich der Kunst etwa gilt es einerseits, traditionelle Werke, die sich kraft ihres künstlerischen Gehalts, aber auch aufgrund ihrer Gesellschaftsrelevanz als besonders bedeutsam erwiesen haben, im Bewusstsein der Menschen zu erhalten. Gleichzeitig müssen aber auch neue ästhetische Formen gesucht und innovativen Inhalten eine Chance gegeben werden. Dies kann zum Teil durch den öffentlichrechtlichen Rundfunk selbst, muss jedoch auch durch unabhängige Kräfte von außen geschehen. Öffentlichrechtlicher Rundfunk muss insbesondere auch in diesem Bereich sowohl Medium als auch Faktor im öffentlichen kulturellen Diskurs sein. Ähnliches gilt im Bereich der Religion. Zwar gilt es hier in erhöhtem Maße den traditionellen Bestand zu reflektieren, da gerade im Bereich des Glaubens vor allem das verfestigte und komplexe Sinnsystem zu überzeugen zu vermag. Aber auch hier ist die Diskussion darüber notwendig, was dem Gläubigen die überkommenen Lehren im Hier und Jetzt zu sagen haben und was eine Religion für Verhaltensmaßstäbe insbesondere gegenüber dem Mitmenschen vorgeben kann.
Bezüglich der Wissenschaft ist die Reflexion über das Vorbekannte Voraussetzung eines umfassenden zukünftigen Befragens der Welt. Dies schließt die Be-

---

[889] *M.-L. Kiefer*, Medienökonomik, 2001, S. 155.

trachtung von Wissenschaft als Handlungsermöglichung und somit auch die Diskussion über das vom Menschen zu Wollende und Erstrebenswerte mit ein. Letztlich erfassen die entsprechenden Grundsätze das gesamte gesellschaftliche Leben: Kultur ist zugleich Produkt und Prozess. Stets ist somit einerseits das Erreichte, andererseits auch die Möglichkeit zur Veränderung und Optimierung zu vergegenwärtigen. Dies gilt insbesondere auch bezüglich der Wandelbarkeit der Gesellschaft selbst. Gesellschaftliche Zustände müssen zutreffend abgebildet werden, um die nötigen Anpassungen und Selbst-Modifikationen für die Zukunft vornehmen zu können. Nur so kann die menschliche Gemeinschaft wandelbar und damit zukunftsfähig bleiben. Ein funktionsfähiges Medium Rundfunk zu gewährleisten, das hierzu in kompetenter Weise beitragen kann, ist entscheidende, verfassungsrechtlich verbürgte Aufgabe des öffentlichrechtlichen Rundfunks.

2.) Ergebnis.

Entsprechend den Defiziten einer sich selbst überlassenen Rundfunklandschaft bemessen sich die Funktionen, die der öffentlichrechtliche Rundfunk zu erfüllen hat. Zu dem von Art. 5 I 2 GG verbürgten umfassenden Programmangebot gehört zunächst ein Inhalten wie Tendenzen nach umfassendes Angebot. Hierzu gehört zunächst ein fundiertes Programmangebot aus den Bereichen Kunst, Wissenschaft und Bildung, sowie Religion. Neben Art. 5 I 2 GG treten hier insb. Art. 5 III 1, Art. 4 I, II, Art. 140 i. V. m. Art. 137 II, 2 I, 1 I, Art. 7 I, Art. 1 I und Art. 2 I GG als verfassungsrechtliche Grundlagen. Umfassende inhaltliche Berichterstattung beinhaltet aber auch ein Programmangebot, das Gemeinschaftlichkeit auf nationaler, aber auch lokaler Ebene und innerhalb lebensräumlicher Systeme fördert, etwa durch Darstellung bestimmter Symbole und Institutionen, vor allem aber durch die Gewährleistung umfassender Kommunikation innerhalb der Gesellschaft, einschließlich der hierfür erforderlichen sozialintegrativen Werte. Neben Art. 5 I 2 G treten hier als Rechtsgrundlagen insb. Art. 20 I und Art. 20 a GG, sowie Art. 22 GG analog, letztlich aber alle förderungswürdigen Staatsziele.

3.) Resümee.

Trotz seiner begrifflichen Weite und zuweilen schweren Handhabbarkeit hat sich somit erfolgreich ermitteln lassen, was das Phänomen der Kultur im Wesentlichen ausmacht und welche kulturellen Funktionen sich vor diesem Hintergrund dem öffentlichrechtlichen Rundfunk zuschreiben lassen. Das Ergebnis der Funktionsanalyse ist ein weiter Kulturauftrag, der grundsätzlich alle Facetten menschlichen Lebens umfasst, sich jedoch hinsichtlich bestimmter einzelner Sendegegenstände verengt.

Die dabei nach wie vor grundsätzlich bestehende, extreme Weite des Kulturauftrages des öffentlichrechtlichen Rundfunks folgt dabei aus dem Charakter von Kultur als Begriff, der menschliches Leben in einem universellen Sinne bezeichnet. Als solcher eignet er sich damit aber vor allem auch zum Hinweis darauf, dass die Dimensionen eines Sachbereichs über bestimmte Vordergründigkeiten hinausreichen. – Dieser Tatsache verdankt der Begriff des „auch kulturellen Auftrags" des Rundfunks in der Rechtsprechung des Bundesverfassungsgerichts seine Entstehung. Wie die Literatur verwendet die Rechtsprechung dabei die Begrifflichkeit Kultur vor allem als Gegenbegriff und als Korrektiv gegenüber anderen Aufgaben und Funktionszuschreibungen des Rundfunks.

Kultur ist dabei zumindest für den Rechtsanwendenden kein ausschließlich sich selbst erschaffendes System, auf das er von außen blickt, sondern er steht innerhalb desselben. Wie allen, eine bestimmte Kultur mitdefinierenden Akteuren besteht seine Aufgabe daher darin, den Begriff wertend auszufüllen und dementsprechend auch die kulturellen Aufgaben des Staates selbst zu definieren. Dabei muss er seine von sachlichen Gründen getragenen Argumente zunächst aus den Quellen des Verfassungsrechts, sodann aber vor allem auch aus den Gegebenheiten, die Gesellschaft und Individuum bestimmen, beziehen. Das Resultat bleibt dann freilich das Ergebnis seiner eigenen Interpretation und Wertung und seine Schlüsse insofern anfechtbar. Doch lässt sich diese Hermeneutik nicht durchbrechen: Auch der, der nicht werten will, wertet; zumindest, indem er sich auf den Standpunkt stellt, dass nichts eine Wertung verdiene. - Und erst recht wertet der, der behauptet, es seien keine Wertungen hinsichtlich im Rundfunk erwünschter Sendeinhalte gestattet, da Freiheit von Wertungen und der Einflussnahme durch hoheitliche Gewalt hier bedeutete, andere Impulse bei der Ausgestaltung des Mediums zu favorisieren.

VII. Literaturverzeichnis

Adorno, Theodor W.: Ästhetische Theorie., in: ders., Gesammelte Schriften., Band 7, Frankfurt/ M. 1970.

Albrecht, Alfred: Religionspolitische Aufgaben angesichts der Präsenz des Islam in der Bundesrepublik Deutschland, in: Essener Gespräche 20 (1986), S. 82ff.

Alternativkommentar: Kommentar zum Grundgesetz für die Bundesrepublik Deutschland, Reihe Alternativkommentare, hgg. von Denninger, Erhard/ Hoffmann-Riem, Wolfgang/ Schneider, Hans Peter/ Stein, Ekkehardt.
- Band 1, 3. A., Neuwied 2001 (Stand: 1. Aufbaulieferung, Oktober 2001) (zitiert: AK-GG).

Anderson, Benedict: Imagined Communities: Reflections on the Origin and Spread of Nationalism, London 1983.

v. Arnim, Hans Herbert: Das System: Die Machenschaften der Macht, München 2001.

ders./ Brink, Stefan: Methodik der Rechtsbildung unter dem Grundgesetz, Speyer 2001.

Baecker, Dirk: Kultur, in: Barck, Karlheinz (Hg.), Ästhetische Grundbegriffe : (ÄGB), Historisches Wörterbuch in sieben Bänden, Band 3: Harmonie – Material., Stuttgart 2001.

Barbour, Ian G.: Wissenschaft und Glaube, Göttingen 2003.

Bausch, Hans: Rundfunkpolitik nach 1945. Erster Teil: 1945-1962, München 1980.

Behmer, Markus/ Trapp, Bettina: More connected?, in: Brosius, Hans-Herbert, Kommunikation über Grenzen und Kulturen, Konstanz 2000.

Benda, Ernst/ Maihofer, Werner/ Vogel, Hans-Jochen: Handbuch des Verfassungsrechts., 2. Aufl., Berlin 1994 (zitiert: HdbVerfRs).

Bernward, Frank: Kultur und Medien: Angebote-Interessen-Verhalten; eine Studie der ARD/ZDF-Medienkommission, Baden-Baden 1991.

Bleckmann, Albert: Staatsorganisationsrecht: Grundlagen, Staatszielbestimmungen und Staatsorganisationsrecht des Bundes, Köln 1993.

ders.: Zur Zulässigkeit der Veranstaltung von Spartenprogrammen durch öffentlichrechtliche Rundfunkanstalten, AfP 1997, S. 417ff.

Bloom, Harold: How to Read and Why, London 2000.

ders.: The Western Canon, New York, 1994.

Blumler, Jay G./ Hoffmann-Riem, Wolfgang: Neue Funktionen für öffentlich-rechtliches Fernsehen in Westeuropa: Herausforderungen und Perspektiven, in: Media Perspektiven (MP) 1992, S. 402ff.

Böckenförde, Ernst-Wolfgang: Staat – Nation - Europa, Frankfurt/ M. 1999.

Boehme-Neßler, Volker: Multimedia und Recht, in: K&R 2003, S. 530ff.

Bonfadelli, Heinz/ Jarren, Ottfried: Öffentlicher Rundfunk und Kultur, Zürich 1998.

Bonner Kommentar: Bonner Kommentar zum Grundgesetz, hgg. von: Dolzer/ Rudolf/ Vogel, Klaus/ Graßhof, Karin, Heidelberg 2004 (Stand: 115. Aktualiserung, Dezember 2004) (zitiert: BK).

Borowski, Martin: Der Grundrechtsschutz des religiösen Selbstverständnisses, in: Haratsch, Andreas/ Janz, Norbert u.a. (Hg.), Religion und Weltanschauung im säkularen Staat, Potsdam 2001, S. 49ff.

Britz, Gabriele: Kulturelle Rechte und Verfassung, Tübingen 2000.

Buchberger, Martin (Begr.)/ Kasper, Walter (Hg.): Lexikon für Theologie und Kirche, Band 4, 3. A., Freiburg i. Br. 1995.

Bürger, Peter: Theorie der Avantgarde, 2. Aufl., Frankfurt/M., 1974.

Bullinger, Martin: Die Aufgaben des öffentlichen Rundfunks, Wege zu einem Funktionsauftrag, Gütersloh 1999.

Burkhart, Roland: Kommunikationswissenschaft. Grundlagen und Problemfelder, Umrisse einer interdisziplinären Sozialwissenschaft, 3. Aufl., Wien 1998.

Callies, Christian/ Ruffert, Matthias: Kommentar des Vertrages über die Europäische Union und des Vertrages zur Gründung der Europäischen Gemeinschaft: EUV/ EGV, 2. A., Neuwied 2002.

Cicero, Marcus Tullius: De re publica, Vom Gemeinwesen, übers. u. hgg. v. Karl Büchner, Stuttgart 1979.

Classen, Claus Dieter: Wissenschaftsfreiheit außerhalb der Hochschule: zur Bedeutung von Art. 5 Abs. 3 GG für außeruniversitäre Forschung und Forschungsförderung., Tübingen 1994.

ders.: Religionsfreiheit und Staatskirchenrecht in der Grundrechtsordnung, Tübingen 2003.

Damm, Andreas: Gebührenprivileg und Beihilferecht, Berlin 1998.

Danto, Arthur: Die Verklärung des Gewöhnlichen, Frankfurt/ M. 1984.

Deigh, John: Cognitivism in the Theory of Emotions, in: Ethics 104 (1994).

Dewey, John: Kunst als Erfahrung, Frankfurt/M. 1988.

Dickert, Thomas: Naturwissenschaft und Forschungsfreiheit, Berlin 1991.

Döring, Sabine A.: 'Indem die Dichtung Erlebnis vermittelt, vermittelt sie Erkenntnis.' Zum Erkenntnisanspruch der Kunst, in: Kleimann, Bernd/ Schmücker, Reinold.: Wozu Kunst? Die Frage nach ihrer Funktion., Darmstadt 2001., S. 49ff.

Dörr, Dieter: Die verfassungsrechtliche Stellung der Deutschen Welle, München 1998.

ders.: Sport im Fernsehen: die Funktionen des öffentlich-rechtlichen Rundfunks bei der Sportberichterstattung, Frankfurt/M., 2000.

Dreier, Horst: Grundgesetz. Kommentar.
- Band 1, Art. 1-19, 2. Aufl., Tübingen 2004.
- Band 3, Art. 83-146, Tübingen 2000.

Duden: Deutsches Universalwörterbuch, 4. Aufl., Mannheim 2001.

Dux, Günther: Historisch-genetische Theorie der Kultur, Göttingen 2000.

Eifert, Martin: Konkretisierung des Programmauftrags des öffentlich-rechtlichen Rundfunks, Baden-Baden 2002.

Erbel, Guenter: Inhalt und Auswirkungen der Kunstfreiheitsgarantie, Köln 1965.

Erdmann, Willi: Schutz der Kunst im Urheberrecht, in: Festschrift für Otto-Friedrich Frhr. v. Gamm, Köln 1990, S. 389ff.

Fechner, Frank: Medienrecht, 5. Aufl., Tübingen 2004.

Fichte, Johann Gottlieb: Über die Bestimmung des Gelehrten, Leipzig 1910.

Fischer-Lexikon: Das Neue Fischer Lexikon in Farbe. Bd. 1, Frankfurt./M. 1987.

Fiske, John/ Hartley, John: Reading Television, London 1978, 1990.

Franck, Georg: Ökonomie der Aufmerksamkeit, München 1998.

Friedrich, Clemens: Semiotik als Gesellschaftslehre, Berlin 1993.

Fromm, Michael: Öffentlichrechtlicher Programmauftrag und Rundfunkföderalismus: Der verfassungsrechtliche Programmauftrag der Rundfunkanstalten unter besonderer Berücksichtigung des Rundfunkfinanzausgleichs, Baden-Baden 1998.

Fuhr, Ernst/ Bosman, Wieland: ZDF-Staatsvertrag, 2. Aufl., Mainz 1985 (zitiert: ZDF-StV).

Geis, Max-Emanuel: Kulturstaat und kulturelle Freiheit, Baden-Baden 1990.

Gerber, Hans: Das Recht der wissenschaftlichen Hochschulen in der jüngsten Rechtsentwicklung, Band II: Anmerkungen, Tübingen 1965.

Gethmann-Siefert, Annemarie: Einführung in die Ästhetik, München 1995.

Giegel, Hans-Joachim: Kommunikation und Konsens in modernen Gesellschaften, in: ders. (Hg.), Kommunikation und Konsens in modernen Gesellschaften, Frankfurt/M., 1992, S. 7ff.

Gnüg, Hiltrud: Der utopische Roman, München 1983.

Goleman, Daniel: Emotionale Intelligenz, 14. Aufl., München 2001.

Gostomzyk, Tobias: Grundrechte als objektiv-rechtliche Ordnungsidee, in: Juristische Schulung 2004, S. 949ff.

Greene, Hugh Carleton: Entscheidung und Verantwortung : Perspektiven des Rundfunks, Hamburg 1970.

Grimm, Dieter: Kulturauftrag im staatlichen Gemeinwesen, in: VVDStRL 42 (1984), S. 47ff.

Gullo, Peter: Religions- und Ethikunterricht im Kulturstaat, Berlin 2003.

Gundlach, Hardy: Die öffentlich-rechtlichen Rundfunkunternehmen zwischen öffentlichem Auftrag und marktwirtschaftlichem Wettbewerb, Berlin 1998.

Habermas, Jürgen: Theorie des kommunikativen Handelns, Frankfurt/ M., 1981.

Häberle, Peter: Hans-Jochen Brauns: Staatsleistungen an die Kirchen und ihre Ablösung, in: AöR 97 (1972), S. 325ff.

ders.: Kulturpolitik in der Stadt, Heidelberg 1979.

ders.: Kulturverfassungsrecht im Bundesstaat, Wien 1980.

ders.: Die Freiheit der Kunst in kulturwissenschaftlicher und rechtsvergleichender Sicht, in: Berka, Walter/ Häberle, Peter/ Heuer, Carl-Heinz/ Lerche, Peter, Kunst und Recht im In- und Ausland., S. 37ff., Rechtsstaat in der Bewährung Bd. 28, Heidelberg 1994.

Hahn, Werner/ Vesting, Thomas: Beck'scher Kommentar zum Rundfunkrecht, München 2003.

Hansen, Klaus: Kultur und Kulturwissenschaft, 2. Aufl., Tübingen 2000.

Haseloff, Otto Walter: Über Wirkungsbedingungen politischer und werblicher Kommunikation, in: Bense, Max/ ders.: Kommunikation, 2. Aufl., Berlin 1971, S. 151ff.

v. Hartlieb, Horst: Die Freiheit der Kunst und das Sittengesetz, München-Pullach 1969.

Hartstein, Reinhard/ Ring, Wolf-Dieter/ Kreile, Johannes/ Dörr, Dieter/ Stettner, Rupert: Rundfunkstaatsvertrag, 2. Aufl., München 1995 (zitiert: RuFuStV).

Hartstein, Reinhard: Die Finanzierungsgarantie des Bundes für die Deutsche Welle, Berlin 1999.

Hauskeller, Michael: Was ist Kunst?, 6. Aufl., München 2002.

Heckel, Martin: Die Kirchen unter dem Grundgesetz, in: VVDStRL 26, S. 5ff.

Heinz, Kersten: Kultur – Kulturbegriff – Kulturdenkmalbegriff : eine rechtliche und methodische Analyse des Kulturdenkmalbegriffs und seiner Auswirkungen auf die Unterschutzstellung von Teilen von Gebäuden., Frankfurt/M. 1993.

Heidegger, Martin: Der Ursprung des Kunstwerks, in: ders., Holzwege, 3. A., Frankfurt/M., 1957.

Heinrich, Jürgen: Medienökonomie, Band 1: Mediensystem, Zeitung, Zeitschrift, Anzeigenblatt, Opladen 1994.

Henschel, Johann Friedrich: Die Kunstfreiheit in der Rechtsprechung des BVerfG, in: NJW 1990, 1937ff.

Hermann, Ingo: Kultur- und Bildungsprogramme vor der Notwendigkeit, Reformkonzepte zu finden, in: FUNK-Korrespondenz Nr. 7/ 1987, S. 1ff.

Hesse, Albrecht: Rundfunkrecht : die Organisation des Rundfunks in der Bundesrepublik Deutschland, 3. Aufl., München 2003.

ders.: Zur aktuellen Entwicklung des Rundfunkrechts, in: BayVBl. 1997, S. 132ff.

Hickethier, Knut: Geschichte der Fernsehproduktion, in: Geißendörfer, Hans W./ Leschinsky, Alexander, Handbuch Fernsehproduktion: Vom Skript über die Produktion bis zur Vermarktung., Neuwied 2002, S. 224ff. (zitiert: Fernsehproduktion).

ders.: Das Kino und die Grenzen der Aufmerksamkeitsökonomie, in: ders./ Bleicher, Joan Kristin (Hg.), Aufmerksamkeit, Medien und Ökonomie, Münster 2002, S. 149ff. (zitiert: Kino).

ders.: Medien-Aufmerksamkeit, in: ders./ Bleicher, Joan Kristin (Hg.), Aufmerksamkeit, Medien und Ökonomie, Münster 2002, S. 5ff.

ders.: Einführung in die Medienwissenschaft, 3. Aufl., Stuttgart 2003 (zitiert: Medienwissenschaft).

Hinderer, Walter: Geschichte der politschen Lyrik in Deutschland, Stuttgart 1978.

Hobsbawm, Eric: Nationen und Nationalismus. Mythos und Realität seit 1780, Frankfurt/M. 1991.

Hoffmann-Riem, Wolfgang: Tendenzen der Kommerzialisierung im Rundfunksystem, in: Rundfunk und Fernsehen (RuF) 32. Jg. (1984) , S. 32ff.

ders.: Mediendemokratie als rechtliche Herausforderung, in: Der Staat 2003, S. 193ff.

ders.: Grundrechtsanwendung unter Rationalitätsanspruch, in: Der Staat 2004, 203ff.

Holtz-Bacha, Christina: Das fragmentierte Medien-Publikum. Folgen für das politische System, in: Aus Politik und Zeitgeschichte B42/97, S. 13ff. (zitiert: Das fragmentierte Medienpublikum).

Holznagel, Bernd: Der spezifische Funktionsauftrag des Zweiten Deutschen Fernsehens (ZDF), Mainz 1999 (zitiert: Funktionsauftrag des ZDF).

Hsu, Yue-dian: Selbstverwirklichungsrecht im pluralistischen Kulturstaat, Tübingen 2000.

Huber, Ernst Rudolf: Kulturverfassung, Kulturkrise, Kulturkonflikt, in: ders., Bewahrung, und Wandlung, Berlin 1975, S. 343ff. (zitiert: Kulturverfassung).

ders.: Bedeutungswandel der Grundrechte, in: Archiv für öffentliches Recht AöR) 62 (1933), S. 1ff.

ders.: Zur Problematik des Kulturstaats, Tübingen 1958.

ders.: Deutsche Verfassungsgeschichte seit 1789, Band 6, Die Weimarer Reichsverfassung, Stuttgart 1981.

Isensee, Josef: Die Finanzquellen der Kirchen im deutschen Staatskirchenrecht, in: Juristische Schulung 1980, S. 94ff.

ders./ Kirchhof, Walter: Handbuch des Staatsrechts:
- Band I, Grundlagen von Staat und Verfassung, 2. Aufl., 1995
- Band III, Das Handeln des Staates, Heidelberg 1988
- Band VI, Freiheitsrechte, 2. A., Heidelberg 2001

Jach, Frank-Rüdiger: Kommunitarismus, Liberalismus und Bürgergesellschaft im Bildungswesen, in: ders./ Jenkner, Siegfried (Hg.), 50 Jahre Grundgesetz und Schulverfassung, Berlin 2000., S. 77ff.

Jaeger, Friedrich/ Rüsen, Jörn: Einführung, in: dies. (Hg.), Handbuch der Kulturwissenschaften, Band 3, Stuttgart 2004, S. IXff.

Jaeschke, Walter: Politik, Kultur und Philosophie in Preußen, in: Pöggeler, Otto/ Gethmann-Siefert, Annemarie (Hg.), Hegel-Studien (Beiheft 22), Kunsterfahrung und Kulturpolitik im Berlin Hegels, Bonn 1983, S. 29ff.

Janz, Norbert/ Rademacher, Sonja: Islam und Religionsfreiheit, in: NVwZ 1999, 706ff.

Jarass, Hans: In wessen Hand gehört das Bildungsfernsehen?, in: Popper, Hans/ Wolny, Erich (Hg.), Beiträge zum Medienrecht, Wien 1978, S. 37ff.

ders.: Wirtschaftsverwaltungsrecht: mit Wirtschaftsverfassungsrecht., Berlin 1997.

Jarren, Ottfried: Medien- und Öffentlichkeitswandel im modernen Staat, in: AfP 1994, 191, 193.

Jens, Walter: Kindlers neues Literatur-Lexikon.
- Band 22: Supplement L – Z, München 1998.
- Band 16: St – Va., München 1991.

Katz, Klaus: Erfüllt der öffentlichrechtliche Rundfunk seinen Kulturauftrag?, Arbeitspapiere des Instituts für Rundfunkökonomie an der Universität zu Köln., Heft 167, Köln 2003.

Kaufmann, Franz-Xaver: Diskurse über Staatsaufgaben, in: Grimm, Dieter (Hg.), Staatsaufgaben., Baden-Baden, 1994, S. 15ff.

Keil, Klaus/ Rueger, Michael: Produktionskategorien, in: Geißendörfer, Hans W./ Leschinsky, Alexander, Handbuch Fernsehproduktion: Vom Skript über die Produktion bis zur Vermarktung., Neuwied 2002, S. 164ff.

Kiefer, Marie-Luise: Gebührenindexierung und neue Modelle für Werbelimits, in: Media-Perspektiven (MP) 1993, S. 46ff.

dies.: Medienökonomik: Einführung in eine ökonomische Theorie der Medien, München 2001.

Kleimann, Bernd: Erfülltes Interesse. Worin der Reiz der Kunst besteht, in: ders./ Schmücker, Reinold.: Wozu Kunst? Die Frage nach ihrer Funktion., Darmstadt 2001, S. 68ff.

Knies, Wolfgang: Schranken der Kunstfreiheit als verfassungsrechtliches Problem, München 1967.

Knöpfle, Franz: Grundgedanken der Bayerischen Verfassung von 1946, in: Bayerische Landeszentrale für politische Bildung (Hg.), Auftrag, Bewährung, Ausblick. - 40 Jahre bayerische Verfassung., München 1996, S. 9ff. (zitiert: Grundgedanken der Bayerischen Verfassung).

Köpcke-Duttler, Arnold:	Zum Recht auf Bildung in interkulturellem Licht, in: Jach, Frank-Rüdiger/ Jenkner, Siegfried, 50 Jahre Grundgesetz und Schulverfassung, Berlin 2000, S. 91ff.
Kohler, Josef:	Lehrbuch der Rechtsphilosophie, 3. Aufl., Berlin 1923.
Koppe, Franz:	Selbstwert und Geltungsanspruch der Kunst, in: Kleimann, Bernd/ Schmücker, Reinold.: Wozu Kunst? Die Frage nach ihrer Funktion, Darmstadt 2001, S. 104ff.
Kops, Manfred:	Rechtfertigen Nachfragemängel eine Regulierung von Rundfunkprogrammen?, in: Arbeitspapiere des Instituts für Rundfunkökonomie an der Universität zu Köln, Heft 72, Köln 1996 (zitiert: Nachfragemängel).
Krech, Volkhard:	Religionssoziologie, Bielefeld 1999.
Kresse, Hermann:	Grundversorgung und integrative Pluralismussicherung, in: ZUM 1995, 178ff.
Krüger, Herbert:	Allgemeine Staatslehre, 2. Aufl., Stuttgart 1966.
Kübler, Friedrich:	Kommunikation und Verantwortung, in: Konstanzer Universitätsreden 1973, S. 10ff.
ders.:	Medienverantwortung als Rechtsproblem, in: Hassemer, Winfried, Hoffmann-Riem, Wolfgang, Limbach, Jutta, Grundrechte und soziale Wirklichkeit, Baden-Baden 1982, S. 105ff.
ders.:	Der ‚Markt der Meinungen.' in: Faber, Heiko/ Stein, Ekkehardt (Hg.), Auf einem Dritten Weg: Festschrift für Helmut Ridder zum 70. Geburtstag, Neuwied 1989, S. 117ff.
Ladeur, Karl-Heinz:	Postmoderne Rechtstheorie: Selbstreferenz - Selbstorganisation – Prozeduralisierung, Berlin 1992.
ders.:	Meinungsfreiheit, Ehrenschutz und die Veränderung der Öffentlichkeit in der Massendemokratie, in: AfP 1993, S. 531ff.
ders.:	Die vertikale Integration von Film-, Fernseh- und Video-Wirtschaft als Herausforderung der Medienregulierung, in: Rundfunk und Fernsehen (RuF) 1998, S. 5ff.
ders.:	Kritik der Abwägung in der Grundrechtsdogmatik, Tübingen 2004.

Lang, Patrick: Zur Bedeutung einer Philosophie des Subjekts für die theoretische Grundlegung der Sozialwissenschaften, in: Reckwitz, Andreas/ Sievert, Holger, Interpretation, Konstruktion, Kultur: ein Paradigmenwechsel in den Sozialwissenschaften, Opladen 1999, S. 181ff.

Langenbucher, Wolfgang R.: Braucht eine demokratische Gesellschaft öffentlichen Rundfunk? in: Media-Perspektiven 1990, S. 699ff.

v. LaRoche, Walther/ Maaßen, Ludwig: Massenmedien, Heidelberg 1983.

Leiss, Ludwig: Kunst im Konflikt, Berlin 1971.

Link, Christoph/ Pahlke, Armin: Kirchliche Sendezeiten in Rundfunk und Fernsehen, in: Archiv für öffentliches Recht 108 (1983), S. 248ff.

Listl, Joseph/ Pirson, Dietrich: Handbuch des Staatskirchenrechts der Bundesrepublik Deutschland.
Band 1, 2. Aufl., Berlin 1994
Band 2, 2. Aufl., Berlin 1995
(zitiert: HdbStKiR I u. II).

Lorenz, Dieter: Das Drittsendungsrecht der Kirchen, insb. im privaten Rundfunk, Berlin 1988.

Losch, Bernhard: Wissenschaftsfreiheit, Wissenschaftsschranken, Wissenschaftsverantwortung: zugleich ein Beitrag zur Kollision von Wissenschaftsfreiheit und Lebensschutz am Lebensbeginn., Berlin 1993 (zitiert: Wissenschaftsfreiheit).

Loschelder, Wolfgang: Der Islam und die religionsrechtliche Ordnung des Grundgesetzes, in: Essener Gespräche (20) 1986, 146ff.

Luhmann, Niklas: Die Kunst der Gesellschaft, Ff./M. 1996.

ders.: Die Gesellschaft der Gesellschaft, Frankfurt/M. 1997.

ders.: Die Religion der Gesellschaft, Frankfurt/ M. 2000.

ders.: Grundrechte als Institutionen, 3. Aufl., Berlin 1986.

ders.: Realität der Massenmedien., 2. Aufl., Opladen 1996.

Mahrenholz, Ernst Gottfried: Verfassungsfragen des Rundfunkfinanzausgleichs, Baden-Baden, 1997.

v. Mangoldt, Hermann / Klein, Friedrich: Das Bonner Grundgesetz, Bd. 1, 4. Aufl., München 2001.

Marcuse, Herbert: Die Permanenz der Kunst, 2. Aufl., München 1978.

Massey, Douglas S.: A Brief History of Human Society: The Origin and Role of Emotion in Social Life, in: American Sociological Review, 2002, Vol. 67, S. 1ff.

Maunz, Theodor: Die kulturelle Sicherheit des Bürgers, in: T. Maunz/ H. Nawiasky/ J. Heckel, Staat und Bürger, Festschrift für Willibaldt Apelt, München 1958, S. 113ff.

ders.: / Dürig, Gunter: Grundgesetz, Kommentar, Band I, Art. 1 – 5, 6. Aufl., München 1987, (Stand: 43. Erg.-Lfg., Feb. 2004).

Mellinek, Machtel Johanna/ Filip, Jan: Frühe Stufen der Kunst, Propyläen Kunstgeschichte, Band 13, Berlin 1974.

Messner, Dirk: Netzwerktheorien: Die Suche nach Ursachen und Auswegen aus der Krise staatlicher Steuerungsfähigkeit, in: Altvater, Elmar, Vernetzt und verstrickt: Nicht-Regierungs-Organisationen als gesellschaftliche Produktivkraft., 2. Aufl., Münster 2000, S. 28ff.

Metzner, Helmut: Bleibt die Erde bewohnbar?, in: Bossle, Lothar, Deutschland als Kulturstaat, Paderborn 1993, S. 371ff.

Monaco, James: Film verstehen, Reinbek bei Hamburg, 1980 (2002).

Morlok, Martin/ Heinig, Michael: Parität im Leistungsstaat – Körperschaftsstatus nur bei Staatsloyalität?, in: Neue Zeitschrift für Verwaltungsrecht, 1999, S. 696ff.

Müller, Friedrich: Juristische Methodenlehre, 7. Aufl., Berlin 1997.

v. Münch, Ingo/ Kunig, Philip: Grundgesetz-Kommentar, Bd. 1, 5. Aufl., München 2001.

Münch, Richard: Dialektik der Kommunikationsgesellschaft, Frankfurt/ M. 1991.

Musgrave, Richard Abel: Die öffentlichen Finanzen in Theorie und Praxis, 1. Band, 6. Aufl., Tübingen 1994.

v. Mutius, A. / Friedrich, T.: Verfassungsentwicklung in den neuen Bundesländern – zwischen Eigenstaatlichkeit und notwendiger Homogenität, in: Staatswissenschaft und Staatspraxis, 1991, S. 243ff.

Musil, Robert: Über Robert Musils Bücher, in: Gesammelte Werke, Bd. 2, S. 995ff., Reinbek 1978.

Nagel, Peter: Marktplatz der Ideen, Leipzig 2003.

Naucke, Maria: Der Kulturbegriff in der Rechtsprechung des Bundesverfassungsgerichts, Hamburg 2000.

Nerlich, Michael: Kunst, Politik und Schelmenroman, Frankfurt/M. 1978.

Neumann-Bechstein, Wolfgang: Fernsehen und Kulturgesellschaft, in: Media Perspektiven (MP) 1990, S. 77ff.

Never, Henning: Meinungsfreiheit, Wettbewerb und Marktversagen im Rundfunk, Baden-Baden 2002.

Newcomb, Horace M./ Hirsch, Paul M.: Fernsehen als kulturelles Forum, in: Rundfunk und Fernsehen (RuF) 1986, S. 177ff.

Niepalla, Peter: Die Grundversorgung durch die öffentlich-rechtlichen Rundfunkanstalten, München 1991.

Nörr, Knut Wolfgang/ Oppermann, Thomas: Subsidiarität: Idee und Wirklichkeit, Tübingen 1997.

Nünning, Ansgar/ Nünning, Vera: Konzepte der Kulturwissenschaften, Stuttgart 2003.

Oeter, Stefan: Rundfunk als Wirtschaftsgut? in: AfP 2005, S. 6ff.

Oppermann, Thomas: Kulturverwaltungsrecht, Tübingen 1969.

ders./ Michael, Kilian: Rechtsgrundsätze der Finanzierung öffentlich-rechtlichen Rundfunks in der dualen Rundfunkverfassung der Bundesrepublik Deutschland, Neuwied 1989.

ders.: ARTE – Ein Experiment in europäischer Kultur, in: Randelzhofer, Abrecht/ Scholz, Rupert/ Wilke, Dieter, Gedächtnisschrift für Eberhard Grabitz, München 1995, S. 483ff.

ders.: Deutsche Rundfunkgebühren und europäisches Beihilferecht, Berlin 1997.

ders.: Subsidiarität im Sinne des Deutschen Grundgesetzes, in: K. Nörr/ ders., Subsidiarität und Wirklichkeit., Tübingen 1997, S. 218ff.

Orth, Ernst Wolfgang: Was ist und was heisst "Kultur"? : Dimensionen der Kultur und Medialität der menschlichen Orientierung, Würzburg 2000.

Ott, Sieghart: Kunst und Staat, München 1968.

Pagels, Carsten: Schutz und Förderungsaspekte der Religionsfreiheit., Frankfurt/M. 1999.

Pethig, Rüdiger: Die verfassungsrechtliche Verbürgung von Vielfalt in der Bundesrepublik Deutschland, in: Kohl, Helmut (Hg.), Vielfalt im Rundfunk. Interdisziplinäre und internationale Annäherungen., Konstanz 1997, S. 31ff.

Pieroth, Bodo: Kultur als juristisches Spiel ohne Grenzen, in: Der Staat 22 (1983), S. 394ff.

Platon: Der Staat, hgg. v. Szlezák, Thomas, Düsseldorf 2000.

Prause, Christiane: Kunst und Politik, Hamburg 1983.

Püttner, Günter: Handbuch der kommunalen Wissenschaft und Praxis, Band 4: Die Fachaufgaben., 2. Aufl., Berlin 1983 (zitiert: HdbkWiP IV).

v. Pufendorf, Samuel: De iure naturae et gentium libri octo (1672).

Raters, Marie-Luise: Durch das Kunstwerk zum Gefühl für die Welt. Zwei gefühlsästhetische Überlegungen, in: Kleimann, Bernd/ Schmücker, Reinold: Wozu Kunst? Die Frage nach ihrer Funktion, Darmstadt 2001, S. 141ff.

Reckwitz, Andreas: Brennpunkte einer kulturwissenschaftlichen Interpretation der Kultur, in: Jaeger, Friedrich/ Rüsen, Jörn, Handbuch der Kulturwissenschaften, Band 3, Stuttgart 2004, S. 1ff.

Rentsch, Thomas: Ästhetische Anthropomorphie. Die Konstitution des Schönen und die transzendental-anthropologische Bestimmung thaumatisch-auratischer Weltverhältnisse, in: Perspektiven der Kunstphilosophie., S. 27ff., Frankfurt/M. 1991

Reuhl, Günther: Wissenschaftsfreiheit und Kulturstaatsprinzipien, in: Wissenschaftsrecht, Wissenschaftsverwaltung, Wissenschaftsförderung, 13. Bd. (1980), S. 236ff.

Reuter, Lutz: Das Recht auf Bildung in der deutschen Bildungsgeschichte seit 1945, in: Jach, Frank-Rüdiger/ Jenkner, Siegfried, 50 Jahre Grundgesetz und Schulverfassung, Berlin 2000, S. 17ff.

Ricker, Reinhart/
Schiwy, Peter: Rundfunkverfassungsrecht, München 1997.

Robbers, Gerhard: Staat und Religion, in: Veröffentlichungen der Vereinigung der Deutschen Staatsrechtslehrer (VVDStRL) 59 (2000), S. 230ff.

Rosenbauer, Hansjürgen: Massenmedium für die Demokratie: Ein starker öffentlich-rechtlicher Rundfunk sichert Meinungsfreiheit, in: Scharping, Rudolf (Hg.), Demokratische Medien, Der Mensch im Mittelpunkt, Marburg 1995, S. 72ff.

Rossen, Helge: Medienfreiheit und Kommunikationstheorie, in: Schwardtländer, Johannes/ Riedel, Eibe (Hg.), Meinungsfreiheit, Band 2, Neue Medien und Meinungsfreiheit im nationalen und internationalen Kontext, Kehl a. R., 1990, S. 113ff.

ders.: Rundfunkauftrag und Programmforschung. Anmerkungen zum Qualitätsverständnis und zur Untersuchungsperspektive, in: Krüger, Udo Michael (Hg.), Programmprofile im dualen Fernsehsystem 1985-1990, Baden-Baden 1992, S. 45ff.

v. Rüden, Peter/
Schmid, Peter: Medienpädagogik, München 1978.

Ruhrberg, Karl/
Schneckenburger, Manfred: Kunst des 20. Jahrhunderts, Bände 1 u. 2., Köln 1998.

Salovey, P./
Meyer, J. M.: Emotional Intelligence, in: Jenkins, Jennifer/ Oatley, Keith/ Stein, Nancy, Human Emotions, Oxford 1998, S. 313ff.

Sandkühler, Hans Jörg (Hg.): Europäische Enzyklopädie zu Philosphie und Wissenschaften.
- Band 2, F-K, Hamburg 1990.
- Band 4, R-Z, Hamburg 1990
(zitiert: Europäische Enzyklopädie).

Saxer, Ulrich: Integrationsrundfunk und multikulturelle Gesellschaft, in: Media-Perspektiven (MP)1990 , S. 717ff.

Schack, Haimo: Kunst und Recht, Köln 2004.

ders.: Urheber- und Urhebervertragsrecht, 3. A, Tübingen 2005.

Scheble, Roland: Perspektiven der Grundversorgung, Baden-Baden 1994.

Schiller, Friedrich: Über die ästhetische Erziehung des Menschen in einer Reihe von Briefen (1795), in: ders., Werke, Band 4, Frankfurt/ M. 1966, S. 193ff.

Schiwy, Peter: Souveränität für den öffentlich-rechtlichen Rundfunk, in: Brink, Stefan/ Wolff, Heinrich Amadeus (Hg.), Gemeinwohl und Verantwortung, Festschrift für Hans Herbert v. Arnim, Berlin 2004, S. 653ff.

Schlee, Günther: Einleitung, in: Horstmann, Alexander/ Schlee, Günther, Integration durch Verschiedenheit, Bielefeld 2001, S. 17ff.

Schlögl, Rudolf: Glaube und Religion in der Säkularisierung, München 1995.

Schmidt-Bleibtreu, Bruno/ Klein, Franz: Kommentar zum Grundgesetz, 9. Aufl., Neuwied 1999.

Schmitt, Carl: Die geistesgeschichtliche Lage des heutigen Parlamentarismus, 2. Aufl., 1926.

ders.: Verfassungslehre, 5. Aufl., Berlin 1970 (1928).

Schmücker, Reinold: Funktionen der Kunst, in: Kleimann, Bernd/ ders.: Wozu Kunst? Die Frage nach ihrer Funktion, Darmstadt 2001, S. 13ff.

Schneider, Ralf W.: Die Struktur mittelständischer Fernsehproduzenten, München 1997.

Scholz, Oliver R.: Kunst, Erkenntnis und Verstehen. Eine Verteidigung einer kognitivistischen Ästhetik, in: Kleimann, Bernd/ Schmücker, Reinold: Wozu Kunst? Die Frage nach ihrer Funktion, Darmstadt 2001, S. 34ff.

Schuhmacher, Elmar: Rechtsfragen der externen Fernsehprogrammbeschaffung und ihrer aktuellen Gestaltungsformen, München 1997.

Schulz, Wolfgang/ Korte, Benjamin: Medienprivilegien in der Informationsgesellschaft, in: KritV 84 (2001), S. 113ff.

Schwencke, Olaf: Demokratisierung des kulturellen Lebens, in: Hoffmann, Hilmar (Hg.), Perspektiven der kommunalen Kulturpolitik., Frankfurt/ M. 1974, S. 59ff.

Schwender, Clemens: Medien und Emotionen: evolutionspsychologische Bausteine einer Medientheorie, Wiesbaden 2001.

v. Sell, Friedrich-Wilhelm: Rundfunk – Ein Kulturgut auch in der Zukunft?, in: epd Kirche und Rundfunk 1985, Nr. 14/15, S. 17ff.

Selmer, Peter/
Gersdorf, Hubertus: Die Finanzierung des Rundfunks in der Bundesrepublik Deutschland auf dem Prüfstand des EG-Beihilferegimes, Berlin 1994.

Seton-Watson, Hugh: An Equiry into the Origin of Nations and the Politics of Nationalism, Boulder CO, USA, 1977.

Shusterman, Richard: Kunst Leben. Die Ästhetik des Pragmatismus, Frankfurt/M., 1994.

Silbermann, Alphons: Von den Wirkungen der Literatur als Massenkommunikationsmittel, in: Silbermann, Alphons (Hg.), Künstler und Gesellschaft., S. 27ff., Kölner Zeitung für Soziologie und Sozialpschologie, Sonderheft 17, Köln 1974.

Sommer, Diedrich: Die gesellschaftlichen Funktionen in der entwickelten sozialistischen Gesellschaft, in: ders., Funktion und Wirkung., S. 11ff., Berlin, Weimar 1978.

Spallek, Cornelia: Perspektiven des öffentlichrechtlichen Rundfunks in der Informationsgesellschaft. Eine Analyse ausgewählter Strategiepapiere. – Arbeitspapiere des Instituts für Rundfunkökonomie an der Universität zu Köln, Heft 142; Köln, 2001 (zitiert: Perspektiven des öffentlichrechtlichen Rundfunks.)

Spranger, Eduard: Kultur und Erziehung, Leipzig 1919.

Starck, Christian: Praxis der Verfassungsauslegung, Baden-Baden 1994.

Staatslexikon Görres-Gesellschaft: Staatslexikon : Recht - Wirtschaft – Gesellschaft., Görres-Gesellschaft (Hg.),
- Band 3, 7. Aufl., Freiburg 1995.
- Band 1, 7. Aufl., Freiburg 1995.

Steiner, Udo: Kulturauftrag im staatlichen Gemeinwesen, in: Veröffentlichungen der Vereinigung der Deutschen Staatsrechtslehrer VVDStRL 42 (1984), S. 7ff.

ders.: Zur Kulturförderung durch den öffentlich-rechtlichen Rundfunk, in: Baumgärtel, Gottfried (Hg.), Festschrift für Heinz Hübner zum 70. Geburtstag am 7. November 1984, Berlin 1984, S. 799ff.

Stern, Klaus: Staatsrecht der Bundesrepublik Deutschland, Band I. Grundbegriffe und Grundlagen des Staatsrechts, Strukturprinzipen der Verfassung., 2. A., München 1984. (zitiert: Staatsrecht I).

Statistisches Jahrbuch: - Statistisches Jahrbuch 1984 für die Bundesrepublik Deutschland, hgg. von Statistischen Bundesamt, Wiesbaden 1984.

- Statistisches Jahrbuch 2004 für die Bundesrepublik Deutschland, hgg. von Statistischen Bundesamt, Wiesbaden 2004.

Stober, Rolf: Allgemeines Wirtschaftsverwaltungsrecht, 14. A., Stuttgart 2004.

Stock, Martin: Medienfreiheit als Funktionsgrundrecht, München 1985.

Stolte, Dieter: Integration als Identitätsbildung, in: Rühl, Manfred/ Stuiber, Hans Werner, Kommunikationspolitik in Forschung und Anwendung: Festschrift für Franz Ronneberger, Düsseldorf 1983, S. 87ff.

ders.: Fernsehen und Kultur, in: Nutz, Walter (Hg.), Kunst, Kommunikation, Kultur: Festschrift zum 80. Geburtstag von Alphons Silbermann., Frankfurt/M., 1989., S. 203ff.

ders.: Fernsehen am Wendepunkt: Meinungsforum oder Supermarkt?, München 1992.

ders.: Bleibt Fernsehen Fernsehen?, Mainz 1997 (ZDF-Schriftenreihe Heft 52.)

Swidler, Ann: Culture in Action: Symbols and Strategies, in: American Sociological Review 5 (1986), S. 273ff.

Thurn, Hans Peter: Soziologie der bildenden Kunst, Stuttgart 1973.

Tilch, Horst: Deutsches Rechts-Lexikon, Bd. 3, 2. Aufl., München 1992.

Tomberg, Friedrich: Politische Ästhetik, Darmstadt 1973.

Trute, Hans-Heinrich: Die Forschung zwischen grundrechtlicher Freiheit und staatlicher Institutionalisierung: das Wissenschaftsrecht als Recht kooperativer Verwaltungsvorgänge, Tübingen 1994.

Uhle, Arnd: Freiheitlicher Verfassungsstaat und kulturelle Identität, Tübingen 2004.

Ullrich, Wolfgang: Kunst/ Künste/ System der Künste, in: Ästhetische Grundbegriffe : (ÄGB); historisches Wörterbuch in sieben Bänden., Barck, Karlheinz (Hg.). - Band 3: Harmonie – Material., Stuttgart 2001, S. 556ff. (zitiert: Kunst).

Vesting, Thomas: Prozedurales Rundfunkrecht, Baden-Baden 1997.

ders.: Zur Zukunft und Konstruktion des Medien- und Telekommunikationsrechts in den hybriden Beziehungsnetzwerken der Informationsgesellschaft, in: H. Rossen-Stadtfeldt (Hg.), Zur Zukunft und Konstruktion des Medien- und Telekommunikationsrechts in den hybriden Beziehungsnetzwerken der Informationsgesellschaft, 2001, S. 83ff., 96ff.

Volpers, Helmut/ Weiss, Hans-Jürgen: Kultur- und Bildungsprogramme im bundesdeutschen Fernsehen, München 1992.

Wallrabenstein, Astrid: Das Verfassungsrecht der Staatsangehörigkeit, Baden-Baden 1999.

Walsh, Dorothy: Literature and Knowledge, Middleton 1969.

Wandtke, Artur: Grenzenlose Freiheit der Kunst und Grenzen des Urheberrechts, in: ZUM 2005, S. 769ff.

Weber, Rolf H./ Rossnagel, Alexander/ Osterwalder, Simon/ Scheuer, Alexander/ Wüst, Sonnia: Kulturquoten im Rundfunk, Zürich 2006.

Wefelmeyer, Fritz: Kultur und Literatur. Zu ihrem Begriff bei Robert Musil, in: Brackert, Helmut/ ders., Kultur. Bestimmungen im 20. Jahrhundert., S. 192ff., 2. Aufl., Frankfurt/ M. 1991.

Wehrhahn, Herbert: Zur gegenwärtigen Rechtslage, in: Thieme, Hans/ Wehrhahn, Walter, Die Freiheit der Künste und Wissenschaften, Hannover 1967, S. 27ff

Weiß, Hans-Jürgen: Kultur und Bildung, in: MP 1992, S. 733ff.

Weißbach, Hans-Jürgen: Kulturelle und sozialanthropologische Aspekte der Netzwerkforschung, in: Weyer, Johannes (Hg.), Soziale Netzwerke: Konzepte und Methoden der sozialwissenschaftlichen Netzwerkforschung, München 2000, S. 255ff.

Welsch, Wolfgang: Ästhetisches Denken, Stuttgart 1990.

Werz, Nikolaus: Auswärtige Kulturpolitik : Kontinuität oder Wandel, in: Außenpolitik 43 (1992), S. 246ff.

Weyer, Johannes: Soziale Netzwerke als Mikro-Makro-Scharnier, in: ders. (Hg.): Soziale Netzwerke: Konzepte und Methoden der sozialwissenschaftlichen Netzwerkforschung, Oldenburg 2000, S. 237ff.

Wigger, Berthold U.: Grundzüge der Finanzwissenschaft, Berlin 2004.

Wittgenstein, Ludwig: Philosophische Untersuchungen, Frankfurt/M. 1971.

Würtenberger, Thomas: Die Legitimität der staatlichen Herrschaft, in: DRZ 1947, S. 241ff.

Zippelius, Reinhold Allgemeine Staatslehre, 14. A., München 2003.

Znined-Brand, Victoria: Deutsche und französische auswärtige Kulturpolitik, Frankfurt/M., 1999.

Zöllner, Oliver: Images of Germany and Its International Television, in: Deutsche Welle (Hg.), An Essential Link With Audiences Worldwide, Berlin 2002, S. 151ff.

Soweit nicht näher bezeichnet, alle Abkürzungen nach *Hildebert Kirchner*, Abkürzungsverzeichnis der Rechtssprache, 5. Aufl., Berlin 2003.

Schriften zum deutschen und europäischen öffentlichen Recht

Herausgegeben von Prof. Dr. Steffen Detterbeck

Band 1 Henry Roth: Berufs- und Erwerbsunfähigkeit. Renten- und Versorgungsansprüche nach geltendem und reformiertem Recht. 2000.

Band 2 Astrid Lediger: Die Entschädigung der Bundestagsabgeordneten. 2001.

Band 3 Uwe Chojetzki: Der kirchliche Dienst in der Sozialversicherung. 2001.

Band 4 Christopher Breith: Die Fernsehschutzliste. Übertragung von Großereignissen nach § 5a RfStV. 2002.

Band 5 Lars-Henrik Rode: § 40 VwVfG und die deutsche Ermessenslehre. 2003.

Band 6 Steffen Detterbeck / Martin Will: Die Handwerksinnungen in der staatlichen dualen Ordnung des Handwerks. Zur Frage einer Innungspflichtmitgliedschaft und eines Kammerbeitrags-Bonussystems für Innungsmitglieder. 2003.

Band 7 Christiane Vesting: Die vertragliche und außervertragliche Haftung der EG nach Art. 288 EGV. Unter Berücksichtigung der prozessualen Durchsetzungsmöglichkeiten. 2003.

Band 8 Christian Hanf: Rechtsschutz gegen Inhalts- und Nebenbestimmungen zu Verwaltungsakten. 2003.

Band 9 Guido H. Friedrich: Der vorhabenbezogene Bebauungsplan gemäß § 12 BauGB nach der Novellierung 2001. Inhalt, Chancen und Risiken des Planungsinstrumentes. 2003.

Band 10 Lars Friedrichsen: Umweltbelastende Vorhaben und Alternativen in der Planfeststellung. Unter besonderer Berücksichtigung der Vorgaben aus der UVP-Richtlinie, dem UVPG sowie der FFH-Richtlinie bzw. den §§ 32 ff. BNatSchG. 2005.

Band 11 Nikolaus Lindner: Die Europäische Transparenzrichtlinie und der öffentlich-rechtliche Rundfunk in Deutschland. Auswirkungen der Richtlinie 2000/52/EG zur Änderung der Richtlinie 80/723/EWG über die Transparenz der finanziellen Beziehungen zwischen den Mitgliedstaaten und den öffentlichen Unternehmen („Transparenzrichtlinie") auf die öffentlich-rechtlichen Rundfunkanstalten in Deutschland. 2005.

Band 12 Gunter Fleck: Verleihung des Körperschaftsstatus an Religions- und Weltanschauungsgemeinschaften in einer multikulturellen Gesellschaft. Ein Vorschlag de lege ferenda zu Art. 140 GG i.V.m. Art. 137 Abs. 5 S. 2 WRV. 2005.

Band 13 Philipp Förster: Die unmittelbare Drittwirkung der Grundfreiheiten. Zur Dogmatik des Adressatenkreises von Pflichten aus EG-Grundfreiheiten. 2007.

Band 14 Barbara Löhr: Die Rechte des Menschen in der Verfassung des Landes Hessen im Lichte des Grundgesetzes. 2007.

Band 15 Christian Lewke: Der verfassungsrechtliche Kulturauftrag des öffentlich-rechtlichen Rundfunks. Eine funktionsbezogene Betrachtung des Mediums in seiner Bedeutung für Individuum, Gesellschaft, Kunst, Wissenschaft und Religion. 2007.

www.peterlang.de

FSC
www.fsc.org
MIX
Papier | Fördert gute Waldnutzung
FSC® C083411

Kolibri 360 GmbH
Ferdinand-Jühlke-Straße 7
99095 Erfurt, Deutschland
produktsicherheit@kolibri360.de

Druck:
CPI Druckdienstleistungen GmbH
im Auftrag der
Kolibri 360 GmbH
Ferdinand-Jühlke-Str. 7
99095 Erfurt